T&P BOOKS

ALBANÊS
VOCABULÁRIO

PORTUGUÊS BRASILEIRO

PORTUGUÊS
ALBANÊS

Para alargar o seu léxico e apurar
as suas competências linguísticas

9000 palavras

Vocabulário Português Brasileiro-Albanês - 9000 palavras
Por Andrey Taranov

Os vocabulários da T&P Books destinam-se a ajudar a aprender, a memorizar, e a rever palavras estrangeiras. O dicionário é dividido em temas, cobrindo todas as principais esferas de atividades quotidianas, negócios, ciência, cultura, etc.

O processo de aprendizagem, utilizando os dicionários baseados em temáticas da T&P Books dá-lhe as seguintes vantagens:

- Informação de origem corretamente agrupada predetermina o sucesso em fases subsequentes da memorização de palavras
- Disponibilização de palavras derivadas da mesma raiz, o que permite a memorização de unidades de texto (em vez de palavras separadas)
- Pequenas unidades de palavras facilitam o processo de estabelecimento de vínculos associativos necessários para a consolidação do vocabulário
- O nível de conhecimento da língua pode ser estimado pelo número de palavras aprendidas

T&P Books Publishing
www.tpbooks.com

ISBN: 978-1-78767-266-6

Este livro também está disponível em formato E-book.
Por favor visite www.tpbooks.com ou as principais livrarias on-line.

VOCABULÁRIO ALBANÊS
palavras mais úteis

Os vocabulários da T&P Books destinam-se a ajudar a aprender, a memorizar, e a rever palavras estrangeiras. O vocabulário contém mais de 9000 palavras de uso comum organizadas tematicamente.

O vocabulário contém as palavras mais comummente usadas
Recomendado como adicional para qualquer curso de línguas
Satisfaz as necessidades dos iniciados e dos alunos avançados de línguas estrangeiras
Conveniente para o uso diário, sessões de revisão e atividades de auto-teste
Permite avaliar o seu vocabulário

Características especias do vocabulário

* As palavras estão organizadas de acordo com o seu significado, e não por ordem alfabética
* As palavras são apresentadas em três colunas para facilitar os processos de revisão e auto-teste
* As palavras compostas são divididas em pequenos blocos para facilitar o processo de aprendizagem
* O vocabulário oferece uma transcrição simples e adequada de cada palavra estrangeira

O vocabulário contém 256 tópicos incluindo:

Conceitos básicos, Números, Cores, Meses, Estações do ano, Unidades de medida, Roupas & Acessórios, Alimentos & Nutrição, Restaurante, Membros da Família, Parentes, Caráter, Sentimentos, Emoções, Doenças, Cidade, Passeios, Compras, Dinheiro, Casa, Lar, Escritório, Trabalho no Escritório, Importação & Exportação, Marketing, Pesquisa de Emprego, Esportes, Educação, Computador, Internet, Ferramentas, Natureza, Países, Nacionalidades e muito mais ...

TABELA DE CONTEÚDOS

Guia de pronunciação   11
Abreviaturas   12

CONCEITOS BÁSICOS   13
Conceitos básicos. Parte 1   13

1. Pronomes   13
2. Cumprimentos. Saudações. Despedidas   13
3. Como se dirigir a alguém   14
4. Números cardinais. Parte 1   14
5. Números cardinais. Parte 2   15
6. Números ordinais   16
7. Números. Frações   16
8. Números. Operações básicas   16
9. Números. Diversos   16
10. Os verbos mais importantes. Parte 1   17
11. Os verbos mais importantes. Parte 2   18
12. Os verbos mais importantes. Parte 3   19
13. Os verbos mais importantes. Parte 4   20
14. Cores   21
15. Questões   21
16. Preposições   22
17. Palavras funcionais. Advérbios. Parte 1   22
18. Palavras funcionais. Advérbios. Parte 2   24

Conceitos básicos. Parte 2   26

19. Opostos   26
20. Dias da semana   28
21. Horas. Dia e noite   28
22. Meses. Estações   29
23. Tempo. Diversos   30
24. Linhas e formas   31
25. Unidades de medida   32
26. Recipientes   33
27. Materiais   34
28. Metais   35

O SER HUMANO   36
O ser humano. O corpo   36

29. Humanos. Conceitos básicos   36
30. Anatomia humana   36

31. Cabeça 37
32. Corpo humano 38

Vestuário & Acessórios 39

33. Roupa exterior. Casacos 39
34. Vestuário de homem & mulher 39
35. Vestuário. Roupa interior 40
36. Adereços de cabeça 40
37. Calçado 40
38. Têxtil. Tecidos 41
39. Acessórios pessoais 41
40. Vestuário. Diversos 42
41. Cuidados pessoais. Cosméticos 42
42. Joalheria 43
43. Relógios de pulso. Relógios 44

Alimentação. Nutrição 45

44. Comida 45
45. Bebidas 46
46. Vegetais 47
47. Frutos. Nozes 48
48. Pão. Bolaria 49
49. Pratos cozinhados 49
50. Especiarias 50
51. Refeições 51
52. Por a mesa 52
53. Restaurante 52

Família, parentes e amigos 53

54. Informação pessoal. Formulários 53
55. Membros da família. Parentes 53
56. Amigos. Colegas de trabalho 54
57. Homem. Mulher 55
58. Idade 55
59. Crianças 56
60. Casais. Vida de família 57

Caráter. Sentimentos. Emoções 58

61. Sentimentos. Emoções 58
62. Caráter. Personalidade 59
63. O sono. Sonhos 60
64. Humor. Riso. Alegria 61
65. Discussão, conversação. Parte 1 61
66. Discussão, conversação. Parte 2 62
67. Discussão, conversação. Parte 3 64
68. Acordo. Recusa 64
69. Sucesso. Boa sorte. Insucesso 65
70. Conflitos. Emoções negativas 66

Medicina 68

71. Doenças 68
72. Sintomas. Tratamentos. Parte 1 69
73. Sintomas. Tratamentos. Parte 2 70
74. Sintomas. Tratamentos. Parte 3 71
75. Médicos 72
76. Medicina. Drogas. Acessórios 72
77. Fumar. Produtos tabágicos 73

HABITAT HUMANO 74
Cidade 74

78. Cidade. Vida na cidade 74
79. Instituições urbanas 75
80. Sinais 76
81. Transportes urbanos 77
82. Turismo 78
83. Compras 79
84. Dinheiro 80
85. Correios. Serviço postal 81

Moradia. Casa. Lar 82

86. Casa. Habitação 82
87. Casa. Entrada. Elevador 83
88. Casa. Eletricidade 83
89. Casa. Portas. Fechaduras 83
90. Casa de campo 84
91. Moradia. Mansão 84
92. Castelo. Palácio 85
93. Apartamento 85
94. Apartamento. Limpeza 86
95. Mobiliário. Interior 86
96. Quarto de dormir 87
97. Cozinha 87
98. Casa de banho 88
99. Eletrodomésticos 89
100. Reparações. Renovação 89
101. Canalizações 90
102. Fogo. Deflagração 90

ATIVIDADES HUMANAS 92
Emprego. Negócios. Parte 1 92

103. Escritório. O trabalho no escritório 92
104. Processos negociais. Parte 1 93
105. Processos negociais. Parte 2 94
106. Produção. Trabalhos 95
107. Contrato. Acordo 96
108. Importação & Exportação 97

109. Finanças 97
110. Marketing 98
111. Publicidade 99
112. Banca 99
113. Telefone. Conversação telefônica 100
114. Telefone móvel 101
115. Estacionário 101
116. Vários tipos de documentos 102
117. Tipos de negócios 103

Emprego. Negócios. Parte 2 105

118. Espetáculo. Feira 105
119. Media 106
120. Agricultura 107
121. Construção. Processo de construção 108
122. Ciência. Investigação. Cientistas 109

Profissões e ocupações 110

123. Procura de emprego. Demissão 110
124. Gente de negócios 110
125. Profissões de serviços 111
126. Profissões militares e postos 112
127. Oficiais. Padres 113
128. Profissões agrícolas 113
129. Profissões artísticas 114
130. Várias profissões 114
131. Ocupações. Estatuto social 116

Desportos 117

132. Tipos de desportos. Desportistas 117
133. Tipos de desportos. Diversos 118
134. Ginásio 118
135. Hóquei 119
136. Futebol 119
137. Esqui alpino 121
138. Tênis. Golfe 121
139. Xadrez 122
140. Boxe 122
141. Desportos. Diversos 123

Educação 125

142. Escola 125
143. Colégio. Universidade 126
144. Ciências. Disciplinas 127
145. Sistema de escrita. Ortografia 127
146. Línguas estrangeiras 128

147. Personagens de contos de fadas 129
148. Signos do Zodíaco 130

Artes 131

149. Teatro 131
150. Cinema 132
151. Pintura 133
152. Literatura & Poesia 134
153. Circo 134
154. Música. Música popular 135

Descanso. Entretenimento. Viagens 137

155. Viagens 137
156. Hotel 137
157. Livros. Leitura 138
158. Caça. Pesca 140
159. Jogos. Bilhar 141
160. Jogos. Jogar cartas 141
161. Casino. Roleta 141
162. Descanso. Jogos. Diversos 142
163. Fotografia 142
164. Praia. Natação 143

EQUIPAMENTO TÉCNICO. TRANSPORTES 145
Equipamento técnico. Transportes 145

165. Computador 145
166. Internet. E-mail 146
167. Eletricidade 147
168. Ferramentas 147

Transportes 150

169. Avião 150
170. Comboio 151
171. Barco 152
172. Aeroporto 153
173. Bicicleta. Motocicleta 154

Carros 155

174. Tipos de carros 155
175. Carros. Carroçaria 155
176. Carros. Habitáculo 156
177. Carros. Motor 157
178. Carros. Batidas. Reparação 158
179. Carros. Estrada 159
180. Sinais de trânsito 160

PESSOAS. EVENTOS   161
Eventos   161

181. Férias. Evento   161
182. Funerais. Enterro   162
183. Guerra. Soldados   162
184. Guerra. Ações militares. Parte 1   164
185. Guerra. Ações militares. Parte 2   165
186. Armas   166
187. Povos da antiguidade   168
188. Idade média   169
189. Líder. Chefe. Autoridades   170
190. Estrada. Caminho. Direções   171
191. Violação da lei. Criminosos. Parte 1   172
192. Violação da lei. Criminosos. Parte 2   173
193. Polícia. Lei. Parte 1   174
194. Polícia. Lei. Parte 2   175

NATUREZA   177
A Terra. Parte 1   177

195. Espaço sideral   177
196. A Terra   178
197. Pontos cardeais   179
198. Mar. Oceano   179
199. Nomes de Mares e Oceanos   180
200. Montanhas   181
201. Nomes de montanhas   182
202. Rios   182
203. Nomes de rios   183
204. Floresta   183
205. Recursos naturais   184

A Terra. Parte 2   186

206. Tempo   186
207. Tempo extremo. Catástrofes naturais   187
208. Ruídos. Sons   187
209. Inverno   188

Fauna   190

210. Mamíferos. Predadores   190
211. Animais selvagens   190
212. Animais domésticos   191
213. Cães. Raças de cães   192
214. Sons produzidos pelos animais   193
215. Animais jovens   193
216. Pássaros   194
217. Pássaros. Canto e sons   195
218. Peixes. Animais marinhos   195
219. Anfíbios. Répteis   196

220.	Insetos	197
221.	Animais. Partes do corpo	197
222.	Ações dos animais	198
223.	Animais. Habitats	199
224.	Cuidados com os animais	199
225.	Animais. Diversos	200
226.	Cavalos	200

Flora 202

227.	Árvores	202
228.	Arbustos	202
229.	Cogumelos	203
230.	Frutos. Bagas	203
231.	Flores. Plantas	204
232.	Cereais, grãos	205
233.	Vegetais. Verduras	206

GEOGRAFIA REGIONAL 207
Países. Nacionalidades 207

234.	Europa Ocidental	207
235.	Europa Central e de Leste	209
236.	Países da ex-URSS	210
237.	Asia	211
238.	América do Norte	213
239.	América Central do Sul	213
240.	Africa	214
241.	Austrália. Oceania	215
242.	Cidades	215
243.	Política. Governo. Parte 1	216
244.	Política. Governo. Parte 2	218
245.	Países. Diversos	219
246.	Grupos religiosos mais importantes. Confissões	219
247.	Religiões. Padres	221
248.	Fé. Cristianismo. Islão	221

TEMAS DIVERSOS 224

249.	Várias palavras úteis	224
250.	Modificadores. Adjetivos. Parte 1	225
251.	Modificadores. Adjetivos. Parte 2	227

500 VERBOS PRINCIPAIS 230

252.	Verbos A-B	230
253.	Verbos C-D	231
254.	Verbos E-J	234
255.	Verbos L-P	236
256.	Verbos Q-Z	238

GUIA DE PRONUNCIAÇÃO

Alfabeto fonético T&P	Exemplo albanês	Exemplo Português
[a]	flas [flas]	chamar
[ə], [ɛ]	melodi [mɛlodí]	mover
[ə]	kërkoj [kərkój]	milagre
[i]	pikë [píkə]	sinônimo
[o]	motor [motór]	lobo
[u]	fuqi [fucí]	bonita
[y]	myshk [myʃk]	questionar
[b]	brakë [brákə]	barril
[c]	oqean [ocɛán]	Tchim-tchim!
[d]	adoptoj [adoptój]	dentista
[dz]	lexoj [lɛdzój]	pizza
[dʒ]	xham [dʒam]	adjetivo
[ð]	dhomë [ðómə]	[z] - fricativa dental sonora não-sibilante
[f]	i fortë [i fórtə]	safári
[g]	bullgari [buɫgarí]	gosto
[h]	jaht [jáht]	[h] aspirada
[j]	hyrje [hýrjɛ]	Vietnã
[ʝ]	zgjedh [zʝɛð]	jingle
[k]	korik [korík]	aquilo
[l]	lëviz [lɛvíz]	libra
[ɫ]	shkallë [ʃkáɫə]	álcool
[m]	medalje [mɛdáljɛ]	magnólia
[n]	klan [klan]	natureza
[ɲ]	spanjoll [spaɲóɫ]	ninhada
[ŋ]	trung [truŋ]	alcançar
[p]	polici [politsí]	presente
[r]	i erët [i érət]	riscar
[ɾ]	groshë [grófə]	preto
[s]	spital [spitál]	sanita
[ʃ]	shes [ʃɛs]	mês
[t]	tapet [tapét]	tulipa
[ts]	batica [batítsa]	tsé-tsé
[tʃ]	kaçube [katʃúbɛ]	Tchau!
[v]	javor [javór]	fava
[z]	horizont [horizónt]	sésamo
[ʒ]	kuzhinë [kuʒínə]	talvez
[θ]	përkthej [pərkθéj]	[s] - fricativa dental surda não-sibilante

11

ABREVIATURAS
usadas no vocabulário

Abreviaturas do Português

adj	-	adjetivo
adv	-	advérbio
anim.	-	animado
conj.	-	conjunção
desp.	-	esporte
etc.	-	Etcetera
ex.	-	por exemplo
f	-	nome feminino
f pl	-	feminino plural
fem.	-	feminino
inanim.	-	inanimado
m	-	nome masculino
m pl	-	masculino plural
m, f	-	masculino, feminino
masc.	-	masculino
mat.	-	matemática
mil.	-	militar
pl	-	plural
prep.	-	preposição
pron.	-	pronome
sb.	-	sobre
sing.	-	singular
v aux	-	verbo auxiliar
vi	-	verbo intransitivo
vi, vt	-	verbo intransitivo, transitivo
vr	-	verbo reflexivo
vt	-	verbo transitivo

Abreviaturas do albanês

f	-	nome feminino
m	-	nome masculino
pl	-	plural

CONCEITOS BÁSICOS

Conceitos básicos. Parte 1

1. Pronomes

eu	Unë, mua	[unə], [múa]
você	ti, ty	[ti], [ty]
ele	ai	[aí]
ela	ajo	[ajó]
ele, ela (neutro)	ai	[aí]
nós	ne	[nɛ]
vocês	ju	[ju]
eles	ata	[atá]
elas	ato	[ató]

2. Cumprimentos. Saudações. Despedidas

Oi!	Përshëndetje!	[pərʃəndétjɛ!]
Olá!	Përshëndetje!	[pərʃəndétjɛ!]
Bom dia!	Mirëmëngjes!	[mirəmənɟés!]
Boa tarde!	Mirëdita!	[mirədíta!]
Boa noite!	Mirëmbrëma!	[mirəmbréma!]

cumprimentar (vt)	përshëndes	[pərʃəndés]
Oi!	Ç'kemi!	[tʃ'kémi!]
saudação (f)	përshëndetje (f)	[pərʃəndétjɛ]
saudar (vt)	përshëndes	[pərʃəndés]
Como você está?	Si jeni?	[si jéni?]
Como vai?	Si je?	[si jɛ?]
E aí, novidades?	Çfarë ka të re?	[tʃfárə ká tə ré?]

Tchau!	Mirupafshim!	[mirupáfʃim!]
Até logo!	U pafshim!	[u páfʃim!]
Até breve!	Shihemi së shpejti!	[ʃíhɛmi sə ʃpéjti!]
Adeus!	Lamtumirë!	[lamtumírə!]
despedir-se (dizer adeus)	përshëndetem	[pərʃəndétɛm]
Até mais!	Tungjatjeta!	[tunɟatjéta!]

Obrigado! -a!	Faleminderit!	[falɛmindérit!]
Muito obrigado! -a!	Faleminderit shumë!	[falɛmindérit ʃúmə!]
De nada	Të lutem	[tə lútɛm]
Não tem de quê	Asgjë!	[asɟé!]
Não foi nada!	Asgjë	[asɟé]

Desculpa!	Më fal!	[mə fal!]
Desculpe!	Më falni!	[mə fálni!]
desculpar (vt)	fal	[fal]

desculpar-se (vr)	kërkoj falje	[kərkój fáljɛ]
Me desculpe	Kërkoj ndjesë	[kərkój ndjésə]
Desculpe!	Më vjen keq!	[mə vjɛn kɛc!]
perdoar (vt)	fal	[fal]
Não faz mal	S'ka gjë!	[s'ka ɟə!]
por favor	të lutem	[tə lútɛm]

Não se esqueça!	Mos harro!	[mos haró!]
Com certeza!	Sigurisht!	[siguríʃt!]
Claro que não!	Sigurisht që jo!	[siguríʃt cə jo!]
Está bem! De acordo!	Në rregull!	[nə réguɫ!]
Chega!	Mjafton!	[mjaftón!]

3. Como se dirigir a alguém

Desculpe ...	Më falni, ...	[mə fálni, ...]
senhor	zotëri	[zotərí]
senhora	zonjë	[zóɲə]
senhorita	zonjushë	[zoɲúʃə]
jovem	djalë i ri	[djálə i rí]
menino	djalosh	[djalóʃ]
menina	vajzë	[vájzə]

4. Números cardinais. Parte 1

zero	zero	[zéro]
um	një	[ɲə]
dois	dy	[dy]
três	tre	[trɛ]
quatro	katër	[kátər]

cinco	pesë	[pésə]
seis	gjashtë	[ɟáʃtə]
sete	shtatë	[ʃtátə]
oito	tetë	[tétə]
nove	nëntë	[nəntə]

dez	dhjetë	[ðjétə]
onze	njëmbëdhjetë	[ɲəmbəðjétə]
doze	dymbëdhjetë	[dymbəðjétə]
treze	trembëdhjetë	[trɛmbəðjétə]
catorze	katërmbëdhjetë	[katərmbəðjétə]

quinze	pesëmbëdhjetë	[pɛsəmbəðjétə]
dezesseis	gjashtëmbëdhjetë	[ɟaʃtəmbəðjétə]
dezessete	shtatëmbëdhjetë	[ʃtatəmbəðjétə]
dezoito	tetëmbëdhjetë	[tɛtəmbəðjétə]
dezenove	nëntëmbëdhjetë	[nəntəmbəðjétə]

vinte	njëzet	[ɲəzét]
vinte e um	njëzet e një	[ɲəzét ɛ ɲə]
vinte e dois	njëzet e dy	[ɲəzét ɛ dy]
vinte e três	njëzet e tre	[ɲəzét ɛ trɛ]

trinta	tridhjetë	[triðjétə]
trinta e um	tridhjetë e një	[triðjétə ɛ ɲə]
trinta e dois	tridhjetë e dy	[triðjétə ɛ dy]
trinta e três	tridhjetë e tre	[triðjétə ɛ trɛ]

quarenta	dyzet	[dyzét]
quarenta e um	dyzet e një	[dyzét ɛ ɲə]
quarenta e dois	dyzet e dy	[dyzét ɛ dy]
quarenta e três	dyzet e tre	[dyzét ɛ trɛ]

cinquenta	pesëdhjetë	[pɛsəðjétə]
cinquenta e um	pesëdhjetë e një	[pɛsəðjétə ɛ ɲə]
cinquenta e dois	pesëdhjetë e dy	[pɛsəðjétə ɛ dy]
cinquenta e três	pesëdhjetë e tre	[pɛsəðjétə ɛ trɛ]

sessenta	gjashtëdhjetë	[ɟaʃtəðjétə]
sessenta e um	gjashtëdhjetë e një	[ɟaʃtəðjétə ɛ ɲə]
sessenta e dois	gjashtëdhjetë e dy	[ɟaʃtəðjétə ɛ dý]
sessenta e três	gjashtëdhjetë e tre	[ɟaʃtəðjétə ɛ tré]

setenta	shtatëdhjetë	[ʃtatəðjétə]
setenta e um	shtatëdhjetë e një	[ʃtatəðjétə ɛ ɲə]
setenta e dois	shtatëdhjetë e dy	[ʃtatəðjétə ɛ dy]
setenta e três	shtatëdhjetë e tre	[ʃtatəðjétə ɛ trɛ]

oitenta	tetëdhjetë	[tɛtəðjétə]
oitenta e um	tetëdhjetë e një	[tɛtəðjétə ɛ ɲə]
oitenta e dois	tetëdhjetë e dy	[tɛtəðjétə ɛ dy]
oitenta e três	tetëdhjetë e tre	[tɛtəðjétə ɛ trɛ]

noventa	nëntëdhjetë	[nəntəðjétə]
noventa e um	nëntëdhjetë e një	[nəntəðjétə ɛ ɲə]
noventa e dois	nëntëdhjetë e dy	[nəntəðjétə ɛ dy]
noventa e três	nëntëdhjetë e tre	[nəntəðjétə ɛ trɛ]

5. Números cardinais. Parte 2

cem	njëqind	[ɲəcínd]
duzentos	dyqind	[dycínd]
trezentos	treqind	[trɛcínd]
quatrocentos	katërqind	[katərcínd]
quinhentos	pesëqind	[pɛsəcínd]

seiscentos	gjashtëqind	[ɟaʃtəcínd]
setecentos	shtatëqind	[ʃtatəcínd]
oitocentos	tetëqind	[tɛtəcínd]
novecentos	nëntëqind	[nəntəcínd]
mil	një mijë	[ɲə míjə]
dois mil	dy mijë	[dy míjə]

três mil	tre mijë	[trɛ míjə]
dez mil	dhjetë mijë	[ðjétə míjə]
cem mil	njëqind mijë	[ɲəcínd míjə]
um milhão	milion (m)	[milión]
um bilhão	miliardë (f)	[miliárdə]

6. Números ordinais

primeiro (adj)	i pari	[i pári]
segundo (adj)	i dyti	[i dýti]
terceiro (adj)	i treti	[i tréti]
quarto (adj)	i katërti	[i kátərti]
quinto (adj)	i pesti	[i pésti]

sexto (adj)	i gjashti	[i ɟáʃti]
sétimo (adj)	i shtati	[i ʃtáti]
oitavo (adj)	i teti	[i téti]
nono (adj)	i nënti	[i nénti]
décimo (adj)	i dhjeti	[i ðjéti]

7. Números. Frações

fração (f)	thyesë (f)	[θýɛsə]
um meio	gjysma	[ɟýsma]
um terço	një e treta	[ɲə ɛ tréta]
um quarto	një e katërta	[ɲə ɛ kátərta]

um oitavo	një e teta	[ɲə ɛ téta]
um décimo	një e dhjeta	[ɲə ɛ ðjéta]
dois terços	dy të tretat	[dy tə trétat]
três quartos	tre të katërtat	[trɛ tə kátərtat]

8. Números. Operações básicas

subtração (f)	zbritje (f)	[zbrítjɛ]
subtrair (vi, vt)	zbres	[zbrɛs]
divisão (f)	pjesëtim (m)	[pjɛsətím]
dividir (vt)	pjesëtoj	[pjɛsətój]
adição (f)	mbledhje (f)	[mbléðjɛ]
somar (vt)	shtoj	[ʃtoj]
adicionar (vt)	mbledh	[mbléð]
multiplicação (f)	shumëzim (m)	[ʃuməzím]
multiplicar (vt)	shumëzoj	[ʃuməzój]

9. Números. Diversos

| algarismo, dígito (m) | shifër (f) | [ʃífər] |
| número (m) | numër (m) | [númər] |

numeral (m)	numerik (m)	[numɛrík]
menos (m)	minus (m)	[minús]
mais (m)	plus (m)	[plus]
fórmula (f)	formulë (f)	[formúlə]

cálculo (m)	llogaritje (f)	[ɬogarítjɛ]
contar (vt)	numëroj	[numərój]
calcular (vt)	llogaris	[ɬogarís]
comparar (vt)	krahasoj	[krahasój]

Quanto, -os, -as?	Sa?	[sa?]
soma (f)	shuma (f)	[ʃúma]
resultado (m)	rezultat (m)	[rɛzultát]
resto (m)	mbetje (f)	[mbétjɛ]

alguns, algumas ...	disa	[disá]
pouco (~ tempo)	pak	[pak]
poucos, poucas	disa	[disá]
um pouco de ...	pak	[pak]
resto (m)	mbetje (f)	[mbétjɛ]
um e meio	një e gjysmë (f)	[ɲə ɛ ɟýsmə]
dúzia (f)	dyzinë (f)	[dyzínə]

ao meio	përgjysmë	[pəɾɟýsmə]
em partes iguais	gjysmë për gjysmë	[ɟýsmə pər ɟýsmə]
metade (f)	gjysmë (f)	[ɟýsmə]
vez (f)	herë (f)	[hérə]

10. Os verbos mais importantes. Parte 1

abrir (vt)	hap	[hap]
acabar, terminar (vt)	përfundoj	[pərfundój]
aconselhar (vt)	këshilloj	[kəʃiɬój]
adivinhar (vt)	hamendësoj	[hamɛndəsój]
advertir (vt)	paralajmëroj	[paralajmərój]

ajudar (vt)	ndihmoj	[ndihmój]
almoçar (vi)	ha drekë	[ha drékə]
alugar (~ um apartamento)	marr me qira	[mar mɛ cirá]
amar (pessoa)	dashuroj	[daʃurój]
ameaçar (vt)	kërcënoj	[kərtsənój]

anotar (escrever)	mbaj shënim	[mbáj ʃəním]
apressar-se (vr)	nxitoj	[ndzitój]
arrepender-se (vr)	pendohem	[pɛndóhɛm]
assinar (vt)	nënshkruaj	[nənʃkrúaj]
brincar (vi)	bëj shaka	[bəj ʃaká]

brincar, jogar (vi, vt)	luaj	[lúaj]
buscar (vt)	kërkoj ...	[kərkój ...]
caçar (vi)	dal për gjah	[dál pər ɟáh]
cair (vi)	bie	[bíɛ]
cavar (vt)	gërmoj	[gərmój]
chamar (~ por socorro)	thërras	[θərás]

chegar (vi)	arrij	[aríj]
chorar (vi)	qaj	[caj]
começar (vt)	filloj	[fiłój]
comparar (vt)	krahasoj	[krahasój]
concordar (dizer "sim")	bie dakord	[bíɛ dakórd]

confiar (vt)	besoj	[bɛsój]
confundir (equivocar-se)	ngatërroj	[ŋatərój]
conhecer (vt)	njoh	[ɲóh]
contar (fazer contas)	numëroj	[numərój]
contar com ...	mbështetem ...	[mbəʃtétɛm ...]
continuar (vt)	vazhdoj	[vaʒdój]

controlar (vt)	kontrolloj	[kontrołój]
convidar (vt)	ftoj	[ftoj]
correr (vi)	vrapoj	[vrapój]
criar (vt)	krijoj	[krijój]
custar (vt)	kushton	[kuʃtón]

11. Os verbos mais importantes. Parte 2

dar (vt)	jap	[jap]
dar uma dica	aludoj	[aludój]
decorar (enfeitar)	zbukuroj	[zbukurój]
defender (vt)	mbroj	[mbrój]
deixar cair (vt)	lëshoj	[ləʃój]

descer (para baixo)	zbres	[zbrɛs]
desculpar (vt)	fal	[fal]
desculpar-se (vr)	kërkoj falje	[kərkój fáljɛ]
dirigir (~ uma empresa)	drejtoj	[drɛjtój]
discutir (notícias, etc.)	diskutoj	[diskutój]

disparar, atirar (vi)	qëlloj	[cəłój]
dizer (vt)	them	[θɛm]
duvidar (vt)	dyshoj	[dyʃój]
encontrar (achar)	gjej	[ɟéj]
enganar (vt)	mashtroj	[maʃtrój]

entender (vt)	kuptoj	[kuptój]
entrar (na sala, etc.)	hyj	[hyj]
enviar (uma carta)	dërgoj	[dərgój]
errar (enganar-se)	gaboj	[gabój]
escolher (vt)	zgjedh	[zɟɛð]

esconder (vt)	fsheh	[fʃéh]
escrever (vt)	shkruaj	[ʃkrúaj]
esperar (aguardar)	pres	[prɛs]
esperar (ter esperança)	shpresoj	[ʃprɛsój]
esquecer (vt)	harroj	[harój]

estudar (vt)	studioj	[studiój]
exigir (vt)	kërkoj	[kərkój]
existir (vi)	ekzistoj	[ɛkzistój]

explicar (vt)	shpjegoj	[ʃpjɛgój]
falar (vi)	flas	[flas]
faltar (a la escuela, etc.)	humbas	[humbás]
fazer (vt)	bëj	[bəj]
ficar em silêncio	hesht	[hɛʃt]
gabar-se (vr)	mburrem	[mbúrɛm]

gostar (apreciar)	pëlqej	[pəlcéj]
gritar (vi)	bërtas	[bərtás]
guardar (fotos, etc.)	mbaj	[mbáj]
informar (vt)	informoj	[informój]
insistir (vi)	këmbëngul	[kəmbəŋúl]

insultar (vt)	fyej	[fýɛj]
interessar-se (vr)	interesohem ...	[intɛrɛsóhɛm ...]
ir (a pé)	ec në këmbë	[ɛts nə kə́mbə]
ir nadar	notoj	[notój]
jantar (vi)	ha darkë	[ha dárkə]

12. Os verbos mais importantes. Parte 3

ler (vt)	lexoj	[lɛdzój]
libertar, liberar (vt)	çliroj	[tʃlirój]
matar (vt)	vras	[vras]
mencionar (vt)	përmend	[pərménd]
mostrar (vt)	tregoj	[trɛgój]

mudar (modificar)	ndryshoj	[ndryʃój]
nadar (vi)	notoj	[notój]
negar-se a ... (vr)	refuzoj	[rɛfuzój]
objetar (vt)	kundërshtoj	[kundərʃtój]

observar (vt)	vëzhgoj	[vəʒgój]
ordenar (mil.)	urdhëroj	[urðərój]
ouvir (vt)	dëgjoj	[dəɟój]
pagar (vt)	paguaj	[pagúaj]
parar (vi)	ndaloj	[ndalój]

parar, cessar (vt)	ndaloj	[ndalój]
participar (vi)	marr pjesë	[mar pjésə]
pedir (comida, etc.)	porosis	[porosís]
pedir (um favor, etc.)	pyes	[pýɛs]
pegar (tomar)	marr	[mar]

pegar (uma bola)	kap	[kap]
pensar (vi, vt)	mendoj	[mɛndój]
perceber (ver)	vërej	[vəréj]
perdoar (vt)	fal	[fal]
perguntar (vt)	pyes	[pýɛs]

permitir (vt)	lejoj	[lɛjój]
pertencer a ... (vi)	përkas ...	[pərkás ...]
planejar (vt)	planifikoj	[planifikój]
poder (~ fazer algo)	mund	[mund]

possuir (uma casa, etc.)	zotëroj	[zotərój]
preferir (vt)	preferoj	[prɛfɛrój]
preparar (vt)	gatuaj	[gatúaj]
prever (vt)	parashikoj	[paraʃikój]
prometer (vt)	premtoj	[prɛmtój]
pronunciar (vt)	shqiptoj	[ʃciptój]

propor (vt)	propozoj	[propozój]
punir (castigar)	ndëshkoj	[ndəʃkój]
quebrar (vt)	ndahem	[ndáhɛm]
queixar-se de ...	ankohem	[ankóhɛm]
querer (desejar)	dëshiroj	[dəʃirój]

13. Os verbos mais importantes. Parte 4

ralhar, repreender (vt)	qortoj	[cortój]
recomendar (vt)	rekomandoj	[rɛkomandój]
repetir (dizer outra vez)	përsëris	[pərsərís]
reservar (~ um quarto)	rezervoj	[rɛzɛrvój]
responder (vt)	përgjigjem	[pərɟíɟɛm]

rezar, orar (vi)	lutem	[lútɛm]
rir (vi)	qesh	[cɛʃ]
roubar (vt)	vjedh	[vjɛð]
saber (vt)	di	[di]
sair (~ de casa)	dal	[dal]

salvar (resgatar)	shpëtoj	[ʃpətój]
seguir (~ alguém)	ndjek ...	[ndjék ...]
sentar-se (vr)	ulem	[úlɛm]
ser necessário	nevojitet	[nɛvojítɛt]

ser, estar	jam	[jam]
significar (vt)	nënkuptoj	[nənkuptój]
sorrir (vi)	buzëqesh	[buzəcéʃ]
subestimar (vt)	nënvlerësoj	[nənvlɛrəsój]
surpreender-se (vr)	çuditem	[tʃudítɛm]

tentar (~ fazer)	përpiqem	[pərpícɛm]
ter (vt)	kam	[kam]
ter fome	kam uri	[kam urí]

ter medo	kam frikë	[kam fríkə]
ter sede	kam etje	[kam étjɛ]
tocar (com as mãos)	prek	[prɛk]
tomar café da manhã	ha mëngjes	[ha mənɟés]
trabalhar (vi)	punoj	[punój]
traduzir (vt)	përkthej	[pərkθéj]

unir (vt)	bashkoj	[baʃkój]
vender (vt)	shes	[ʃɛs]
ver (vt)	shikoj	[ʃikój]
virar (~ para a direita)	kthej	[kθɛj]
voar (vi)	fluturoj	[fluturój]

14. Cores

cor (f)	ngjyrë (f)	[ɲɟýrə]
tom (m)	nuancë (f)	[nuántsə]
tonalidade (m)	tonalitet (m)	[tonalitét]
arco-íris (m)	ylber (m)	[ylbér]

branco (adj)	e bardhë	[ɛ bárðə]
preto (adj)	e zezë	[ɛ zézə]
cinza (adj)	gri	[gri]

verde (adj)	jeshile	[jɛʃílɛ]
amarelo (adj)	e verdhë	[ɛ vérðə]
vermelho (adj)	e kuqe	[ɛ kúcɛ]

azul (adj)	blu	[blu]
azul claro (adj)	bojëqielli	[bojəciéɫi]
rosa (adj)	rozë	[rózə]
laranja (adj)	portokalli	[portokáɫi]
violeta (adj)	bojëvjollcë	[bojəvjóɫtsə]
marrom (adj)	kafe	[káfɛ]

dourado (adj)	e artë	[ɛ ártə]
prateado (adj)	e argjendtë	[ɛ arɟéndtə]

bege (adj)	bezhë	[béʒə]
creme (adj)	krem	[krɛm]
turquesa (adj)	e bruztë	[ɛ brúztə]
vermelho cereja (adj)	qershi	[cɛrʃí]
lilás (adj)	jargavan	[jargaván]
carmim (adj)	e kuqe e thellë	[ɛ kúcɛ ɛ θéɫə]

claro (adj)	e hapur	[ɛ hápur]
escuro (adj)	e errët	[ɛ érət]
vivo (adj)	e ndritshme	[ɛ ndrítʃmɛ]

de cor	e ngjyrosur	[ɛ ɲɟyrósur]
a cores	ngjyrë	[ɲɟýrə]
preto e branco (adj)	bardhë e zi	[bárðə ɛ zi]
unicolor (de uma só cor)	njëngjyrëshe	[ɲəɲɟýrəʃɛ]
multicolor (adj)	shumëngjyrëshe	[ʃuməɲɟýrəʃɛ]

15. Questões

Quem?	Kush?	[kuʃ?]
O que?	Çka?	[tʃká?]
Onde?	Ku?	[ku?]
Para onde?	Për ku?	[pər ku?]
De onde?	Nga ku?	[ŋa ku?]
Quando?	Kur?	[kur?]
Para quê?	Pse?	[psɛ?]
Por quê?	Pse?	[psɛ?]
Para quê?	Për çfarë arsye?	[pər tʃfárə arsýɛ?]

Como?	Si?	[si?]
Qual (~ é o problema?)	Çfarë?	[ʧfárə?]
Qual (~ deles?)	Cili?	[tsíli?]

A quem?	Kujt?	[kújt?]
De quem?	Për kë?	[pər kə?]
Do quê?	Për çfarë?	[pər ʧfárə?]
Com quem?	Me kë?	[mɛ kə?]

Quanto, -os, -as?	Sa?	[sa?]
De quem (~ é isto?)	Të kujt?	[tə kujt?]

16. Preposições

com (prep.)	me	[mɛ]
sem (prep.)	pa	[pa]
a, para (exprime lugar)	për në	[pər nə]
sobre (ex. falar ~)	për	[pər]
antes de ...	përpara	[pərpára]
em frente de ...	para ...	[pára ...]

debaixo de ...	nën	[nən]
sobre (em cima de)	mbi	[mbí]
em ..., sobre ...	mbi	[mbí]
de, do (sou ~ Rio de Janeiro)	nga	[ŋa]
de (feito ~ pedra)	nga	[ŋa]

em (~ 3 dias)	për	[pər]
por cima de ...	sipër	[sípər]

17. Palavras funcionais. Advérbios. Parte 1

Onde?	Ku?	[ku?]
aqui	këtu	[kətú]
lá, ali	atje	[atjé]

em algum lugar	diku	[dikú]
em lugar nenhum	askund	[askúnd]

perto de ...	afër	[áfər]
perto da janela	tek dritarja	[tɛk dritárja]

Para onde?	Për ku?	[pər ku?]
aqui	këtu	[kətú]
para lá	atje	[atjé]
daqui	nga këtu	[ŋa kətú]
de lá, dali	nga atje	[ŋa atjɛ]

perto	pranë	[pránə]
longe	larg	[larg]
perto de ...	afër	[áfər]
à mão, perto	pranë	[pránə]

não fica longe	jo larg	[jo lárg]
esquerdo (adj)	majtë	[májtə]
à esquerda	majtas	[májtas]
para a esquerda	në të majtë	[nə tə májtə]

direito (adj)	djathtë	[djáθtə]
à direita	djathtas	[djáθtas]
para a direita	në të djathtë	[nə tə djáθtə]

em frente	përballë	[pərbáɫə]
da frente	i përparmë	[i pərpármə]
adiante (para a frente)	përpara	[pərpára]

atrás de ...	prapa	[prápa]
de trás	nga prapa	[ŋa prápa]
para trás	pas	[pas]

| meio (m), metade (f) | mes (m) | [mɛs] |
| no meio | në mes | [nə mɛs] |

do lado	në anë	[nə anə]
em todo lugar	kudo	[kúdo]
por todos os lados	përreth	[pəréθ]

de dentro	nga brenda	[ŋa brénda]
para algum lugar	diku	[dikú]
diretamente	drejt	[dréjt]
de volta	pas	[pas]

| de algum lugar | nga kudo | [ŋa kúdo] |
| de algum lugar | nga diku | [ŋa dikú] |

em primeiro lugar	së pari	[sə pári]
em segundo lugar	së dyti	[sə dýti]
em terceiro lugar	së treti	[sə tréti]

de repente	befas	[béfas]
no início	në fillim	[nə fiɫím]
pela primeira vez	për herë të parë	[pər hérə tə párə]
muito antes de ...	shumë përpara ...	[ʃúmə pərpára ...]
de novo	sërish	[səríʃ]
para sempre	një herë e mirë	[ɲə hérə ɛ mírə]

nunca	kurrë	[kúrə]
de novo	përsëri	[pərsərí]
agora	tani	[táni]
frequentemente	shpesh	[ʃpɛʃ]
então	atëherë	[atəhérə]
urgentemente	urgjent	[urɟént]
normalmente	zakonisht	[zakoníʃt]

a propósito, ...	meqë ra fjala, ...	[mécə ra fjála, ...]
é possível	ndoshta	[ndóʃta]
provavelmente	mundësisht	[mundəsíʃt]
talvez	mbase	[mbásɛ]
além disso, ...	përveç	[pərvétʃ]

por isso ...	ja përse ...	[ja pərsé ...]
apesar de ...	pavarësisht se ...	[pavarəsíʃt sɛ ...]
graças a ...	falë ...	[fálə ...]

que (pron.)	çfarë	[tʃfárə]
que (conj.)	që	[cə]
algo	diçka	[ditʃká]
alguma coisa	ndonji gjë	[ndoɲí ɟə]
nada	asgjë	[asɟé]

quem	kush	[kuʃ]
alguém (~ que ...)	dikush	[dikúʃ]
alguém (com ~)	dikush	[dikúʃ]

ninguém	askush	[askúʃ]
para lugar nenhum	askund	[askúnd]
de ninguém	i askujt	[i askújt]
de alguém	i dikujt	[i dikújt]

tão	aq	[ác]
também (gostaria ~ de ...)	gjithashtu	[ɟiθaʃtú]
também (~ eu)	gjithashtu	[ɟiθaʃtú]

18. Palavras funcionais. Advérbios. Parte 2

Por quê?	Pse?	[psɛ?]
por alguma razão	për një arsye	[pər ɲə arsýɛ]
porque ...	sepse ...	[sɛpsé ...]
por qualquer razão	për ndonjë shkak	[pər ndóɲə ʃkak]

e (tu ~ eu)	dhe	[ðɛ]
ou (ser ~ não ser)	ose	[ósɛ]
mas (porém)	por	[por]
para (~ a minha mãe)	për	[pər]

muito, demais	tepër	[tépər]
só, somente	vetëm	[vétəm]
exatamente	pikërisht	[pikəríʃt]
cerca de (~ 10 kg)	rreth	[rɛθ]

aproximadamente	përafërsisht	[pərafərsíʃt]
aproximado (adj)	përafërt	[pəráfərt]
quase	pothuajse	[poθúajsɛ]
resto (m)	mbetje (f)	[mbétjɛ]

o outro (segundo)	tjetri	[tjétri]
outro (adj)	tjetër	[tjétər]
cada (adj)	çdo	[tʃdo]
qualquer (adj)	çfarëdo	[tʃfarədó]
muitos, muitas	disa	[disá]
muito	shumë	[ʃúmə]
muitas pessoas	shumë njerëz	[ʃúmə ɲérəz]
todos	të gjithë	[tə ɟíθə]
em troca de ...	në vend të ...	[nə vénd tə ...]

em troca	në shkëmbim të ...	[nə ʃkəmbím tə ...]
à mão	me dorë	[mɛ dórə]
pouco provável	vështirë se ...	[vəʃtírə sɛ ...]

provavelmente	mundësisht	[mundəsíʃt]
de propósito	me qëllim	[mɛ cəɬím]
por acidente	aksidentalisht	[aksidɛntalíʃt]

muito	shumë	[ʃúmə]
por exemplo	për shembull	[pər ʃémbuɬ]
entre	midis	[midís]
entre (no meio de)	rreth	[rɛθ]
tanto	kaq shumë	[kác ʃúmə]
especialmente	veçanërisht	[vɛtʃanəríʃt]

Conceitos básicos. Parte 2

19. Opostos

rico (adj)	i pasur	[i pásur]
pobre (adj)	i varfër	[i várfər]
doente (adj)	i sëmurë	[i səmúrə]
bem (adj)	mirë	[mírə]
grande (adj)	i madh	[i máð]
pequeno (adj)	i vogël	[i vógəl]
rapidamente	shpejt	[ʃpɛjt]
lentamente	ngadalë	[ŋadálə]
rápido (adj)	i shpejtë	[i ʃpéjtə]
lento (adj)	i ngadaltë	[i ŋadáltə]
alegre (adj)	i kënaqur	[i kənácur]
triste (adj)	i mërzitur	[i mərzítur]
juntos (ir ~)	së bashku	[sə báʃku]
separadamente	veç e veç	[vɛtʃ ɛ vɛtʃ]
em voz alta (ler ~)	me zë	[mɛ zə]
para si (em silêncio)	pa zë	[pa zə]
alto (adj)	i lartë	[i lártə]
baixo (adj)	i ulët	[i úlət]
profundo (adj)	i thellë	[i θétə]
raso (adj)	i cekët	[i tsékət]
sim	po	[po]
não	jo	[jo]
distante (adj)	i largët	[i lárgət]
próximo (adj)	afër	[áfər]
longe	larg	[larg]
à mão, perto	pranë	[pránə]
longo (adj)	i gjatë	[i ɟátə]
curto (adj)	i shkurtër	[i ʃkúrtər]
bom (bondoso)	i mirë	[i mírə]
mal (adj)	djallëzor	[djałəzór]
casado (adj)	i martuar	[i martúar]

solteiro (adj)	beqar	[bɛcár]
proibir (vt)	ndaloj	[ndalój]
permitir (vt)	lejoj	[lɛjój]
fim (m)	fund (m)	[fund]
início (m)	fillim (m)	[fiłím]
esquerdo (adj)	majtë	[májtə]
direito (adj)	djathtë	[djáθtə]
primeiro (adj)	i pari	[i pári]
último (adj)	i fundit	[i fúndit]
crime (m)	krim (m)	[krim]
castigo (m)	ndëshkim (m)	[ndəʃkím]
ordenar (vt)	urdhëroj	[urðərój]
obedecer (vt)	bindem	[bíndɛm]
reto (adj)	i drejtë	[i dréjtə]
curvo (adj)	i harkuar	[i harkúar]
paraíso (m)	parajsë (f)	[parájsə]
inferno (m)	ferr (m)	[fɛr]
nascer (vi)	lind	[lind]
morrer (vi)	vdes	[vdɛs]
forte (adj)	i fortë	[i fórtə]
fraco, débil (adj)	i dobët	[i dóbət]
velho, idoso (adj)	plak	[plak]
jovem (adj)	i ri	[i rí]
velho (adj)	i vjetër	[i vjétər]
novo (adj)	i ri	[i rí]
duro (adj)	i fortë	[i fórtə]
macio (adj)	i butë	[i bútə]
quente (adj)	ngrohtë	[ŋróhtə]
frio (adj)	i ftohtë	[i ftóhtə]
gordo (adj)	i shëndoshë	[i ʃəndóʃə]
magro (adj)	i dobët	[i dóbət]
estreito (adj)	i ngushtë	[i ŋúʃtə]
largo (adj)	i gjerë	[i ɟérə]
bom (adj)	i mirë	[i mírə]
mau (adj)	i keq	[i kéc]
valente, corajoso (adj)	guximtar	[gudzimtár]
covarde (adj)	frikacak	[frikatsák]

27

20. Dias da semana

segunda-feira (f)	E hënë (f)	[ɛ hénə]
terça-feira (f)	E martë (f)	[ɛ mártə]
quarta-feira (f)	E mërkurë (f)	[ɛ mərkúrə]
quinta-feira (f)	E enjte (f)	[ɛ éɲtɛ]
sexta-feira (f)	E premte (f)	[ɛ prémtɛ]
sábado (m)	E shtunë (f)	[ɛ ʃtúnə]
domingo (m)	E dielë (f)	[ɛ díɛlə]

hoje	sot	[sot]
amanhã	nesër	[nésər]
depois de amanhã	pasnesër	[pasnésər]
ontem	dje	[djé]
anteontem	pardje	[pardjé]

dia (m)	ditë (f)	[dítə]
dia (m) de trabalho	ditë pune (f)	[dítə púnɛ]
feriado (m)	festë kombëtare (f)	[féstə kombətárɛ]
dia (m) de folga	ditë pushim (m)	[dítə puʃím]
fim (m) de semana	fundjavë (f)	[fundjávə]

o dia todo	gjithë ditën	[ɟíθə dítən]
no dia seguinte	ditën pasardhëse	[dítən pasárðəsɛ]
há dois dias	dy ditë më parë	[dy dítə mə párə]
na véspera	një ditë më parë	[ɲə dítə mə párə]
diário (adj)	ditor	[ditór]
todos os dias	çdo ditë	[tʃdo dítə]

semana (f)	javë (f)	[jávə]
na semana passada	javën e kaluar	[jávən ɛ kalúar]
semana que vem	javën e ardhshme	[jávən ɛ árðʃmɛ]
semanal (adj)	javor	[javór]
toda semana	çdo javë	[tʃdo jávə]
duas vezes por semana	dy herë në javë	[dy hérə nə jávə]
toda terça-feira	çdo të martë	[tʃdo tə mártə]

21. Horas. Dia e noite

manhã (f)	mëngjes (m)	[mənɟés]
de manhã	në mëngjes	[nə mənɟés]
meio-dia (m)	mesditë (f)	[mɛsdítə]
à tarde	pasdite	[pasdítɛ]

tardinha (f)	mbrëmje (f)	[mbrémjɛ]
à tardinha	në mbrëmje	[nə mbrémjɛ]
noite (f)	natë (f)	[nátə]
à noite	natën	[nátən]
meia-noite (f)	mesnatë (f)	[mɛsnátə]

segundo (m)	sekondë (f)	[sɛkóndə]
minuto (m)	minutë (f)	[minútə]
hora (f)	orë (f)	[órə]

meia hora (f)	gjysmë ore (f)	[ɟýsmə óɾɛ]
quarto (m) de hora	çerek ore (m)	[tʃɛrék óɾɛ]
quinze minutos	pesëmbëdhjetë minuta	[pɛsəmbəðjétə minúta]
vinte e quatro horas	24 orë	[ɲəzét ɛ kátər óɾə]

nascer (m) do sol	agim (m)	[agím]
amanhecer (m)	agim (m)	[agím]
madrugada (f)	mëngjes herët (m)	[mənɟés hérət]
pôr-do-sol (m)	perëndim dielli (m)	[pɛrəndím diéłi]

de madrugada	herët në mëngjes	[hérət nə mənɟés]
esta manhã	sot në mëngjes	[sot nə mənɟés]
amanhã de manhã	nesër në mëngjes	[nésər nə mənɟés]

esta tarde	sot pasdite	[sot pasdítɛ]
à tarde	pasdite	[pasdítɛ]
amanhã à tarde	nesër pasdite	[nésər pasdítɛ]

esta noite, hoje à noite	sonte në mbrëmje	[sóntɛ nə mbrəmjɛ]
amanhã à noite	nesër në mbrëmje	[nésər nə mbrémjɛ]

às três horas em ponto	në orën 3 fiks	[nə óɾən trɛ fiks]
por volta das quatro	rreth orës 4	[rɛθ óɾəs kátər]
às doze	deri në orën 12	[déri nə óɾən dymbəðjétə]

em vinte minutos	për 20 minuta	[pər ɲəzét minúta]
em uma hora	për një orë	[pər ɲə óɾə]
a tempo	në orar	[nə orár]

... um quarto para	çerek ...	[tʃɛrék ...]
dentro de uma hora	brenda një ore	[brénda ɲə óɾɛ]
a cada quinze minutos	çdo 15 minuta	[tʃdo pɛsəmbəðjétə minúta]
as vinte e quatro horas	gjithë ditën	[ɟíθə dítən]

22. Meses. Estações

janeiro (m)	Janar (m)	[janár]
fevereiro (m)	Shkurt (m)	[ʃkurt]
março (m)	Mars (m)	[mars]
abril (m)	Prill (m)	[prił]
maio (m)	Maj (m)	[maj]
junho (m)	Qershor (m)	[cɛrʃór]

julho (m)	Korrik (m)	[korík]
agosto (m)	Gusht (m)	[guʃt]
setembro (m)	Shtator (m)	[ʃtatór]
outubro (m)	Tetor (m)	[tɛtór]
novembro (m)	Nëntor (m)	[nəntór]
dezembro (m)	Dhjetor (m)	[ðjɛtór]

primavera (f)	pranverë (f)	[pranvérə]
na primavera	në pranverë	[nə pranvérə]
primaveril (adj)	pranveror	[pranvɛrór]
verão (m)	verë (f)	[vérə]

29

no verão	në verë	[nə vérə]
de verão	veror	[vɛrór]

outono (m)	vjeshtë (f)	[vjéʃtə]
no outono	në vjeshtë	[nə vjéʃtə]
outonal (adj)	vjeshtor	[vjéʃtor]

inverno (m)	dimër (m)	[dímər]
no inverno	në dimër	[nə dímər]
de inverno	dimëror	[dimərór]
mês (m)	muaj (m)	[múaj]
este mês	këtë muaj	[kətə múaj]
mês que vem	muajin tjetër	[múajin tjétər]
no mês passado	muajin e kaluar	[múajin ɛ kalúar]

um mês atrás	para një muaji	[pára ɲə múaji]
em um mês	pas një muaji	[pas ɲə múaji]
em dois meses	pas dy muajsh	[pas dy múajʃ]
todo o mês	gjithë muajin	[ɟíθə múajin]
um mês inteiro	gjatë gjithë muajit	[ɟátə ɟíθə múajit]

mensal (adj)	mujor	[mujór]
mensalmente	mujor	[mujór]
todo mês	çdo muaj	[tʃdo múaj]
duas vezes por mês	dy herë në muaj	[dy hérə nə múaj]

ano (m)	vit (m)	[vit]
este ano	këtë vit	[kətə vít]
ano que vem	vitin tjetër	[vítin tjétər]
no ano passado	vitin e kaluar	[vítin ɛ kalúar]
há um ano	para një viti	[pára ɲə víti]
em um ano	për një vit	[pər ɲə vit]
dentro de dois anos	për dy vite	[pər dy vítɛ]
todo o ano	gjithë vitin	[ɟíθə vítin]
um ano inteiro	gjatë gjithë vitit	[ɟátə ɟíθə vítit]

cada ano	çdo vit	[tʃdo vít]
anual (adj)	vjetor	[vjɛtór]
anualmente	çdo vit	[tʃdo vít]
quatro vezes por ano	4 herë në vit	[kátər hérə nə vit]

data (~ de hoje)	datë (f)	[dátə]
data (ex. ~ de nascimento)	data (f)	[dáta]
calendário (m)	kalendar (m)	[kalɛndár]

meio ano	gjysmë viti	[ɟýsmə víti]
seis meses	gjashtë muaj	[ɟáʃtə múaj]
estação (f)	stinë (f)	[stínə]
século (m)	shekull (m)	[ʃékuɫ]

23. Tempo. Diversos

tempo (m)	kohë (f)	[kóhə]
momento (m)	çast, moment (m)	[tʃást], [momént]

instante (m)	çast (m)	[tʃást]
instantâneo (adj)	i çastit	[i tʃástit]
lapso (m) de tempo	interval (m)	[intɛrvál]
vida (f)	jetë (f)	[jétə]
eternidade (f)	përjetësi (f)	[pərjɛtəsí]

época (f)	epokë (f)	[ɛpókə]
era (f)	erë (f)	[érə]
ciclo (m)	cikël (m)	[tsíkəl]
período (m)	periudhë (f)	[pɛriúðə]
prazo (m)	afat (m)	[afát]

futuro (m)	ardhmëria (f)	[arðməría]
futuro (adj)	e ardhme	[ɛ árðmɛ]
da próxima vez	herën tjetër	[hérən tjétər]
passado (m)	e shkuara (f)	[ɛ ʃkúara]
passado (adj)	kaluar	[kalúar]
na última vez	herën e fundit	[hérən ɛ fúndit]
mais tarde	më vonë	[mə vónə]
depois de ...	pas	[pas]
atualmente	në këto kohë	[nə kəto kóhə]
agora	tani	[táni]
imediatamente	menjëherë	[mɛɲəhérə]
em breve	së shpejti	[sə ʃpéjti]
de antemão	paraprakisht	[paraprakíʃt]

há muito tempo	para shumë kohësh	[pára ʃúmə kóhəʃ]
recentemente	së fundmi	[sə fúndmi]
destino (m)	fat (m)	[fat]
recordações (f pl)	kujtime (pl)	[kujtímɛ]
arquivo (m)	arkiva (f)	[arkíva]
durante ...	gjatë ...	[ɟátə ...]
durante muito tempo	gjatë, kohë e gjatë	[ɟátə], [kóhə ɛ ɟátə]
pouco tempo	jo gjatë	[jo ɟátə]
cedo (levantar-se ~)	herët	[hérət]
tarde (deitar-se ~)	vonë	[vónə]

para sempre	përjetë	[pərjétə]
começar (vt)	filloj	[fiɫój]
adiar (vt)	shtyj	[ʃtyj]

ao mesmo tempo	njëkohësisht	[ɲəkohəsíʃt]
permanentemente	përhershëm	[pərhérʃəm]
constante (~ ruído, etc.)	vazhdueshme	[vaʒdúeʃmɛ]
temporário (adj)	i përkohshëm	[i pərkóhʃəm]

às vezes	ndonjëherë	[ndoɲəhérə]
raras vezes, raramente	rrallë	[ráɫə]
frequentemente	shpesh	[ʃpɛʃ]

24. Linhas e formas

quadrado (m)	katror (m)	[katrór]
quadrado (adj)	katrore	[katrórɛ]

círculo (m)	rreth (m)	[rεθ]
redondo (adj)	i rrumbullakët	[i rumbuɫákət]
triângulo (m)	trekëndësh (m)	[trékəndəʃ]
triangular (adj)	trekëndor	[trεkəndór]

oval (f)	oval (f)	[ovál]
oval (adj)	ovale	[oválε]
retângulo (m)	drejtkëndësh (m)	[drεjtkéndəʃ]
retangular (adj)	drejtkëndor	[drεjtkəndór]

pirâmide (f)	piramidë (f)	[piramídə]
losango (m)	romb (m)	[romb]
trapézio (m)	trapezoid (m)	[trapεzoíd]
cubo (m)	kub (m)	[kub]
prisma (m)	prizëm (m)	[prízəm]

circunferência (f)	perimetër (m)	[pεrimétər]
esfera (f)	sferë (f)	[sférə]
globo (m)	top (m)	[top]
diâmetro (m)	diametër (m)	[diamétər]
raio (m)	sipërfaqe (f)	[sipərfácε]
perímetro (m)	perimetër (m)	[pεrimétər]
centro (m)	qendër (f)	[céndər]

horizontal (adj)	horizontal	[horizontál]
vertical (adj)	vertikal	[vεrtikál]
paralela (f)	paralele (f)	[paralélε]
paralelo (adj)	paralel	[paralél]

linha (f)	vijë (f)	[víjə]
traço (m)	vizë (f)	[vízə]
reta (f)	vijë e drejtë (f)	[víjə ε dréjtə]
curva (f)	kurbë (f)	[kúrbə]
fino (linha ~a)	e hollë	[ε hóɫə]
contorno (m)	kontur (f)	[kontúr]

interseção (f)	kryqëzim (m)	[krycəzím]
ângulo (m) reto	kënd i drejtë (m)	[kənd i dréjtə]
segmento (m)	segment (m)	[sεgmént]
setor (m)	sektor (m)	[sεktór]
lado (de um triângulo, etc.)	anë (f)	[ánə]
ângulo (m)	kënd (m)	[kə́nd]

25. Unidades de medida

peso (m)	peshë (f)	[péʃə]
comprimento (m)	gjatësi (f)	[ɟatəsí]
largura (f)	gjerësi (f)	[ɟεrəsí]
altura (f)	lartësi (f)	[lartəsí]
profundidade (f)	thellësi (f)	[θεɫəsí]
volume (m)	vëllim (m)	[vəɫím]
área (f)	sipërfaqe (f)	[sipərfácε]
grama (m)	gram (m)	[gram]
miligrama (m)	miligram (m)	[miligrám]

quilograma (m)	kilogram (m)	[kilográm]
tonelada (f)	ton (m)	[ton]
libra (453,6 gramas)	paund (m)	[páund]
onça (f)	ons (m)	[ons]
metro (m)	metër (m)	[métər]
milímetro (m)	milimetër (m)	[milimétər]
centímetro (m)	centimetër (m)	[tsɛntimétər]
quilômetro (m)	kilometër (m)	[kilométər]
milha (f)	milje (f)	[míljɛ]
polegada (f)	inç (m)	[intʃ]
pé (304,74 mm)	këmbë (f)	[kə́mbə]
jarda (914,383 mm)	jard (m)	[járd]
metro (m) quadrado	metër katror (m)	[métər katrór]
hectare (m)	hektar (m)	[hɛktár]
litro (m)	litër (m)	[lítər]
grau (m)	gradë (f)	[grádə]
volt (m)	volt (m)	[volt]
ampère (m)	amper (m)	[ampér]
cavalo (m) de potência	kuaj-fuqi (f)	[kúaj-fucí]
quantidade (f)	sasi (f)	[sasí]
um pouco de ...	pak ...	[pak ...]
metade (f)	gjysmë (f)	[ɟýsmə]
dúzia (f)	dyzinë (f)	[dyzínə]
peça (f)	copë (f)	[tsópə]
tamanho (m), dimensão (f)	madhësi (f)	[maðəsí]
escala (f)	shkallë (f)	[ʃkáɫə]
mínimo (adj)	minimale	[minimálɛ]
menor, mais pequeno	më i vogli	[mə i vógli]
médio (adj)	i mesëm	[i mésəm]
máximo (adj)	maksimale	[maksimálɛ]
maior, mais grande	më i madhi	[mə i máði]

26. Recipientes

pote (m) de vidro	kavanoz (m)	[kavanóz]
lata (~ de cerveja)	kanoçe (f)	[kanótʃɛ]
balde (m)	kovë (f)	[kóvə]
barril (m)	fuçi (f)	[futʃí]
bacia (~ de plástico)	legen (m)	[lɛgén]
tanque (m)	tank (m)	[tank]
cantil (m) de bolso	faqore (f)	[facórɛ]
galão (m) de gasolina	bidon (m)	[bidón]
cisterna (f)	cisternë (f)	[tsistérnə]
caneca (f)	tas (m)	[tas]
xícara (f)	filxhan (m)	[fildʒán]

pires (m)	pjatë filxhani (f)	[pjátə fildʒáni]
copo (m)	gotë (f)	[gótə]
taça (f) de vinho	gotë vere (f)	[gótə vérɛ]
panela (f)	tenxhere (f)	[tɛndʒérɛ]

| garrafa (f) | shishe (f) | [ʃíʃɛ] |
| gargalo (m) | grykë | [grýkə] |

jarra (f)	brokë (f)	[brókə]
jarro (m)	shtambë (f)	[ʃtámbə]
recipiente (m)	enë (f)	[énə]
pote (m)	enë (f)	[énə]
vaso (m)	vazo (f)	[vázo]

frasco (~ de perfume)	shishe (f)	[ʃíʃɛ]
frasquinho (m)	shishkë (f)	[ʃíʃkə]
tubo (m)	tubet (f)	[tubét]

saco (ex. ~ de açúcar)	thes (m)	[θɛs]
sacola (~ plastica)	qese (f)	[césɛ]
maço (de cigarros, etc.)	paketë (f)	[pakétə]

caixa (~ de sapatos, etc.)	kuti (f)	[kutí]
caixote (~ de madeira)	arkë (f)	[árkə]
cesto (m)	shportë (f)	[ʃpórtə]

27. Materiais

material (m)	material (m)	[matɛriál]
madeira (f)	dru (m)	[dru]
de madeira	prej druri	[prɛj drúri]

| vidro (m) | qelq (m) | [cɛlc] |
| de vidro | prej qelqi | [prɛj célci] |

| pedra (f) | gur (m) | [gur] |
| de pedra | guror | [gurór] |

| plástico (m) | plastikë (f) | [plastíkə] |
| plástico (adj) | plastike | [plastíkɛ] |

| borracha (f) | gomë (f) | [gómə] |
| de borracha | prej gome | [prɛj gómɛ] |

| tecido, pano (m) | pëlhurë (f) | [pəlhúrə] |
| de tecido | nga pëlhura | [ŋa pəlhúra] |

| papel (m) | letër (f) | [létər] |
| de papel | prej letre | [prɛj létrɛ] |

papelão (m)	karton (m)	[kartón]
de papelão	prej kartoni	[prɛj kartóni]
polietileno (m)	polietilen (m)	[poliétilɛn]
celofane (m)	celofan (m)	[tsɛlofán]

linóleo (m)	linoleum (m)	[linolɛúm]
madeira (f) compensada	kompensatë (f)	[kompɛnsátə]

porcelana (f)	porcelan (m)	[portsɛlán]
de porcelana	prej porcelani	[prɛj portsɛláni]
argila (f), barro (m)	argjilë (f)	[arɟílə]
de barro	prej argjile	[prɛj arɟílɛ]
cerâmica (f)	qeramikë (f)	[cɛramíkə]
de cerâmica	prej qeramike	[prɛj cɛramíkɛ]

28. Metais

metal (m)	metal (m)	[mɛtál]
metálico (adj)	prej metali	[prɛj mɛtáli]
liga (f)	aliazh (m)	[aliáʒ]

ouro (m)	ar (m)	[ár]
de ouro	prej ari	[prɛj ári]
prata (f)	argjend (m)	[arɟénd]
de prata	prej argjendi	[prɛj arɟéndi]

ferro (m)	hekur (m)	[hékuɾ]
de ferro	prej hekuri	[prɛj hékuɾi]
aço (m)	çelik (m)	[tʃɛlík]
de aço (adj)	prej çeliku	[prɛj tʃɛlíku]
cobre (m)	bakër (m)	[bákəɾ]
de cobre	prej bakri	[prɛj bákɾi]

alumínio (m)	alumin (m)	[alumín]
de alumínio	prej alumini	[prɛj alumíni]
bronze (m)	bronz (m)	[bronz]
de bronze	prej bronzi	[prɛj brónzi]

latão (m)	tunxh (m)	[tundʒ]
níquel (m)	nikel (m)	[nikél]
platina (f)	platin (m)	[platín]
mercúrio (m)	merkur (m)	[mɛrkúɾ]
estanho (m)	kallaj (m)	[kałáj]
chumbo (m)	plumb (m)	[plúmb]
zinco (m)	zink (m)	[zink]

O SER HUMANO

O ser humano. O corpo

29. Humanos. Conceitos básicos

ser (m) humano	qenie njerëzore (f)	[cɛníɛ ɲɛɾəzóɾɛ]
homem (m)	burrë (m)	[búrə]
mulher (f)	grua (f)	[grúa]
criança (f)	fëmijë (f)	[fəmíjə]

menina (f)	vajzë (f)	[vájzə]
menino (m)	djalë (f)	[djálə]
adolescente (m)	adoleshent (m)	[adolɛʃént]
velho (m)	plak (m)	[plak]
velha (f)	plakë (f)	[plákə]

30. Anatomia humana

organismo (m)	organizëm (m)	[organízəm]
coração (m)	zemër (f)	[zémər]
sangue (m)	gjak (m)	[ɟak]
artéria (f)	arterie (f)	[artériɛ]
veia (f)	venë (f)	[vénə]

cérebro (m)	tru (m)	[tru]
nervo (m)	nerv (m)	[nɛrv]
nervos (m pl)	nerva (f)	[nérva]
vértebra (f)	vertebër (f)	[vɛrtébər]
coluna (f) vertebral	shtyllë kurrizore (f)	[ʃtýɬə kurizóɾɛ]

estômago (m)	stomak (m)	[stomák]
intestinos (m pl)	zorrët (f)	[zórət]
intestino (m)	zorrë (f)	[zórə]
fígado (m)	mëlçi (f)	[məltʃí]
rim (m)	veshkë (f)	[véʃkə]

osso (m)	kockë (f)	[kótskə]
esqueleto (m)	skelet (m)	[skɛlét]
costela (f)	brinjë (f)	[bríɲə]
crânio (m)	kafkë (f)	[káfkə]

músculo (m)	muskul (m)	[múskul]
bíceps (m)	biceps (m)	[bitséps]
tríceps (m)	triceps (m)	[tritséps]
tendão (m)	tendon (f)	[tɛndón]
articulação (f)	nyje (f)	[nýjɛ]

pulmões (m pl)	mushkëri (m)	[muʃkərí]
órgãos (m pl) genitais	organe gjenitale (f)	[orgánɛ ɟɛnitálɛ]
pele (f)	lëkurë (f)	[ləkúrə]

31. Cabeça

cabeça (f)	kokë (f)	[kókə]
rosto, cara (f)	fytyrë (f)	[fytýrə]
nariz (m)	hundë (f)	[húndə]
boca (f)	gojë (f)	[gójə]

olho (m)	sy (m)	[sy]
olhos (m pl)	sytë	[sýtə]
pupila (f)	bebëz (f)	[bébəz]
sobrancelha (f)	vetull (f)	[vétuɫ]
cílio (f)	qerpik (m)	[cɛrpík]
pálpebra (f)	qepallë (f)	[cɛpáɫə]

língua (f)	gjuhë (f)	[ɟúhə]
dente (m)	dhëmb (m)	[ðəmb]
lábios (m pl)	buzë (f)	[búzə]
maçãs (f pl) do rosto	mollëza (f)	[móɫəza]
gengiva (f)	mishrat e dhëmbëve	[míʃrat ɛ ðəmbəvɛ]
palato (m)	qiellzë (f)	[ciéɫzə]

narinas (f pl)	vrimat e hundës (pl)	[vrímat ɛ húndəs]
queixo (m)	mjekër (f)	[mjékər]
mandíbula (f)	nofull (f)	[nófuɫ]
bochecha (f)	faqe (f)	[fácɛ]

testa (f)	ball (m)	[báɫ]
têmpora (f)	tëmth (m)	[təmθ]
orelha (f)	vesh (m)	[vɛʃ]
costas (f pl) da cabeça	zverk (m)	[zvɛrk]
pescoço (m)	qafë (f)	[cáfə]
garganta (f)	fyt (m)	[fyt]

cabelo (m)	flokë (pl)	[flókə]
penteado (m)	model flokësh (m)	[modél flókəʃ]
corte (m) de cabelo	prerje flokësh (f)	[prérjɛ flókəʃ]
peruca (f)	paruke (f)	[parúkɛ]

bigode (m)	mustaqe (f)	[mustácɛ]
barba (f)	mjekër (f)	[mjékər]
ter (~ barba, etc.)	lë mjekër	[lə mjékər]
trança (f)	gërshet (m)	[gərʃét]
suíças (f pl)	baseta (f)	[baséta]

ruivo (adj)	flokëkuqe	[flokəkúcɛ]
grisalho (adj)	thinja	[θíɲa]
careca (adj)	qeros	[cɛrós]
calva (f)	tullë (f)	[túɫə]
rabo-de-cavalo (m)	bishtalec (m)	[biʃtaléts]
franja (f)	balluke (f)	[baɫúkɛ]

32. Corpo humano

mão (f)	dorë (f)	[dórə]
braço (m)	krah (m)	[krah]

dedo (m)	gisht i dorës (m)	[gíʃt i dórəs]
dedo (m) do pé	gisht i këmbës (m)	[gíʃt i kémbəs]
polegar (m)	gishti i madh (m)	[gíʃti i máð]
dedo (m) mindinho	gishti i vogël (m)	[gíʃti i vógəl]
unha (f)	thua (f)	[θúa]

punho (m)	grusht (m)	[grúʃt]
palma (f)	pëllëmbë dore (f)	[pəłémbə dórɛ]
pulso (m)	kyç (m)	[kytʃ]
antebraço (m)	parakrah (m)	[parakráh]
cotovelo (m)	bërryl (m)	[bərýl]
ombro (m)	shpatull (f)	[ʃpátuł]

perna (f)	këmbë (f)	[kémbə]
pé (m)	shputë (f)	[ʃpútə]
joelho (m)	gju (m)	[ɟú]
panturrilha (f)	pulpë (f)	[púlpə]
quadril (m)	ijë (f)	[íjə]
calcanhar (m)	thembër (f)	[θémbər]

corpo (m)	trup (m)	[trup]
barriga (f), ventre (m)	stomak (m)	[stomák]
peito (m)	kraharor (m)	[kraharór]
seio (m)	gjoks (m)	[ɟóks]
lado (m)	krah (m)	[krah]
costas (dorso)	kurriz (m)	[kuríz]
região (f) lombar	fundshpina (f)	[fundʃpína]
cintura (f)	beli (m)	[béli]

umbigo (m)	kërthizë (f)	[kərθízə]
nádegas (f pl)	vithe (f)	[víθɛ]
traseiro (m)	prapanica (f)	[prapanítsa]

sinal (m), pinta (f)	nishan (m)	[niʃán]
sinal (m) de nascença	shenjë lindjeje (f)	[ʃéɲə líndjɛjɛ]
tatuagem (f)	tatuazh (m)	[tatuáʒ]
cicatriz (f)	shenjë (f)	[ʃéɲə]

Vestuário & Acessórios

33. Roupa exterior. Casacos

roupa (f)	rroba (f)	[róba]
roupa (f) exterior	veshje e sipërme (f)	[véʃjɛ ɛ sípərmɛ]
roupa (f) de inverno	veshje dimri (f)	[véʃjɛ dímri]
sobretudo (m)	pallto (f)	[páɫto]
casaco (m) de pele	gëzof (m)	[gəzóf]
jaqueta (f) de pele	xhaketë lëkure (f)	[dʒakétə ləkúrɛ]
casaco (m) acolchoado	xhup (m)	[dʒup]
casaco (m), jaqueta (f)	xhaketë (f)	[dʒakétə]
impermeável (m)	pardesy (f)	[pardɛsý]
a prova d'água	kundër shiut	[kúndər ʃíut]

34. Vestuário de homem & mulher

camisa (f)	këmishë (f)	[kəmíʃə]
calça (f)	pantallona (f)	[pantaɫóna]
jeans (m)	xhinse (f)	[dʒínsɛ]
paletó, terno (m)	xhaketë kostumi (f)	[dʒakétə kostúmi]
terno (m)	kostum (m)	[kostúm]
vestido (ex. ~ de noiva)	fustan (m)	[fustán]
saia (f)	fund (m)	[fund]
blusa (f)	bluzë (f)	[blúzə]
casaco (m) de malha	xhaketë me thurje (f)	[dʒakétə mɛ θúrjɛ]
casaco, blazer (m)	xhaketë femrash (f)	[dʒakétə fémraʃ]
camiseta (f)	bluzë (f)	[blúzə]
short (m)	pantallona të shkurtra (f)	[pantaɫóna tə ʃkúrtra]
training (m)	tuta sportive (f)	[túta sportívɛ]
roupão (m) de banho	peshqir trupi (m)	[pɛʃcír trúpi]
pijama (m)	pizhame (f)	[piʒámɛ]
suéter (m)	triko (f)	[tríko]
pulôver (m)	pulovër (m)	[pulóvər]
colete (m)	jelek (m)	[jɛlék]
fraque (m)	frak (m)	[frak]
smoking (m)	smoking (m)	[smokíŋ]
uniforme (m)	uniformë (f)	[unifórmə]
roupa (f) de trabalho	rroba pune (f)	[róba púnɛ]
macacão (m)	kominoshe (f)	[kominóʃɛ]
jaleco (m), bata (f)	uniformë (f)	[unifórmə]

35. Vestuário. Roupa interior

roupa (f) íntima	të brendshme (f)	[tə bréndʃmɛ]
cueca boxer (f)	boksera (f)	[bokséra]
calcinha (f)	brekë (f)	[brékə]
camiseta (f)	fanellë (f)	[fanétə]
meias (f pl)	çorape (pl)	[tʃorápɛ]

camisola (f)	këmishë nate (f)	[kəmíʃə nátɛ]
sutiã (m)	sytjena (f)	[sytjéna]
meias longas (f pl)	çorape déri tek gjuri (pl)	[tʃorápɛ déri ték ɟúri]
meias-calças (f pl)	geta (f)	[géta]
meias (~ de nylon)	çorape të holla (pl)	[tʃorápɛ tə hóła]
maiô (m)	rrobë banje (f)	[róbə báɲɛ]

36. Adereços de cabeça

chapéu (m), touca (f)	kapelë (f)	[kapéłə]
chapéu (m) de feltro	kapelë republike (f)	[kapéłə rɛpublíkɛ]
boné (m) de beisebol	kapelë bejsbolli (f)	[kapéłə bɛjsbóti]
boina (~ italiana)	kapelë e sheshtë (f)	[kapéłə ɛ ʃéʃtə]

boina (ex. ~ basca)	beretë (f)	[bɛrétə]
capuz (m)	kapuç (m)	[kapútʃ]
chapéu panamá (m)	kapelë panama (f)	[kapéłə panamá]
touca (f)	kapuç leshi (m)	[kapútʃ léʃi]

lenço (m)	shami (f)	[ʃamí]
chapéu (m) feminino	kapelë femrash (f)	[kapéłə fémraʃ]

capacete (m) de proteção	helmetë (f)	[hɛlmétə]
bibico (m)	kapelë ushtrie (f)	[kapéłə uʃtríɛ]
capacete (m)	helmetë (f)	[hɛlmétə]

chapéu-coco (m)	kapelë derby (f)	[kapéłə dérby]
cartola (f)	kapelë cilindër (f)	[kapéłə tsilíndər]

37. Calçado

calçado (m)	këpucë (pl)	[kəpútsə]
botinas (f pl), sapatos (m pl)	këpucë burrash (pl)	[kəpútsə búraʃ]
sapatos (de salto alto, etc.)	këpucë grash (pl)	[kəpútsə gráʃ]
botas (f pl)	çizme (pl)	[tʃízmɛ]
pantufas (f pl)	pantofla (pl)	[pantófla]

tênis (~ Nike, etc.)	atlete tenisi (pl)	[atlétɛ tɛnísi]
tênis (~ Converse)	atlete (pl)	[atlétɛ]
sandálias (f pl)	sandale (pl)	[sandálɛ]

sapateiro (m)	këpucëtar (m)	[kəputsətár]
salto (m)	takë (f)	[tákə]

par (m)	palë (f)	[pálə]
cadarço (m)	lidhëse këpucësh (f)	[líðɛsɛ kəpútsəʃ]
amarrar os cadarços	lidh këpucët	[lið kəpútsət]
calçadeira (f)	lugë këpucësh (f)	[lúgə kəpútsəʃ]
graxa (f) para calçado	bojë këpucësh (f)	[bójə kəpútsəʃ]

38. Têxtil. Tecidos

algodão (m)	pambuk (m)	[pambúk]
de algodão	i pambuktë	[i pambúktə]
linho (m)	li (m)	[li]
de linho	prej liri	[prɛj líri]

seda (f)	mëndafsh (m)	[məndáfʃ]
de seda	i mëndafshtë	[i məndáfʃtə]
lã (f)	lesh (m)	[lɛʃ]
de lã	i leshtë	[i léʃtə]

veludo (m)	kadife (f)	[kadífɛ]
camurça (f)	kamosh (m)	[kamóʃ]
veludo (m) cotelê	kadife me riga (f)	[kadífɛ mɛ ríga]

nylon (m)	najlon (m)	[najlón]
de nylon	prej najloni	[prɛj najlóni]
poliéster (m)	poliestër (m)	[poliéstər]
de poliéster	prej poliestri	[prɛj poliéstri]

couro (m)	lëkurë (f)	[ləkúrə]
de couro	prej lëkure	[prɛj ləkúrɛ]
pele (f)	gëzof (m)	[gəzóf]
de pele	prej gëzofi	[prɛj gəzófi]

39. Acessórios pessoais

luva (f)	dorëza (pl)	[dórəza]
mitenes (f pl)	doreza (f)	[doréza]
cachecol (m)	shall (m)	[ʃaɫ]

óculos (m pl)	syze (f)	[sýzɛ]
armação (f)	skelet syzesh (m)	[skɛlét sýzɛʃ]
guarda-chuva (m)	çadër (f)	[tʃádər]
bengala (f)	bastun (m)	[bastún]
escova (f) para o cabelo	furçë flokësh (f)	[fúrtʃə flókəʃ]
leque (m)	erashkë (f)	[ɛráʃkə]

gravata (f)	kravatë (f)	[kravátə]
gravata-borboleta (f)	papion (m)	[papión]
suspensórios (m pl)	aski (pl)	[askí]
lenço (m)	shami (f)	[ʃamí]

pente (m)	krehër (m)	[kréhər]
fivela (f) para cabelo	kapëse flokësh (f)	[kápəsɛ flókəʃ]

| grampo (m) | karficë (f) | [karfítsə] |
| fivela (f) | tokëz (f) | [tókəz] |

| cinto (m) | rrip (m) | [rip] |
| alça (f) de ombro | rrip supi (m) | [rip súpi] |

bolsa (f)	çantë dore (f)	[tʃántə dórɛ]
bolsa (feminina)	çantë (f)	[tʃántə]
mochila (f)	çantë shpine (f)	[tʃántə ʃpínɛ]

40. Vestuário. Diversos

moda (f)	modë (f)	[módə]
na moda (adj)	në modë	[nə módə]
estilista (m)	stilist (m)	[stilíst]

colarinho (m)	jakë (f)	[jákə]
bolso (m)	xhep (m)	[dʒɛp]
de bolso	i xhepit	[i dʒépit]
manga (f)	mëngë (f)	[méŋə]
ganchinho (m)	hallkë për varje (f)	[háɫkə pər várjɛ]
bragueta (f)	zinxhir (m)	[zindʒír]

zíper (m)	zinxhir (m)	[zindʒír]
colchete (m)	kapëse (f)	[kápəsɛ]
botão (m)	kopsë (f)	[kópsə]
botoeira (casa de botão)	vrimë kopse (f)	[vrímə kópsɛ]
soltar-se (vr)	këputet	[kəpútɛt]

costurar (vi)	qep	[cɛp]
bordar (vt)	qëndis	[cəndís]
bordado (m)	qëndisje (f)	[cəndísjɛ]
agulha (f)	gjilpërë për qepje (f)	[ɟilpérə pər cépjɛ]
fio, linha (f)	pe (m)	[pɛ]
costura (f)	tegel (m)	[tɛgél]

sujar-se (vr)	bëhem pis	[béhɛm pis]
mancha (f)	njollë (f)	[ɲóɫə]
amarrotar-se (vr)	zhubros	[ʒubrós]
rasgar (vt)	gris	[gris]
traça (f)	molë rrobash (f)	[mólə róbaʃ]

41. Cuidados pessoais. Cosméticos

pasta (f) de dente	pastë dhëmbësh (f)	[pástə ðémbəʃ]
escova (f) de dente	furçë dhëmbësh (f)	[fúrtʃə ðémbəʃ]
escovar os dentes	laj dhëmbët	[laj ðémbət]

gilete (f)	brisk (m)	[brísk]
creme (m) de barbear	pastë rroje (f)	[pástə rójɛ]
barbear-se (vr)	rruhem	[rúhɛm]
sabonete (m)	sapun (m)	[sapún]

xampu (m)	shampo (f)	[ʃampó]
tesoura (f)	gërshërë (f)	[gərʃérə]
lixa (f) de unhas	limë thonjsh (f)	[límə θóɲʃ]
corta-unhas (m)	prerëse thonjsh (f)	[prérəsɛ θóɲʃ]
pinça (f)	piskatore vetullash (f)	[piskatórɛ vétuɬaʃ]

cosméticos (m pl)	kozmetikë (f)	[kozmɛtíkə]
máscara (f)	maskë fytyre (f)	[máskə fytýrɛ]
manicure (f)	manikyr (m)	[manikýr]
fazer as unhas	bëj manikyr	[bəj manikýr]
pedicure (f)	pedikyr (m)	[pɛdikýr]

bolsa (f) de maquiagem	çantë kozmetike (f)	[tʃántə kozmɛtíkɛ]
pó (de arroz)	pudër fytyre (f)	[púdər fytýrɛ]
pó (m) compacto	pudër kompakte (f)	[púdər kompáktɛ]
blush (m)	ruzh (m)	[ruʒ]

perfume (m)	parfum (m)	[parfúm]
água-de-colônia (f)	parfum (m)	[parfúm]
loção (f)	krem (m)	[krɛm]
colônia (f)	kolonjë (f)	[kolóɲə]

sombra (f) de olhos	rimel (m)	[rimél]
delineador (m)	laps për sy (m)	[láps pər sy]
máscara (f), rímel (m)	rimel (m)	[rimél]

batom (m)	buzëkuq (m)	[buzəkúc]
esmalte (m)	llak për thonj (m)	[ɬak pər θóɲ]
laquê (m), spray fixador (m)	llak flokësh (m)	[ɬak flókəʃ]
desodorante (m)	deodorant (m)	[dɛodoránt]

creme (m)	krem (m)	[krɛm]
creme (m) de rosto	krem për fytyrë (m)	[krɛm pər fytýrə]
creme (m) de mãos	krem për duar (m)	[krɛm pər dúar]
creme (m) antirrugas	krem kundër rrudhave (m)	[krɛm kúndər rúðavɛ]
creme (m) de dia	krem dite (m)	[krɛm dítɛ]
creme (m) de noite	krem nate (m)	[krɛm nátɛ]
de dia	dite	[dítɛ]
da noite	nate	[nátɛ]

absorvente (m) interno	tampon (m)	[tampón]
papel (m) higiênico	letër higjienike (f)	[létər hiɟiɛníkɛ]
secador (m) de cabelo	tharëse flokësh (f)	[θárəsɛ flókəʃ]

42. Joalheria

joias (f pl)	bizhuteri (f)	[biʒutɛrí]
precioso (adj)	i çmuar	[i tʃmúar]
marca (f) de contraste	vulë dalluese (f)	[vúlə daɬúɛsɛ]

anel (m)	unazë (f)	[unázə]
aliança (f)	unazë martese (f)	[unázə martésɛ]
pulseira (f)	byzylyk (m)	[byzylýk]
brincos (m pl)	vathë (pl)	[váθə]

colar (m)	gjerdan (m)	[jɛrdán]
coroa (f)	kurorë (f)	[kurórǝ]
colar (m) de contas	qafore me rruaza (f)	[cafórɛ mɛ ruáza]

diamante (m)	diamant (m)	[diamánt]
esmeralda (f)	smerald (m)	[smɛráld]
rubi (m)	rubin (m)	[rubín]
safira (f)	safir (m)	[safír]
pérola (f)	perlë (f)	[pérlǝ]
âmbar (m)	qelibar (m)	[cɛlibár]

43. Relógios de pulso. Relógios

relógio (m) de pulso	orë dore (f)	[órǝ dórɛ]
mostrador (m)	faqe e orës (f)	[fácɛ ɛ órǝs]
ponteiro (m)	akrep (m)	[akrép]
bracelete (em aço)	rrip metalik ore (m)	[rip mɛtalík órɛ]
bracelete (em couro)	rrip ore (m)	[rip órɛ]

pilha (f)	bateri (f)	[batɛrí]
acabar (vi)	e shkarkuar	[ɛ ʃkarkúar]
trocar a pilha	ndërroj baterinë	[ndǝrój batɛrínǝ]
estar adiantado	kalon shpejt	[kalón ʃpéjt]
estar atrasado	ngel prapa	[ŋɛl prápa]

relógio (m) de parede	orë muri (f)	[órǝ múri]
ampulheta (f)	orë rëre (f)	[órǝ rǝrɛ]
relógio (m) de sol	orë diellore (f)	[órǝ diɛɬórɛ]
despertador (m)	orë me zile (f)	[órǝ mɛ zíɫɛ]
relojoeiro (m)	orëndreqës (m)	[orǝndrécǝs]
reparar (vt)	ndreq	[ndréc]

Alimentação. Nutrição

44. Comida

carne (f)	mish (m)	[miʃ]
galinha (f)	pulë (f)	[púlə]
frango (m)	mish pule (m)	[miʃ púlɛ]
pato (m)	rosë (f)	[rósə]
ganso (m)	patë (f)	[pátə]
caça (f)	gjah (m)	[ɟáh]
peru (m)	mish gjel deti (m)	[miʃ ɟɛl déti]

carne (f) de porco	mish derri (m)	[miʃ déri]
carne (f) de vitela	mish viçi (m)	[miʃ vítʃi]
carne (f) de carneiro	mish qengji (m)	[miʃ cénɟi]
carne (f) de vaca	mish lope (m)	[miʃ lópɛ]
carne (f) de coelho	mish lepuri (m)	[miʃ lépuri]

linguiça (f), salsichão (m)	salsiçe (f)	[salsítʃɛ]
salsicha (f)	salsiçe vjeneze (f)	[salsítʃɛ vjɛnézɛ]
bacon (m)	proshutë (f)	[proʃútə]
presunto (m)	sallam (m)	[saɫám]
pernil (m) de porco	kofshë derri (f)	[kófʃə déri]

patê (m)	pate (f)	[paté]
fígado (m)	mëlçi (f)	[məltʃí]
guisado (m)	hamburger (m)	[hamburgér]
língua (f)	gjuhë (f)	[ɟúhə]

ovo (m)	ve (f)	[vɛ]
ovos (m pl)	vezë (pl)	[vézə]
clara (f) de ovo	e bardhë veze (f)	[ɛ bárðə vézɛ]
gema (f) de ovo	e verdhë veze (f)	[ɛ vérðə vézɛ]

peixe (m)	peshk (m)	[pɛʃk]
mariscos (m pl)	fruta deti (pl)	[frúta déti]
crustáceos (m pl)	krustace (pl)	[krustátsɛ]
caviar (m)	havjar (m)	[havjár]

caranguejo (m)	gaforre (f)	[gafórɛ]
camarão (m)	karkalec (m)	[karkaléts]
ostra (f)	midhje (f)	[míðjɛ]
lagosta (f)	karavidhe (f)	[karavíðɛ]
polvo (m)	oktapod (m)	[oktapód]
lula (f)	kallamarë (f)	[kaɫamárə]

esturjão (m)	bli (m)	[blí]
salmão (m)	salmon (m)	[salmón]
halibute (m)	shojzë e Atlantikut Verior (f)	[ʃójzə ɛ atlantíkut vɛriór]
bacalhau (m)	merluc (m)	[mɛrlúts]

cavala, sarda (f)	skumbri (m)	[skúmbri]
atum (m)	tunë (f)	[túnə]
enguia (f)	ngjalë (f)	[ɲálə]

truta (f)	troftë (f)	[tróftə]
sardinha (f)	sardele (f)	[sardélɛ]
lúcio (m)	mlysh (m)	[mlýʃ]
arenque (m)	harengë (f)	[haréŋə]

pão (m)	bukë (f)	[búkə]
queijo (m)	djath (m)	[djáθ]
açúcar (m)	sheqer (m)	[ʃɛcér]
sal (m)	kripë (f)	[krípə]

arroz (m)	oriz (m)	[oríz]
massas (f pl)	makarona (f)	[makaróna]
talharim, miojo (m)	makarona petë (f)	[makaróna pétə]

manteiga (f)	gjalp (m)	[ɟalp]
óleo (m) vegetal	vaj vegjetal (m)	[vaj vɛɟɛtál]
óleo (m) de girassol	vaj luledielli (m)	[vaj lulɛdiéɬi]
margarina (f)	margarinë (f)	[margarínə]

azeitonas (f pl)	ullinj (pl)	[uɬíɲ]
azeite (m)	vaj ulliri (m)	[vaj uɬíri]

leite (m)	qumësht (m)	[cúməʃt]
leite (m) condensado	qumësht i kondensuar (m)	[cúməʃt i kondɛnsúar]
iogurte (m)	kos (m)	[kos]
creme (m) azedo	salcë kosi (f)	[sáltsə kosi]
creme (m) de leite	krem qumështi (m)	[krɛm cúməʃti]

maionese (f)	majonezë (f)	[majonézə]
creme (m)	krem gjalpi (m)	[krɛm ɟálpi]

grãos (m pl) de cereais	drithëra (pl)	[dríθəra]
farinha (f)	miell (m)	[míɛɬ]
enlatados (m pl)	konserva (f)	[konsérva]

flocos (m pl) de milho	kornfleiks (m)	[kornfléiks]
mel (m)	mjaltë (f)	[mjáltə]
geleia (m)	reçel (m)	[rɛtʃél]
chiclete (m)	çamçakëz (m)	[tʃamtʃakéz]

45. Bebidas

água (f)	ujë (m)	[újə]
água (f) potável	ujë i pijshëm (m)	[újə i píjʃəm]
água (f) mineral	ujë mineral (m)	[újə minɛrál]

sem gás (adj)	ujë natyral	[újə natyrál]
gaseificada (adj)	ujë i karbonuar	[újə i karbonúar]
com gás	ujë i gazuar	[újə i gazúar]
gelo (m)	akull (m)	[ákuɬ]

com gelo	me akull	[mɛ ákuɫ]
não alcoólico (adj)	jo alkoolik	[jo alkoolík]
refrigerante (m)	pije e lehtë (f)	[píjɛ ɛ léhtə]
refresco (m)	pije freskuese (f)	[píjɛ frɛskúɛsɛ]
limonada (f)	limonadë (f)	[limonádə]

bebidas (f pl) alcoólicas	likere (pl)	[likérɛ]
vinho (m)	verë (f)	[vérə]
vinho (m) branco	verë e bardhë (f)	[vérə ɛ bárðə]
vinho (m) tinto	verë e kuqe (f)	[vérə ɛ kúcɛ]

licor (m)	liker (m)	[likér]
champanhe (m)	shampanjë (f)	[ʃampáɲə]
vermute (m)	vermut (m)	[vɛrmút]

uísque (m)	uiski (m)	[víski]
vodca (f)	vodkë (f)	[vódkə]
gim (m)	xhin (m)	[dʒin]
conhaque (m)	konjak (m)	[koɲák]
rum (m)	rum (m)	[rum]

café (m)	kafe (f)	[káfɛ]
café (m) preto	kafe e zezë (f)	[káfɛ ɛ zézə]
café (m) com leite	kafe me qumësht (m)	[káfɛ mɛ cúməʃt]
cappuccino (m)	kapuçino (m)	[kaputʃíno]
café (m) solúvel	neskafe (f)	[nɛskáfɛ]

leite (m)	qumësht (m)	[cúməʃt]
coquetel (m)	koktej (m)	[koktéj]
batida (f), milkshake (m)	milkshake (f)	[milkʃákɛ]

suco (m)	lëng frutash (m)	[ləŋ frútaʃ]
suco (m) de tomate	lëng domatesh (m)	[ləŋ domátɛʃ]
suco (m) de laranja	lëng portokalli (m)	[ləŋ portokáɫi]
suco (m) fresco	lëng frutash i freskët (m)	[ləŋ frútaʃ i fréskət]

cerveja (f)	birrë (f)	[bírə]
cerveja (f) clara	birrë e lehtë (f)	[bírə ɛ léhtə]
cerveja (f) preta	birrë e zezë (f)	[bírə ɛ zézə]

chá (m)	çaj (m)	[tʃáj]
chá (m) preto	çaj i zi (m)	[tʃáj i zí]
chá (m) verde	çaj jeshil (m)	[tʃáj jɛʃíl]

46. Vegetais

vegetais (m pl)	perime (pl)	[pɛrímɛ]
verdura (f)	zarzavate (pl)	[zaɾzavátɛ]

tomate (m)	domate (f)	[domátɛ]
pepino (m)	kastravec (m)	[kastravéts]
cenoura (f)	karotë (f)	[karótə]
batata (f)	patate (f)	[patátɛ]
cebola (f)	qepë (f)	[cépə]

alho (m)	hudhër (f)	[húðər]
couve (f)	lakër (f)	[lákər]
couve-flor (f)	lulelakër (f)	[lulɛlákər]
couve-de-bruxelas (f)	lakër Brukseli (f)	[lákər brukséli]
brócolis (m pl)	brokoli (m)	[brókoli]

beterraba (f)	panxhar (m)	[pandʒár]
berinjela (f)	patëllxhan (m)	[patətdʒán]
abobrinha (f)	kungulleshë (m)	[kuŋutéʃə]
abóbora (f)	kungull (m)	[kúŋuɫ]
nabo (m)	rrepë (f)	[répə]

salsa (f)	majdanoz (m)	[majdanóz]
endro, aneto (m)	kopër (f)	[kópər]
alface (f)	sallatë jeshile (f)	[saɫátə jɛʃílɛ]
aipo (m)	selino (f)	[sɛlíno]
aspargo (m)	asparagus (m)	[asparágus]
espinafre (m)	spinaq (m)	[spinác]

ervilha (f)	bizele (f)	[bizélɛ]
feijão (~ soja, etc.)	fasule (f)	[fasúlɛ]
milho (m)	misër (m)	[mísər]
feijão (m) roxo	groshë (f)	[gróʃə]

pimentão (m)	spec (m)	[spɛts]
rabanete (m)	rrepkë (f)	[répkə]
alcachofra (f)	angjinare (f)	[aɲinárɛ]

47. Frutos. Nozes

fruta (f)	frut (m)	[frut]
maçã (f)	mollë (f)	[mótə]
pera (f)	dardhë (f)	[dárðə]
limão (m)	limon (m)	[limón]
laranja (f)	portokall (m)	[portokáɫ]
morango (m)	luleshtrydhe (f)	[lulɛʃtrýðɛ]

tangerina (f)	mandarinë (f)	[mandarínə]
ameixa (f)	kumbull (f)	[kúmbuɫ]
pêssego (m)	pjeshkë (f)	[pjéʃkə]
damasco (m)	kajsi (f)	[kajsí]
framboesa (f)	mjedër (f)	[mjédər]
abacaxi (m)	ananas (m)	[ananás]

banana (f)	banane (f)	[banánɛ]
melancia (f)	shalqi (m)	[ʃalcí]
uva (f)	rrush (m)	[ruʃ]
ginja (f)	qershi vishnje (f)	[cɛrʃí víʃnɛ]
cereja (f)	qershi (f)	[cɛrʃí]
melão (m)	pjepër (m)	[pjépər]

toranja (f)	grejpfrut (m)	[grɛjpfrút]
abacate (m)	avokado (f)	[avokádo]
mamão (m)	papaja (f)	[papája]

| manga (f) | mango (f) | [máŋo] |
| romã (f) | shegë (f) | [ʃégə] |

groselha (f) vermelha	kaliboba e kuqe (f)	[kalibóba ɛ kúcɛ]
groselha (f) negra	kaliboba e zezë (f)	[kalibóba ɛ zézə]
groselha (f) espinhosa	kulumbri (f)	[kulumbrí]
mirtilo (m)	boronicë (f)	[boronítsə]
amora (f) silvestre	manaferra (f)	[manaféra]

passa (f)	rrush i thatë (m)	[ruʃ i θátə]
figo (m)	fik (m)	[fik]
tâmara (f)	hurmë (f)	[húrmə]

amendoim (m)	kikirik (m)	[kikirík]
amêndoa (f)	bajame (f)	[bajámɛ]
noz (f)	arrë (f)	[árə]
avelã (f)	lajthi (f)	[lajθí]
coco (m)	arrë kokosi (f)	[árə kokósi]
pistaches (m pl)	fëstëk (m)	[fəsték]

48. Pão. Bolaria

pastelaria (f)	ëmbëlsira (pl)	[əmbəlsíra]
pão (m)	bukë (f)	[búkə]
biscoito (m), bolacha (f)	biskota (pl)	[biskóta]

chocolate (m)	çokollatë (f)	[tʃokołátə]
de chocolate	prej çokollate	[prɛj tʃokołátɛ]
bala (f)	karamele (f)	[karamélɛ]
doce (bolo pequeno)	kek (m)	[kék]
bolo (m) de aniversário	tortë (f)	[tórtə]

| torta (f) | tortë (f) | [tórtə] |
| recheio (m) | mbushje (f) | [mbúʃjɛ] |

geleia (m)	reçel (m)	[rɛtʃél]
marmelada (f)	marmelatë (f)	[marmɛlátə]
wafers (m pl)	vafera (pl)	[vaféra]
sorvete (m)	akullore (f)	[akułórɛ]
pudim (m)	puding (m)	[pudíŋ]

49. Pratos cozinhados

prato (m)	pjatë (f)	[pjátə]
cozinha (~ portuguesa)	kuzhinë (f)	[kuʒínə]
receita (f)	recetë (f)	[rɛtsétə]
porção (f)	racion (m)	[ratsión]

salada (f)	sallatë (f)	[sałátə]
sopa (f)	supë (f)	[súpə]
caldo (m)	lëng mishi (m)	[ləŋ míʃi]
sanduíche (m)	sandviç (m)	[sandvítʃ]

ovos (m pl) fritos	vezë të skuqura (pl)	[vézə tə skúcura]
hambúrguer (m)	hamburger	[hamburgér]
bife (m)	biftek (m)	[bifték]

acompanhamento (m)	garniturë (f)	[garnitúrə]
espaguete (m)	shpageti (pl)	[ʃpagéti]
purê (m) de batata	pure patatesh (f)	[puré patátɛʃ]
pizza (f)	pica (f)	[pítsa]
mingau (m)	qull (m)	[cuɫ]
omelete (f)	omëletë (f)	[oməlétə]

fervido (adj)	i zier	[i zíɛr]
defumado (adj)	i tymosur	[i tymósur]
frito (adj)	i skuqur	[i skúcur]
seco (adj)	i tharë	[i θárə]
congelado (adj)	i ngrirë	[i ŋrírə]
em conserva (adj)	i marinuar	[i marinúar]

doce (adj)	i ëmbël	[i ə́mbəl]
salgado (adj)	i kripur	[i krípur]
frio (adj)	i ftohtë	[i ftóhtə]
quente (adj)	i nxehtë	[i ndzéhtə]
amargo (adj)	i hidhur	[i híður]
gostoso (adj)	i shijshëm	[i ʃiʃəm]

cozinhar em água fervente	ziej	[zíɛj]
preparar (vt)	gatuaj	[gatúaj]
fritar (vt)	skuq	[skuc]
aquecer (vt)	ngroh	[ŋróh]

salgar (vt)	hedh kripë	[hɛð krípə]
apimentar (vt)	hedh piper	[hɛð pipér]
ralar (vt)	rendoj	[rɛndój]
casca (f)	lëkurë (f)	[ləkúrə]
descascar (vt)	qëroj	[cərój]

50. Especiarias

sal (m)	kripë (f)	[krípə]
salgado (adj)	i kripur	[i krípur]
salgar (vt)	hedh kripë	[hɛð krípə]

pimenta-do-reino (f)	piper i zi (m)	[pipér i zi]
pimenta (f) vermelha	piper i kuq (m)	[pipér i kuc]
mostarda (f)	mustardë (f)	[mustárdə]
raiz-forte (f)	rrepë djegëse (f)	[répə djégəsɛ]

condimento (m)	salcë (f)	[sáltsə]
especiaria (f)	erëz (f)	[érəz]
molho (~ inglês)	salcë (f)	[sáltsə]
vinagre (m)	uthull (f)	[úθuɫ]

| anis estrelado (m) | anisetë (f) | [anisétə] |
| manjericão (m) | borzilok (m) | [borzilók] |

cravo (m)	karafil (m)	[karafíl]
gengibre (m)	xhenxhefil (m)	[dʒɛndʒɛfíl]
coentro (m)	koriandër (m)	[koriándər]
canela (f)	kanellë (f)	[kanéɫə]

gergelim (m)	susam (m)	[susám]
folha (f) de louro	gjeth dafine (m)	[ɟɛθ dafínɛ]
páprica (f)	spec (m)	[spɛts]
cominho (m)	kumin (m)	[kumín]
açafrão (m)	shafran (m)	[ʃafrán]

51. Refeições

comida (f)	ushqim (m)	[uʃcím]
comer (vt)	ha	[ha]

café (m) da manhã	mëngjes (m)	[mənɟés]
tomar café da manhã	ha mëngjes	[ha mənɟés]
almoço (m)	drekë (f)	[drékə]
almoçar (vi)	ha drekë	[ha drékə]
jantar (m)	darkë (f)	[dárkə]
jantar (vi)	ha darkë	[ha dárkə]

apetite (m)	oreks (m)	[oréks]
Bom apetite!	Të bëftë mirë!	[tə bəftə mírə!]

abrir (~ uma lata, etc.)	hap	[hap]
derramar (~ líquido)	derdh	[dérð]
derramar-se (vr)	derdhje	[dérðjɛ]

ferver (vi)	ziej	[zíɛj]
ferver (vt)	ziej	[zíɛj]
fervido (adj)	i zier	[i zíɛr]
esfriar (vt)	ftoh	[ftoh]
esfriar-se (vr)	ftohje	[ftóhjɛ]

sabor, gosto (m)	shije (f)	[ʃíjɛ]
fim (m) de boca	shije (f)	[ʃíjɛ]

emagrecer (vi)	dobësohem	[dobəsóhɛm]
dieta (f)	dietë (f)	[diétə]
vitamina (f)	vitaminë (f)	[vitamínə]
caloria (f)	kalori (f)	[kalorí]

vegetariano (m)	vegjetarian (m)	[vɛɟɛtarián]
vegetariano (adj)	vegjetarian	[vɛɟɛtarián]

gorduras (f pl)	yndyrë (f)	[yndýrə]
proteínas (f pl)	proteinë (f)	[protɛínə]
carboidratos (m pl)	karbohidrat (m)	[karbohidrát]

fatia (~ de limão, etc.)	fetë (f)	[fétə]
pedaço (~ de bolo)	copë (f)	[tsópə]
migalha (f), farelo (m)	dromcë (f)	[drómtsə]

52. Por a mesa

colher (f)	lugë (f)	[lúgǝ]
faca (f)	thikë (f)	[θíkǝ]
garfo (m)	pirun (m)	[pirún]

xícara (f)	filxhan (m)	[fildʒán]
prato (m)	pjatë (f)	[pjátǝ]
pires (m)	pjatë filxhani (f)	[pjátǝ fildʒáni]
guardanapo (m)	pecetë (f)	[pɛtsétǝ]
palito (m)	kruajtëse dhëmbësh (f)	[krúajtǝsɛ ðǝmbǝʃ]

53. Restaurante

restaurante (m)	restorant (m)	[rɛstoránt]
cafeteria (f)	kafene (f)	[kafɛné]
bar (m), cervejaria (f)	pab (m), pijetore (f)	[pab], [pijɛtórɛ]
salão (m) de chá	çajtore (f)	[ʧajtórɛ]

garçom (m)	kamerier (m)	[kamɛriér]
garçonete (f)	kameriere (f)	[kamɛriérɛ]
barman (m)	banakier (m)	[banakiér]

cardápio (m)	menu (f)	[mɛnú]
lista (f) de vinhos	menu vererash (f)	[mɛnú vérǝraʃ]
reservar uma mesa	rezervoj një tavolinë	[rɛzɛrvój ɲǝ tavolínǝ]

prato (m)	pjatë (f)	[pjátǝ]
pedir (vt)	porosis	[porosís]
fazer o pedido	bëj porosinë	[bǝj porosínǝ]

aperitivo (m)	aperitiv (m)	[apɛritív]
entrada (f)	antipastë (f)	[antipástǝ]
sobremesa (f)	ëmbëlsirë (f)	[ǝmbǝlsírǝ]

conta (f)	faturë (f)	[fatúrǝ]
pagar a conta	paguaj faturën	[pagúaj fatúrǝn]
dar o troco	jap kusur	[jap kusúr]
gorjeta (f)	bakshish (m)	[bakʃíʃ]

Família, parentes e amigos

54. Informação pessoal. Formulários

nome (m)	emër (m)	[émər]
sobrenome (m)	mbiemër (m)	[mbiémər]
data (f) de nascimento	datëlindje (f)	[datəlíndjɛ]
local (m) de nascimento	vendlindje (f)	[vɛndlíndjɛ]
nacionalidade (f)	kombësi (f)	[kombəsí]
lugar (m) de residência	vendbanim (m)	[vɛndbaním]
país (m)	shtet (m)	[ʃtɛt]
profissão (f)	profesion (m)	[profɛsión]
sexo (m)	gjinia (f)	[ɟinía]
estatura (f)	gjatësia (f)	[ɟatəsía]
peso (m)	peshë (f)	[péʃə]

55. Membros da família. Parentes

mãe (f)	nënë (f)	[nénə]
pai (m)	baba (f)	[babá]
filho (m)	bir (m)	[bir]
filha (f)	bijë (f)	[bíjə]
caçula (f)	vajza e vogël (f)	[vájza ɛ vógəl]
caçula (m)	djali i vogël (m)	[djáli i vógəl]
filha (f) mais velha	vajza e madhe (f)	[vájza ɛ máðɛ]
filho (m) mais velho	djali i vogël (m)	[djáli i vógəl]
irmão (m)	vëlla (m)	[vəłá]
irmão (m) mais velho	vëllai i madh (m)	[vəłái i mað]
irmão (m) mais novo	vëllai i vogël (m)	[vəłai i vógəl]
irmã (f)	motër (f)	[mótər]
irmã (f) mais velha	motra e madhe (f)	[mótra ɛ máðɛ]
irmã (f) mais nova	motra e vogël (f)	[mótra ɛ vógəl]
primo (m)	kushëri (m)	[kuʃərí]
prima (f)	kushërirë (f)	[kuʃərírə]
mamãe (f)	mami (f)	[mámi]
papai (m)	babi (m)	[bábi]
pais (pl)	prindër (pl)	[príndər]
criança (f)	fëmijë (f)	[fəmíjə]
crianças (f pl)	fëmijë (pl)	[fəmíjə]
avó (f)	gjyshe (f)	[ɟýʃɛ]
avô (m)	gjysh (m)	[ɟyʃ]

neto (m)	nip (m)	[nip]
neta (f)	mbesë (f)	[mbésə]
netos (pl)	nipër e mbesa (pl)	[nípər ɛ mbésa]

tio (m)	dajë (f)	[dájə]
tia (f)	teze (f)	[tézɛ]
sobrinho (m)	nip (m)	[nip]
sobrinha (f)	mbesë (f)	[mbésə]

sogra (f)	vjehrrë (f)	[vjéhrə]
sogro (m)	vjehrri (m)	[vjéhri]
genro (m)	dhëndër (m)	[ðǽndər]
madrasta (f)	njerkë (f)	[ɲérkə]
padrasto (m)	njerk (m)	[ɲérk]

criança (f) de colo	foshnjë (f)	[fóʃnə]
bebê (m)	fëmijë (f)	[fəmíjə]
menino (m)	djalosh (m)	[djalóʃ]

mulher (f)	bashkëshorte (f)	[baʃkəʃórtɛ]
marido (m)	bashkëshort (m)	[baʃkəʃórt]
esposo (m)	bashkëshort (m)	[baʃkəʃórt]
esposa (f)	bashkëshorte (f)	[baʃkəʃórtɛ]

casado (adj)	i martuar	[i martúar]
casada (adj)	e martuar	[ɛ martúar]
solteiro (adj)	beqar	[bɛcár]
solteirão (m)	beqar (m)	[bɛcár]
divorciado (adj)	i divorcuar	[i divortsúar]
viúva (f)	vejushë (f)	[vɛjúʃə]
viúvo (m)	vejan (m)	[vɛján]

parente (m)	kushëri (m)	[kuʃərí]
parente (m) próximo	kushëri i afërt (m)	[kuʃərí i áfərt]
parente (m) distante	kushëri i largët (m)	[kuʃərí i lárgət]
parentes (m pl)	kushërinj (pl)	[kuʃəríɲ]

órfão (m)	jetim (m)	[jɛtím]
órfã (f)	jetime (f)	[jɛtímɛ]
tutor (m)	kujdestar (m)	[kujdɛstár]
adotar (um filho)	adoptoj	[adoptój]
adotar (uma filha)	adoptoj	[adoptój]

56. Amigos. Colegas de trabalho

amigo (m)	mik (m)	[mik]
amiga (f)	mike (f)	[míkɛ]
amizade (f)	miqësi (f)	[micəsí]
ser amigos	të miqësohem	[tə micəsóhɛm]

amigo (m)	shok (m)	[ʃok]
amiga (f)	shoqe (f)	[ʃócɛ]
parceiro (m)	partner (m)	[partnér]
chefe (m)	shef (m)	[ʃɛf]

superior (m)	epror (m)	[ɛprór]
proprietário (m)	pronar (m)	[pronár]
subordinado (m)	vartës (m)	[vártəs]
colega (m, f)	koleg (m)	[kolég]

conhecido (m)	i njohur (m)	[i ɲóhur]
companheiro (m) de viagem	bashkudhëtar (m)	[baʃkuðətár]
colega (m) de classe	shok klase (m)	[ʃok klásɛ]

vizinho (m)	komshi (m)	[komʃí]
vizinha (f)	komshike (f)	[komʃíkɛ]
vizinhos (pl)	komshinj (pl)	[komʃíɲ]

57. Homem. Mulher

mulher (f)	grua (f)	[grúa]
menina (f)	vajzë (f)	[vájzə]
noiva (f)	nuse (f)	[núsɛ]

bonita, bela (adj)	i bukur	[i búkur]
alta (adj)	i gjatë	[i ɟátə]
esbelta (adj)	i hollë	[i hółə]
baixa (adj)	i shkurtër	[i ʃkúrtər]

loira (f)	bionde (f)	[bióndɛ]
morena (f)	zeshkane (f)	[zɛʃkánɛ]

de senhora	për femra	[pər fémra]
virgem (f)	virgjëreshë (f)	[virɟəréʃə]
grávida (adj)	shtatzënë	[ʃtatzénə]

homem (m)	burrë (m)	[búrə]
loiro (m)	biond (m)	[biónd]
moreno (m)	zeshkan (m)	[zɛʃkán]
alto (adj)	i gjatë	[i ɟátə]
baixo (adj)	i shkurtër	[i ʃkúrtər]

rude (adj)	i vrazhdë	[i vráʒdə]
atarracado (adj)	trupngjeshur	[trupnɟéʃur]
robusto (adj)	i fuqishëm	[i fucíʃəm]
forte (adj)	i fortë	[i fórtə]
força (f)	forcë (f)	[fórtsə]

gordo (adj)	bullafiq	[bułafíc]
moreno (adj)	zeshkan	[zɛʃkán]
esbelto (adj)	i hollë	[i hółə]
elegante (adj)	elegant	[ɛlɛgánt]

58. Idade

idade (f)	moshë (f)	[móʃə]
juventude (f)	rini (f)	[riní]

jovem (adj)	i ri	[i rí]
mais novo (adj)	më i ri	[mə i rí]
mais velho (adj)	më i vjetër	[mə i vjétər]

jovem (m)	djalë i ri (m)	[djálə i rí]
adolescente (m)	adoleshent (m)	[adolɛʃént]
rapaz (m)	djalë (f)	[djálə]

| velho (m) | plak (m) | [plak] |
| velha (f) | plakë (f) | [plákə] |

adulto	i rritur	[i rítur]
de meia-idade	mesoburrë	[mɛsobúrə]
idoso, de idade (adj)	i moshuar	[i moʃúar]
velho (adj)	i vjetër	[i vjétər]

aposentadoria (f)	pension (m)	[pɛnsión]
aposentar-se (vr)	dal në pension	[dál nə pɛnsión]
aposentado (m)	pensionist (m)	[pɛnsioníst]

59. Crianças

criança (f)	fëmijë (f)	[fəmíjə]
crianças (f pl)	fëmijë (pl)	[fəmíjə]
gêmeos (m pl), gêmeas (f pl)	binjakë (pl)	[biɲákə]

berço (m)	djep (m)	[djép]
chocalho (m)	rraketake (f)	[rakɛtákɛ]
fralda (f)	pelenë (f)	[pɛlénə]

chupeta (f), bico (m)	biberon (m)	[bibɛrón]
carrinho (m) de bebê	karrocë për bebe (f)	[karótsə pər bébɛ]
jardim (m) de infância	kopsht fëmijësh (m)	[kópʃt fəmíjəʃ]
babysitter, babá (f)	dado (f)	[dádo]

infância (f)	fëmijëri (f)	[fəmijərí]
boneca (f)	kukull (f)	[kúkuɬ]
brinquedo (m)	lodër (f)	[lódər]
jogo (m) de montar	lodër për ndërtim (m)	[lódər pər ndərtím]
bem-educado (adj)	i edukuar	[i ɛdukúar]
malcriado (adj)	i paedukuar	[i paɛdukúar]
mimado (adj)	i llastuar	[i ɬastúar]

ser travesso	trazovaç	[trazovátʃ]
travesso, traquinas (adj)	mistrec	[mistréts]
travessura (f)	shpirtligësi (f)	[ʃpirtligəsí]
criança (f) travessa	fëmijë mistrec (m)	[fəmíjə mistréts]

| obediente (adj) | i bindur | [i bíndur] |
| desobediente (adj) | i pabindur | [i pabíndur] |

dócil (adj)	i butë	[i bútə]
inteligente (adj)	i zgjuar	[i zɟúar]
prodígio (m)	fëmijë gjeni (m)	[fəmíjə ɟɛní]

60. Casais. Vida de família

beijar (vt)	puth	[puθ]
beijar-se (vr)	puthem	[púθɛm]
família (f)	familje (f)	[famíljɛ]
familiar (vida ~)	familjare	[familjárɛ]
casal (m)	çift (m)	[tʃíft]
matrimônio (m)	martesë (f)	[martésə]
lar (m)	vatra (f)	[vátra]
dinastia (f)	dinasti (f)	[dinastí]

encontro (m)	takim (m)	[takím]
beijo (m)	puthje (f)	[púθjɛ]

amor (m)	dashuri (f)	[daʃurí]
amar (pessoa)	dashuroj	[daʃurój]
amado, querido (adj)	i dashur	[i dáʃur]

ternura (f)	ndjeshmëri (f)	[ndjɛʃmərí]
afetuoso (adj)	i ndjeshëm	[i ndjéʃəm]
fidelidade (f)	besnikëri (f)	[bɛsnikərí]
fiel (adj)	besnik	[bɛsník]
cuidado (m)	kujdes (m)	[kujdés]
carinhoso (adj)	i dashur	[i dáʃur]

recém-casados (pl)	të porsamartuar (pl)	[tə porsamartúar]
lua (f) de mel	muaj mjalti (m)	[múaj mjálti]
casar-se (com um homem)	martohem	[martóhɛm]
casar-se (com uma mulher)	martohem	[martóhɛm]

casamento (m)	dasmë (f)	[dásmə]
bodas (f pl) de ouro	martesë e artë (f)	[martésə ɛ ártə]
aniversário (m)	përvjetor (m)	[pərvjɛtór]

amante (m)	dashnor (m)	[daʃnór]
amante (f)	dashnore (f)	[daʃnórɛ]

adultério (m), traição (f)	tradhti bashkëshortore (f)	[traðtí baʃkəʃortórɛ]
cometer adultério	tradhtoj ...	[traðtój ...]
ciumento (adj)	xheloz	[dʒɛlóz]
ser ciumento, -a	jam xheloz	[jam dʒɛlóz]
divórcio (m)	divorc (m)	[divórts]
divorciar-se (vr)	divorcoj	[divortsój]

brigar (discutir)	grindem	[gríndɛm]
fazer as pazes	pajtohem	[pajtóhɛm]
juntos (ir ~)	së bashku	[sə báʃku]
sexo (m)	seks (m)	[sɛks]

felicidade (f)	lumturi (f)	[lumturí]
feliz (adj)	i lumtur	[i lúmtur]
infelicidade (f)	fatkeqësi (f)	[fatkɛcəsí]
infeliz (adj)	i trishtuar	[i triʃtúar]

Caráter. Sentimentos. Emoções

61. Sentimentos. Emoções

sentimento (m)	ndjenjë (f)	[ndjéɲə]
sentimentos (m pl)	ndjenja (pl)	[ndjéɲa]
sentir (vt)	ndjej	[ndjéj]

fome (f)	uri (f)	[urí]
ter fome	kam uri	[kam urí]
sede (f)	etje (f)	[étjɛ]
ter sede	kam etje	[kam étjɛ]
sonolência (f)	përgjumësi (f)	[pərɟuməsí]
estar sonolento	përgjumje	[pərɟúmjɛ]

cansaço (m)	lodhje (f)	[lóðjɛ]
cansado (adj)	i lodhur	[i lóður]
ficar cansado	lodhem	[lóðɛm]

humor (m)	humor (m)	[humór]
tédio (m)	mërzitje (f)	[mərzítjɛ]
entediar-se (vr)	mërzitem	[mərzítɛm]
reclusão (isolamento)	izolim (m)	[izolím]
isolar-se (vr)	izolohem	[izolóhɛm]

preocupar (vt)	shqetësoj	[ʃcɛtəsój]
estar preocupado	shqetësohem	[ʃcɛtəsóhɛm]
preocupação (f)	shqetësim (m)	[ʃcɛtəsím]
ansiedade (f)	ankth (m)	[ankθ]
preocupado (adj)	i merakosur	[i mɛrakósur]
estar nervoso	nervozohem	[nɛrvozóhɛm]
entrar em pânico	më zë paniku	[mə zə paníku]

esperança (f)	shpresë (f)	[ʃprésə]
esperar (vt)	shpresoj	[ʃprɛsój]

certeza (f)	siguri (f)	[sigurí]
certo, seguro de …	i sigurt	[i sígurt]
indecisão (f)	pasiguri (f)	[pasigurí]
indeciso (adj)	i pasigurt	[i pasígurt]

bêbado (adj)	i dehur	[i déhur]
sóbrio (adj)	i kthjellët	[i kθjéɬət]
fraco (adj)	i dobët	[i dóbət]
feliz (adj)	i lumtur	[i lúmtur]
assustar (vt)	tremb	[trɛmb]
fúria (f)	tërbim (m)	[tərbím]
ira, raiva (f)	inat (m)	[inát]
depressão (f)	depresion (m)	[dɛprɛsión]
desconforto (m)	parehati (f)	[parɛhatí]

conforto (m)	rehati (f)	[rɛhatí]
arrepender-se (vr)	pendohem	[pɛndóhɛm]
arrependimento (m)	pendim (m)	[pɛndím]
azar (m), má sorte (f)	ters (m)	[tɛrs]
tristeza (f)	trishtim (m)	[triʃtím]

vergonha (f)	turp (m)	[turp]
alegria (f)	gëzim (m)	[gəzím]
entusiasmo (m)	entuziazëm (m)	[ɛntuziázəm]
entusiasta (m)	entuziast (m)	[ɛntuziást]
mostrar entusiasmo	tregoj entuziazëm	[trɛgój ɛntuziázəm]

62. Caráter. Personalidade

caráter (m)	karakter (m)	[karaktér]
falha (f) de caráter	dobësi karakteri (f)	[dobəsí karaktéri]
mente (f)	mendje (f)	[méndjɛ]
razão (f)	arsye (f)	[arsýɛ]

consciência (f)	ndërgjegje (f)	[ndərɟéɟɛ]
hábito, costume (m)	zakon (m)	[zakón]
habilidade (f)	aftësi (f)	[aftəsí]
saber (~ nadar, etc.)	mund	[mund]

paciente (adj)	i duruar	[i durúar]
impaciente (adj)	i paduruar	[i padurúar]
curioso (adj)	kurioz	[kurióz]
curiosidade (f)	kuriozitet (m)	[kuriozitét]

modéstia (f)	modesti (f)	[modɛstí]
modesto (adj)	modest	[modést]
imodesto (adj)	i paturpshëm	[i patúrpʃəm]

preguiça (f)	dembeli (f)	[dɛmbɛlí]
preguiçoso (adj)	dembel	[dɛmbél]
preguiçoso (m)	dembel (m)	[dɛmbél]

astúcia (f)	dinakëri (f)	[dinakərí]
astuto (adj)	dinak	[dinák]
desconfiança (f)	mosbesim (m)	[mosbɛsím]
desconfiado (adj)	mosbesues	[mosbɛsúɛs]

generosidade (f)	zemërgjerësi (f)	[zɛmərɟɛrəsí]
generoso (adj)	zemërgjerë	[zɛmərɟérə]
talentoso (adj)	i talentuar	[i talɛntúar]
talento (m)	talent (m)	[talént]

corajoso (adj)	i guximshëm	[i gudzímʃəm]
coragem (f)	guxim (m)	[gudzím]
honesto (adj)	i ndershëm	[i ndérʃəm]
honestidade (f)	ndershmëri (f)	[ndɛrʃmərí]

prudente, cuidadoso (adj)	i kujdesshëm	[i kujdésʃəm]
valoroso (adj)	trim, guximtar	[trim], [gudzimtár]

sério (adj)	serioz	[sɛrióz]
severo (adj)	i rreptë	[i réptə]

decidido (adj)	i vendosur	[i vɛndósur]
indeciso (adj)	i pavendosur	[i pavɛndósur]
tímido (adj)	i turpshëm	[i túrpʃəm]
timidez (f)	turp (m)	[turp]

confiança (f)	besim në vetvete (m)	[bɛsím nə vɛtvétɛ]
confiar (vt)	besoj	[bɛsój]
crédulo (adj)	i besueshëm	[i bɛsúɛʃəm]

sinceramente	sinqerisht	[síncɛriʃt]
sincero (adj)	i sinqertë	[i sincértə]
sinceridade (f)	sinqeritet (m)	[sincɛritét]
aberto (adj)	i hapur	[i hápur]

calmo (adj)	i qetë	[i cétə]
franco (adj)	i dëlirë	[i dəlírə]
ingênuo (adj)	naiv	[naív]
distraído (adj)	i hutuar	[i hutúar]
engraçado (adj)	zbavitës	[zbavítəs]

ganância (f)	lakmi (f)	[lakmí]
ganancioso (adj)	lakmues	[lakmúɛs]
avarento, sovina (adj)	koprrac	[kopráts]
mal (adj)	djallëzor	[djałəzór]
teimoso (adj)	kokëfortë	[kokəfórtə]
desagradável (adj)	i pakëndshëm	[i pakéndʃəm]

egoísta (m)	egoist (m)	[ɛgoíst]
egoísta (adj)	egoist	[ɛgoíst]
covarde (m)	frikacak (m)	[frikatsák]
covarde (adj)	frikacak	[frikatsák]

63. O sono. Sonhos

dormir (vi)	fle	[flɛ]
sono (m)	gjumë (m)	[ɟúmə]
sonho (m)	ëndërr (m)	[éndər]
sonhar (ver sonhos)	ëndërroj	[əndərój]
sonolento (adj)	përgjumshëm	[pərɟúmʃəm]

cama (f)	shtrat (m)	[ʃtrat]
colchão (m)	dyshek (m)	[dyʃék]
cobertor (m)	mbulesë (f)	[mbulésə]
travesseiro (m)	jastëk (m)	[jasték]
lençol (m)	çarçaf (m)	[tʃartʃáf]

insônia (f)	pagjumësi (f)	[paɟuməsí]
sem sono (adj)	i pagjumë	[i paɟúmə]
sonífero (m)	ilaç gjumi (m)	[ilátʃ ɟúmi]
tomar um sonífero	marr ilaç gjumi	[mar ilátʃ ɟúmi]
estar sonolento	përgjumje	[pərɟúmjɛ]

bocejar (vi)	më hapet goja	[mə hápɛt gója]
ir para a cama	shkoj të fle	[ʃkoj tə flɛ]
fazer a cama	rregulloj shtratin	[rɛguɫój ʃtrátin]
adormecer (vi)	më zë gjumi	[mə zə ɟúmi]

pesadelo (m)	ankth (m)	[ankθ]
ronco (m)	gërhitje (f)	[gərhítjɛ]
roncar (vi)	gërhas	[gərhás]

despertador (m)	orë me zile (f)	[órə mɛ zílɛ]
acordar, despertar (vt)	zgjoj	[zɟoj]
acordar (vi)	zgjohem nga gjumi	[zɟóhɛm ŋa ɟúmi]
levantar-se (vr)	ngrihem	[ŋríhɛm]
lavar-se (vr)	laj	[laj]

64. Humor. Riso. Alegria

humor (m)	humor (m)	[humór]
senso (m) de humor	sens humori (m)	[sɛns humóri]
divertir-se (vr)	kënaqem	[kənácɛm]
alegre (adj)	gëzueshëm	[gəzúɛʃəm]
diversão (f)	gëzim (m)	[gəzím]

sorriso (m)	buzëqeshje (f)	[buzəcéʃɛ]
sorrir (vi)	buzëqesh	[buzəcéʃ]
começar a rir	filloj të qesh	[fiɫój tə céʃ]
rir (vi)	qesh	[cɛʃ]
riso (m)	qeshje (f)	[céʃɛ]

anedota (f)	anekdotë (f)	[anɛkdótə]
engraçado (adj)	për të qeshur	[pər tə céʃur]
ridículo, cômico (adj)	zbavitës	[zbavítəs]

brincar (vi)	bëj shaka	[bəj ʃaká]
piada (f)	shaka (f)	[ʃaká]
alegria (f)	gëzim (m)	[gəzím]
regozijar-se (vr)	ngazëllohem	[ŋazəɫóhɛm]
alegre (adj)	gazmor	[gazmór]

65. Discussão, conversação. Parte 1

| comunicação (f) | komunikim (m) | [komunikím] |
| comunicar-se (vr) | komunikoj | [komunikój] |

conversa (f)	bisedë (f)	[bisédə]
diálogo (m)	dialog (m)	[dialóg]
discussão (f)	diskutim (m)	[diskutím]
debate (m)	mosmarrëveshje (f)	[mosmarəvéʃɛ]
debater (vt)	kundërshtoj	[kundərʃtój]

| interlocutor (m) | bashkëbisedues (m) | [baʃkəbisɛdúɛs] |
| tema (m) | temë (f) | [témə] |

ponto (m) de vista	pikëpamje (f)	[pikəpámjɛ]
opinião (f)	opinion (m)	[opinión]
discurso (m)	fjalim (m)	[fjalím]

discussão (f)	diskutim (m)	[diskutím]
discutir (vt)	diskutoj	[diskutój]
conversa (f)	bisedë (f)	[bisédə]
conversar (vi)	bisedoj	[bisɛdój]
reunião (f)	takim (m)	[takím]
encontrar-se (vr)	takoj	[takój]

provérbio (m)	fjalë e urtë (f)	[fjálə ɛ úrtə]
ditado, provérbio (m)	thënie (f)	[θéniɛ]
adivinha (f)	gjëegjëzë (f)	[ɟəéɟəzə]
dizer uma adivinha	them gjëegjëzë	[θɛm ɟəéɟəzə]
senha (f)	fjalëkalim (m)	[fjaləkalím]
segredo (m)	sekret (m)	[sɛkrét]

juramento (m)	betim (m)	[bɛtím]
jurar (vi)	betohem	[bɛtóhɛm]
promessa (f)	premtim (m)	[prɛmtím]
prometer (vt)	premtoj	[prɛmtój]

conselho (m)	këshillë (f)	[kəʃíɫə]
aconselhar (vt)	këshilloj	[kəʃiɫój]
seguir o conselho	ndjek këshillën	[ndjék kəʃíɫən]
escutar (~ os conselhos)	bindem ...	[bíndɛm ...]

novidade, notícia (f)	lajme (f)	[lájmɛ]
sensação (f)	ndjesi (f)	[ndjɛsí]
informação (f)	informacion (m)	[informatsión]
conclusão (f)	përfundim (m)	[pərfundím]
voz (f)	zë (f)	[zə]
elogio (m)	kompliment (m)	[komplimént]
amável, querido (adj)	i mirë	[i mírə]

palavra (f)	fjalë (f)	[fjálə]
frase (f)	frazë (f)	[frázə]
resposta (f)	përgjigje (f)	[pərɟíɟɛ]
verdade (f)	e vërtetë (f)	[ɛ vərtétə]
mentira (f)	gënjeshtër (f)	[gəɲéʃtər]

pensamento (m)	mendim (m)	[mɛndím]
ideia (f)	ide (f)	[idé]
fantasia (f)	fantazi (f)	[fantazí]

66. Discussão, conversação. Parte 2

estimado, respeitado (adj)	i nderuar	[i ndɛrúar]
respeitar (vt)	nderoj	[ndɛrój]
respeito (m)	nder (m)	[ndér]
Estimado ..., Caro ...	i dashur ...	[i dáʃur ...]
apresentar (alguém a alguém)	prezantoj	[prɛzantój]

conhecer (vt)	njoftoj	[ɲoftój]
intenção (f)	qëllim (m)	[cəɬím]
tencionar (~ fazer algo)	kam ndërmend	[kam ndərménd]
desejo (de boa sorte)	dëshirë (f)	[dəʃírə]
desejar (ex. ~ boa sorte)	dëshiroj	[dəʃiрój]

surpresa (f)	surprizë (f)	[surprízə]
surpreender (vt)	befasoj	[bɛfasój]
surpreender-se (vr)	çuditem	[tʃudítɛm]

dar (vt)	jap	[jap]
pegar (tomar)	marr	[mar]
devolver (vt)	kthej	[kθɛj]
retornar (vt)	rikthej	[rikθéj]

desculpar-se (vr)	kërkoj falje	[kərkój fáljɛ]
desculpa (f)	falje (f)	[fáljɛ]
perdoar (vt)	fal	[fal]

falar (vi)	flas	[flas]
escutar (vt)	dëgjoj	[dəɟój]
ouvir até o fim	tregoj vëmendje	[trɛgój vəméndjɛ]
entender (compreender)	kuptoj	[kuptój]

mostrar (vt)	tregoj	[trɛgój]
olhar para ...	shikoj ...	[ʃikój ...]
chamar (alguém para ...)	thërras	[θərás]
perturbar, distrair (vt)	tërheq vëmendjen	[tərhéc vəméndjɛn]
perturbar (vt)	shqetësoj	[ʃcɛtəsój]
entregar (~ em mãos)	jap	[jap]

pedido (m)	kërkesë (f)	[kərkésə]
pedir (ex. ~ ajuda)	kërkoj	[kərkój]
exigência (f)	kërkesë (f)	[kərkésə]
exigir (vt)	kërkoj	[kərkój]

insultar (chamar nomes)	ngacmoj	[ŋatsmój]
zombar (vt)	tallem	[táɬɛm]
zombaria (f)	tallje (f)	[táɬjɛ]
alcunha (f), apelido (m)	pseudonim (m)	[psɛudoním]

insinuação (f)	nënkuptim (m)	[nənkuptím]
insinuar (vt)	nënkuptoj	[nənkuptój]
querer dizer	dua të them	[dúa tə θém]

descrição (f)	përshkrim (m)	[pərʃkrím]
descrever (vt)	përshkruaj	[pərʃkrúaj]
elogio (m)	lëvdatë (f)	[ləvdátə]
elogiar (vt)	lavdëroj	[lavdərój]

desapontamento (m)	zhgënjim (m)	[ʒgəɲím]
desapontar (vt)	zhgënjej	[ʒgəɲéj]
desapontar-se (vr)	zhgënjehem	[ʒgəɲéhɛm]

suposição (f)	supozim (m)	[supozím]
supor (vt)	supozoj	[supozój]

advertência (f)	paralajmërim (m)	[paralajmərím]
advertir (vt)	paralajmëroj	[paralajmərój]

67. Discussão, conversação. Parte 3

convencer (vt)	bind	[bínd]
acalmar (vt)	qetësoj	[cɛtəsój]

silêncio (o ~ é de ouro)	heshtje (f)	[héʃtjɛ]
ficar em silêncio	i heshtur	[i héʃtur]
sussurrar (vt)	pëshpëris	[pəʃpərís]
sussurro (m)	pëshpërimë (f)	[pəʃpərímə]

francamente	sinqerisht	[síncɛriʃt]
na minha opinião ...	sipas mendimit tim ...	[sipás mɛndímit tim ...]

detalhe (~ da história)	detaj (m)	[dɛtáj]
detalhado (adj)	i detajuar	[i dɛtajúar]
detalhadamente	hollësisht	[hoɫəsíʃt]

dica (f)	sugjerim (m)	[suɟɛrím]
dar uma dica	aludoj	[aludój]

olhar (m)	shikim (m)	[ʃikím]
dar uma olhada	i hedh një sy	[i héð ɲə sý]
fixo (olhada ~a)	i ngurtë	[i ŋúrtə]
piscar (vi)	hap e mbyll sytë	[hap ɛ mbýɫ sýtə]
piscar (vt)	luaj syrin	[lúaj sýrin]
acenar com a cabeça	pohoj me kokë	[pohój mɛ kókə]

suspiro (m)	psherëtimë (f)	[pʃɛrətímə]
suspirar (vi)	psherëtij	[pʃɛrətíj]
estremecer (vi)	rrëqethem	[rəcéθɛm]
gesto (m)	gjest (m)	[ɟɛst]
tocar (com as mãos)	prek	[prɛk]
agarrar (~ pelo braço)	kap	[kap]
bater de leve	prek	[prɛk]

Cuidado!	Kujdes!	[kujdés!]
Sério?	Vërtet?	[vərtét?]
Tem certeza?	Je i sigurt?	[jɛ i sígurt?]
Boa sorte!	Paç fat!	[patʃ fat!]
Entendi!	E kuptova!	[ɛ kuptóva!]
Que pena!	Sa keq!	[sa kɛc!]

68. Acordo. Recusa

consentimento (~ mútuo)	leje (f)	[léjɛ]
consentir (vi)	lejoj	[lɛjój]
aprovação (f)	miratim (m)	[miratím]
aprovar (vt)	miratoj	[miratój]
recusa (f)	refuzim (m)	[rɛfuzím]

negar-se a ...	refuzoj	[rɛfuzój]
Ótimo!	Të lumtë!	[tə lúmtə!]
Tudo bem!	Në rregull!	[nə réguɫ!]
Está bem! De acordo!	Në rregull!	[nə réguɫ!]

proibido (adj)	i ndaluar	[i ndalúar]
é proibido	është e ndalúar	[əʃtə ɛ ndalúar]
é impossível	është e pamundur	[əʃtə ɛ pámundur]
incorreto (adj)	i pasaktë	[i pasáktə]

rejeitar (~ um pedido)	hedh poshtë	[hɛð póʃtə]
apoiar (vt)	mbështes	[mbəʃtés]
aceitar (desculpas, etc.)	pranoj	[pranój]

confirmar (vt)	konfirmoj	[konfirmój]
confirmação (f)	konfirmim (m)	[konfirmím]
permissão (f)	leje (f)	[léjɛ]
permitir (vt)	lejoj	[lɛjój]
decisão (f)	vendim (m)	[vɛndím]
não dizer nada	nuk them asgjë	[nuk θɛm ásʲə]

condição (com uma ~)	kusht (m)	[kuʃt]
pretexto (m)	justifikim (m)	[justifikím]
elogio (m)	lëvdata (f)	[ləvdáta]
elogiar (vt)	lavdëroj	[lavdərój]

69. Sucesso. Boa sorte. Insucesso

êxito, sucesso (m)	sukses (m)	[suksés]
com êxito	me sukses	[mɛ suksés]
bem sucedido (adj)	i suksesshëm	[i suksésʃəm]

sorte (fortuna)	fat (m)	[fat]
Boa sorte!	Paç fat!	[patʃ fat!]
de sorte	me fat	[mɛ fat]
sortudo, felizardo (adj)	fatlum	[fatlúm]

fracasso (m)	dështim (m)	[dəʃtím]
pouca sorte (f)	fatkeqësi (f)	[fatkɛcəsí]
azar (m), má sorte (f)	ters (m)	[tɛrs]

mal sucedido (adj)	i pasuksesshëm	[i pasuksésʃəm]
catástrofe (f)	katastrofë (f)	[katastrófə]

orgulho (m)	krenari (f)	[krɛnarí]
orgulhoso (adj)	krenar	[krɛnár]
estar orgulhoso, -a	jam krenar	[jam krɛnár]

vencedor (m)	fitues (m)	[fitúɛs]
vencer (vi, vt)	fitoj	[fitój]
perder (vt)	humb	[húmb]
tentativa (f)	përpjekje (f)	[pərpjékjɛ]
tentar (vt)	përpiqem	[pərpícɛm]
chance (m)	shans (m)	[ʃans]

70. Conflitos. Emoções negativas

grito (m)	britmë (f)	[brítmə]
gritar (vi)	bërtas	[bərtás]
começar a gritar	filloj të ulërij	[fiłój tə uləríj]
discussão (f)	grindje (f)	[gríndjɛ]
brigar (discutir)	grindem	[gríndɛm]
escândalo (m)	sherr (m)	[ʃɛr]
criar escândalo	bëj skenë	[bəj skénə]
conflito (m)	konflikt (m)	[konflíkt]
mal-entendido (m)	keqkuptim (m)	[kɛckuptím]
insulto (m)	ofendim (m)	[ofɛndím]
insultar (vt)	fyej	[fýɛj]
insultado (adj)	i ofenduar	[i ofɛndúar]
ofensa (f)	fyerje (f)	[fýɛrjɛ]
ofender (vt)	ofendoj	[ofɛndój]
ofender-se (vr)	mbrohem	[mbróhɛm]
indignação (f)	indinjatë (f)	[indiɲátə]
indignar-se (vr)	zemërohem	[zɛməróhɛm]
queixa (f)	ankesë (f)	[ankésə]
queixar-se (vr)	ankohem	[ankóhɛm]
desculpa (f)	falje (f)	[fáljɛ]
desculpar-se (vr)	kërkoj falje	[kərkój fáljɛ]
pedir perdão	kërkoj ndjesë	[kərkój ndjésə]
crítica (f)	kritikë (f)	[kritíkə]
criticar (vt)	kritikoj	[kritikój]
acusação (f)	akuzë (f)	[akúzə]
acusar (vt)	akuzoj	[akuzój]
vingança (f)	hakmarrje (f)	[hakmárjɛ]
vingar (vt)	hakmerrem	[hakmérɛm]
vingar-se de	shpaguaj	[ʃpagúaj]
desprezo (m)	përbuzje (f)	[pərbúzjɛ]
desprezar (vt)	përbuz	[pərbúz]
ódio (m)	urrejtje (f)	[uréjtjɛ]
odiar (vt)	urrej	[uréj]
nervoso (adj)	nervoz	[nɛrvóz]
estar nervoso	nervozohem	[nɛrvozóhɛm]
zangado (adj)	i zemëruar	[i zɛmərúar]
zangar (vt)	zemëroj	[zɛmərój]
humilhação (f)	poshtërim (m)	[poʃtərím]
humilhar (vt)	poshtëroj	[poʃtərój]
humilhar-se (vr)	poshtërohem	[poʃtəróhɛm]
choque (m)	tronditje (f)	[trondítjɛ]
chocar (vt)	trondit	[trondít]
aborrecimento (m)	shqetësim (m)	[ʃcɛtəsím]

desagradável (adj)	i pakëndshëm	[i pakéndʃəm]
medo (m)	frikë (f)	[fríkə]
terrível (tempestade, etc.)	i tmerrshëm	[i tmérʃəm]
assustador (ex. história ~a)	i frikshëm	[i fríkʃəm]
horror (m)	horror (m)	[horór]
horrível (crime, etc.)	i tmerrshëm	[i tmérʃəm]

começar a tremer	filloj të dridhem	[fiɫój tə dríðɛm]
chorar (vi)	qaj	[caj]
começar a chorar	filloj të qaj	[fiɫój tə cáj]
lágrima (f)	lot (m)	[lot]

falta (f)	faj (m)	[faj]
culpa (f)	faj (m)	[faj]
desonra (f)	turp (m)	[turp]
protesto (m)	protestë (f)	[protéstə]
estresse (m)	stres (m)	[strɛs]

perturbar (vt)	shqetësoj	[ʃcɛtəsój]
zangar-se com ...	tërbohem	[tərbóhɛm]
zangado (irritado)	i inatosur	[i inatósur]
terminar (vt)	përfundoj	[pərfundój]
praguejar	betohem	[bɛtóhɛm]

assustar-se	tremb	[trɛmb]
golpear (vt)	qëlloj	[cəɫój]
brigar (na rua, etc.)	grindem	[gríndɛm]

resolver (o conflito)	zgjidh	[zɟið]
descontente (adj)	i pakënaqur	[i pakənácur]
furioso (adj)	i xhindosur	[i dʒindósur]

Não está bem!	Nuk është mirë!	[nuk éʃtə mírə!]
É ruim!	Është keq!	[éʃtə kɛc!]

Medicina

71. Doenças

doença (f)	sëmundje (f)	[səmúndjɛ]
estar doente	jam sëmurë	[jam səmúrə]
saúde (f)	shëndet (m)	[ʃəndét]
nariz (m) escorrendo	rrifë (f)	[rífə]
amigdalite (f)	grykët (m)	[grýkət]
resfriado (m)	ftohje (f)	[ftóhjɛ]
ficar resfriado	ftohem	[ftóhɛm]
bronquite (f)	bronkit (m)	[bronkít]
pneumonia (f)	pneumoni (f)	[pnɛumoní]
gripe (f)	grip (m)	[grip]
míope (adj)	miop	[mióp]
presbita (adj)	presbit	[prɛsbít]
estrabismo (m)	strabizëm (m)	[strabízəm]
estrábico, vesgo (adj)	strabik	[strabík]
catarata (f)	katarakt (m)	[katarákt]
glaucoma (m)	glaukoma (f)	[glaukóma]
AVC (m), apoplexia (f)	goditje (f)	[godítjɛ]
ataque (m) cardíaco	sulm në zemër (m)	[sulm nə zémər]
enfarte (m) do miocárdio	infarkt miokardiak (m)	[infárkt miokardiák]
paralisia (f)	paralizë (f)	[paralízə]
paralisar (vt)	paralizoj	[paralizój]
alergia (f)	alergji (f)	[alɛrɟí]
asma (f)	astmë (f)	[ástmə]
diabetes (f)	diabet (m)	[diabét]
dor (f) de dente	dhimbje dhëmbi (f)	[ðímbjɛ ðémbi]
cárie (f)	karies (m)	[kariés]
diarreia (f)	diarre (f)	[diaré]
prisão (f) de ventre	kapsllëk (m)	[kapsɫék]
desarranjo (m) intestinal	dispepsi (f)	[dispɛpsí]
intoxicação (f) alimentar	helmim (m)	[hɛlmím]
intoxicar-se	helmohem nga ushqimi	[hɛlmóhɛm ŋa uʃcími]
artrite (f)	artrit (m)	[artrít]
raquitismo (m)	rakit (m)	[rakít]
reumatismo (m)	reumatizëm (m)	[rɛumatízəm]
arteriosclerose (f)	arteriosklerozë (f)	[artɛriosklɛrózə]
gastrite (f)	gastrit (m)	[gastrít]
apendicite (f)	apendicit (m)	[apɛnditsít]

colecistite (f)	kolecistit (m)	[kolɛtsistít]
úlcera (f)	ulcerë (f)	[ultsérə]

sarampo (m)	fruth (m)	[fruθ]
rubéola (f)	rubeola (f)	[rubɛóla]
icterícia (f)	verdhëza (f)	[vérðeza]
hepatite (f)	hepatit (m)	[hɛpatít]

esquizofrenia (f)	skizofreni (f)	[skizofrɛní]
raiva (f)	sëmundje e tërbimit (f)	[səmúndjɛ ɛ tərbímit]
neurose (f)	neurozë (f)	[nɛurózə]
contusão (f) cerebral	tronditje (f)	[trondítjɛ]

câncer (m)	kancer (m)	[kantsér]
esclerose (f)	sklerozë (f)	[sklɛrózə]
esclerose (f) múltipla	sklerozë e shumëfishtë (f)	[sklɛrózə ɛ ʃuməfíʃtə]

alcoolismo (m)	alkoolizëm (m)	[alkoolízəm]
alcoólico (m)	alkoolik (m)	[alkoolík]
sífilis (f)	sifiliz (m)	[sifilíz]
AIDS (f)	SIDA (f)	[sída]

tumor (m)	tumor (m)	[tumór]
maligno (adj)	malinj	[malíɲ]
benigno (adj)	beninj	[bɛníɲ]

febre (f)	ethe (f)	[éθɛ]
malária (f)	malarie (f)	[malaríɛ]
gangrena (f)	gangrenë (f)	[gaɲréne]
enjoo (m)	sëmundje deti (f)	[səmúndjɛ déti]
epilepsia (f)	epilepsi (f)	[ɛpilɛpsí]

epidemia (f)	epidemi (f)	[ɛpidɛmí]
tifo (m)	tifo (f)	[tífo]
tuberculose (f)	tuberkuloz (f)	[tubɛrkulóz]
cólera (f)	kolerë (f)	[kolérə]
peste (f) bubônica	murtaja (f)	[murtája]

72. Sintomas. Tratamentos. Parte 1

sintoma (m)	simptomë (f)	[simptómə]
temperatura (f)	temperaturë (f)	[tɛmpɛratúrə]
febre (f)	temperaturë e lartë (f)	[tɛmpɛratúrə ɛ lártə]
pulso (m)	puls (m)	[puls]

vertigem (f)	marrje mendsh (m)	[márjɛ méndʃ]
quente (testa, etc.)	i nxehtë	[i ndzéhtə]
calafrio (m)	drithërima (f)	[driθəríma]
pálido (adj)	i zbehur	[i zbéhur]

tosse (f)	kollë (f)	[kóɫə]
tossir (vi)	kollitem	[koɫítɛm]
espirrar (vi)	teshtij	[tɛʃtíj]
desmaio (m)	të fikët (f)	[tə fíkət]

desmaiar (vi)	bie të fikët	[bíɛ tə fíkət]
mancha (f) preta	mavijosje (f)	[mavijósjɛ]
galo (m)	gungë (f)	[gúŋə]
machucar-se (vr)	godas	[godás]
contusão (f)	lëndim (m)	[ləndím]
machucar-se (vr)	lëndohem	[ləndóhɛm]

mancar (vi)	çaloj	[tʃalój]
deslocamento (f)	dislokim (m)	[dislokím]
deslocar (vt)	del nga vendi	[dɛl ŋa véndi]
fratura (f)	thyerje (f)	[θýɛrjɛ]
fraturar (vt)	thyej	[θýɛj]

corte (m)	e prerë (f)	[ɛ prérə]
cortar-se (vr)	pres veten	[prɛs vétɛn]
hemorragia (f)	rrjedhje gjaku (f)	[rjéðjɛ ɟáku]

| queimadura (f) | djegie (f) | [djégiɛ] |
| queimar-se (vr) | digjem | [díɟɛm] |

picar (vt)	shpoj	[ʃpoj]
picar-se (vr)	shpohem	[ʃpóhɛm]
lesionar (vt)	dëmtoj	[dəmtój]
lesão (m)	dëmtim (m)	[dəmtím]
ferida (f), ferimento (m)	plagë (f)	[plágə]
trauma (m)	traumë (f)	[traúmə]

delirar (vi)	fol përçart	[fól pərtʃárt]
gaguejar (vi)	belbëzoj	[bɛlbəzój]
insolação (f)	pikë e diellit (f)	[píkə ɛ diéɫit]

73. Sintomas. Tratamentos. Parte 2

| dor (f) | dhimbje (f) | [ðímbjɛ] |
| farpa (no dedo, etc.) | cifël (f) | [tsífəl] |

suor (m)	djersë (f)	[djérsə]
suar (vi)	djersij	[djɛrsíj]
vômito (m)	të vjella (f)	[tə vjéɫa]
convulsões (f pl)	konvulsione (f)	[konvulsiónɛ]

grávida (adj)	shtatzënë	[ʃtatzénə]
nascer (vi)	lind	[lind]
parto (m)	lindje (f)	[líndjɛ]
dar à luz	sjell në jetë	[sjɛɫ nə jétə]
aborto (m)	abort (m)	[abórt]

respiração (f)	frymëmarrje (f)	[fryməmárjɛ]
inspiração (f)	mbajtje e frymës (f)	[mbájtjɛ ɛ frýməs]
expiração (f)	lëshim i frymës (m)	[ləʃím i frýməs]
expirar (vi)	nxjerr frymën	[ndzjér frýmən]
inspirar (vi)	marr frymë	[mar frýmə]
inválido (m)	invalid (m)	[invalíd]
aleijado (m)	i gjymtuar (m)	[i ɟymtúar]

drogado (m)	**narkoman** (m)	[narkomán]
surdo (adj)	**shurdh**	[ʃurð]
mudo (adj)	**memec**	[mɛméts]
surdo-mudo (adj)	**shurdh-memec**	[ʃurð-mɛméts]

louco, insano (adj)	**i marrë**	[i márə]
louco (m)	**i çmendur** (m)	[i tʃméndur]
louca (f)	**e çmendur** (f)	[ɛ tʃméndur]
ficar louco	**çmendem**	[tʃméndɛm]

gene (m)	**gen** (m)	[gɛn]
imunidade (f)	**imunitet** (m)	[imunitét]
hereditário (adj)	**e trashëguar**	[ɛ traʃəgúar]
congênito (adj)	**e lindur**	[ɛ líndur]

vírus (m)	**virus** (m)	[virús]
micróbio (m)	**mikrób** (m)	[mikrób]
bactéria (f)	**bakterie** (f)	[baktérıɛ]
infecção (f)	**infeksion** (m)	[infɛksión]

74. Sintomas. Tratamentos. Parte 3

hospital (m)	**spital** (m)	[spitál]
paciente (m)	**pacient** (m)	[patsiént]

diagnóstico (m)	**diagnozë** (f)	[diagnózə]
cura (f)	**kurë** (f)	[kúrə]
tratamento (m) médico	**trajtim mjekësor** (m)	[trajtím mjɛkəsór]
curar-se (vr)	**kurohem**	[kuróhɛm]
tratar (vt)	**kuroj**	[kurój]
cuidar (pessoa)	**kujdesem**	[kujdésɛm]
cuidado (m)	**kujdes** (m)	[kujdés]

operação (f)	**operacion** (m)	[opɛratsión]
enfaixar (vt)	**fashoj**	[faʃój]
enfaixamento (m)	**fashim** (m)	[faʃím]

vacinação (f)	**vaksinim** (m)	[vaksiním]
vacinar (vt)	**vaksinoj**	[vaksinój]
injeção (f)	**injeksion** (m)	[iɲɛksión]
dar uma injeção	**bëj injeksion**	[bəj iɲɛksíon]

ataque (~ de asma, etc.)	**atak** (m)	[aták]
amputação (f)	**amputim** (m)	[amputím]
amputar (vt)	**amputoj**	[amputój]
coma (f)	**komë** (f)	[kómə]
estar em coma	**jam në komë**	[jam nə kómə]
reanimação (f)	**kujdes intensiv** (m)	[kujdés intɛnsív]

recuperar-se (vr)	**shërohem**	[ʃəróhɛm]
estado (~ de saúde)	**gjendje** (f)	[ɟéndjɛ]
consciência (perder a ~)	**vetëdije** (f)	[vɛtədíjɛ]
memória (f)	**kujtesë** (f)	[kujtésə]
tirar (vt)	**heq**	[hɛc]

| obturação (f) | mbushje (f) | [mbúʃjɛ] |
| obturar (vt) | mbush | [mbúʃ] |

| hipnose (f) | hipnozë (f) | [hipnózə] |
| hipnotizar (vt) | hipnotizim | [hipnotizím] |

75. Médicos

médico (m)	mjek (m)	[mjék]
enfermeira (f)	infermiere (f)	[infɛrmiérɛ]
médico (m) pessoal	mjek personal (m)	[mjék pɛrsonál]

dentista (m)	dentist (m)	[dɛntíst]
oculista (m)	okulist (m)	[okulíst]
terapeuta (m)	mjek i përgjithshëm (m)	[mjék i pərɟíθʃəm]
cirurgião (m)	kirurg (m)	[kirúrg]

psiquiatra (m)	psikiatër (m)	[psikiátər]
pediatra (m)	pediatër (m)	[pɛdiátər]
psicólogo (m)	psikolog (m)	[psikológ]
ginecologista (m)	gjinekolog (m)	[ɟinɛkológ]
cardiologista (m)	kardiolog (m)	[kardiológ]

76. Medicina. Drogas. Acessórios

medicamento (m)	ilaç (m)	[ilátʃ]
remédio (m)	mjekim (m)	[mjɛkím]
receitar (vt)	shkruaj recetë	[ʃkrúaj rɛtsétə]
receita (f)	recetë (f)	[rɛtsétə]

comprimido (m)	pilulë (f)	[pilúlə]
unguento (m)	krem (m)	[krɛm]
ampola (f)	ampulë (f)	[ampúlə]
solução, preparado (m)	përzierje (f)	[pərzíɛrjɛ]
xarope (m)	shurup (m)	[ʃurúp]
cápsula (f)	pilulë (f)	[pilúlə]
pó (m)	pudër (f)	[púdər]

atadura (f)	fashë garze (f)	[faʃə gárzɛ]
algodão (m)	pambuk (m)	[pambúk]
iodo (m)	jod (m)	[jod]

curativo (m) adesivo	leukoplast (m)	[lɛukoplást]
conta-gotas (m)	pikatore (f)	[pikatórɛ]
termômetro (m)	termometër (m)	[tɛrmométər]
seringa (f)	shiringë (f)	[ʃíríŋə]

| cadeira (f) de rodas | karrocë me rrota (f) | [karótsə mɛ róta] |
| muletas (f pl) | paterica (f) | [patɛrítsa] |

| analgésico (m) | qetësues (m) | [cɛtəsúɛs] |
| laxante (m) | laksativ (m) | [laksatív] |

álcool (m)	alkool dezinfektues (m)	[alkoól dɛzinfɛktúɛs]
ervas (f pl) medicinais	bimë mjekësore (f)	[bímə mjɛkəsórɛ]
de ervas (chá ~)	çaj bimor	[tʃáj bimór]

77. Fumar. Produtos tabágicos

tabaco (m)	duhan (m)	[duhán]
cigarro (m)	cigare (f)	[tsigárɛ]
charuto (m)	puro (f)	[púro]
cachimbo (m)	llullë (f)	[ɫúɫə]
maço (~ de cigarros)	pako cigaresh (m)	[páko tsigárɛʃ]

fósforos (m pl)	shkrepëse (pl)	[ʃkrépəsɛ]
caixa (f) de fósforos	kuti shkrepësesh (f)	[kutí ʃkrépəsɛʃ]
isqueiro (m)	çakmak (m)	[tʃakmák]
cinzeiro (m)	taketuke (f)	[takɛtúkɛ]
cigarreira (f)	kuti cigaresh (f)	[kutí tsigárɛʃ]

| piteira (f) | cigarishte (f) | [tsigaríʃtɛ] |
| filtro (m) | filtër (m) | [fíltər] |

fumar (vi, vt)	pi duhan	[pi duhán]
acender um cigarro	ndez një cigare	[ndɛz ɲə tsigárɛ]
tabagismo (m)	pirja e duhanit (f)	[pírja ɛ duhánit]
fumante (m)	duhanpirës (m)	[duhanpírəs]

bituca (f)	bishti i cigares (m)	[bíʃti i tsigárɛs]
fumaça (f)	tym (m)	[tym]
cinza (f)	hi (m)	[hi]

HABITAT HUMANO

Cidade

78. Cidade. Vida na cidade

cidade (f)	qytet (m)	[cytét]
capital (f)	kryeqytet (m)	[kryɛcytét]
aldeia (f)	fshat (m)	[fʃát]
mapa (m) da cidade	hartë e qytetit (f)	[hártə ɛ cytétit]
centro (m) da cidade	qendër e qytetit (f)	[céndər ɛ cytétit]
subúrbio (m)	periferi (f)	[pɛrifɛrí]
suburbano (adj)	periferik	[pɛrifɛrík]
periferia (f)	periferia (f)	[pɛrifɛría]
arredores (m pl)	periferia (f)	[pɛrifɛría]
quarteirão (m)	bllok pallatesh (m)	[bɫók paɫátɛʃ]
quarteirão (m) residencial	bllok banimi (m)	[bɫók baními]
tráfego (m)	trafik (m)	[trafík]
semáforo (m)	semafor (m)	[sɛmafór]
transporte (m) público	transport publik (m)	[transpórt publík]
cruzamento (m)	kryqëzim (m)	[krycəzím]
faixa (f)	kalim për këmbësorë (m)	[kalím pər kəmbəsórə]
túnel (m) subterrâneo	nënkalim për këmbësorë (m)	[nənkalím pər kəmbəsórə]
cruzar, atravessar (vt)	kapërcej	[kapərtséj]
pedestre (m)	këmbësor (m)	[kəmbəsór]
calçada (f)	trotuar (m)	[trotuár]
ponte (f)	urë (f)	[úrə]
margem (f) do rio	breg lumi (m)	[brɛg lúmi]
fonte (f)	shatërvan (m)	[ʃatərván]
alameda (f)	rrugëz (m)	[rúgəz]
parque (m)	park (m)	[park]
bulevar (m)	bulevard (m)	[bulɛvárd]
praça (f)	shesh (m)	[ʃɛʃ]
avenida (f)	bulevard (m)	[bulɛvárd]
rua (f)	rrugë (f)	[rúgə]
travessa (f)	rrugë dytësore (f)	[rúgə dytəsórɛ]
beco (m) sem saída	rrugë pa krye (f)	[rúgə pa krýɛ]
casa (f)	shtëpi (f)	[ʃtəpí]
edifício, prédio (m)	ndërtesë (f)	[ndərtésə]
arranha-céu (m)	qiellgërvishtës (m)	[ciɛɫgərvíʃtəs]
fachada (f)	fasadë (f)	[fasádə]
telhado (m)	çati (f)	[tʃatí]

janela (f)	dritare (f)	[dritárɛ]
arco (m)	hark (m)	[hárk]
coluna (f)	kolonë (f)	[kolónə]
esquina (f)	kënd (m)	[kə́nd]

vitrine (f)	vitrinë (f)	[vitrínə]
letreiro (m)	tabelë (f)	[tabélə]
cartaz (do filme, etc.)	poster (m)	[postér]
cartaz (m) publicitário	afishe reklamuese (f)	[afíʃɛ rɛklamúɛsɛ]
painel (m) publicitário	tabelë reklamash (f)	[tabélə rɛklámaʃ]

lixo (m)	plehra (f)	[pléhra]
lata (f) de lixo	kosh plehrash (m)	[koʃ pléhraʃ]
jogar lixo na rua	hedh mbeturina	[hɛð mbɛturína]
aterro (m) sanitário	deponi plehrash (f)	[dɛponí pléhraʃ]

orelhão (m)	kabinë telefonike (f)	[kabínə tɛlɛfoníkɛ]
poste (m) de luz	shtyllë dritash (f)	[ʃtýɫə drítaʃ]
banco (m)	stol (m)	[stol]

polícia (m)	polic (m)	[políts]
polícia (instituição)	polici (f)	[politsí]
mendigo, pedinte (m)	lypës (m)	[lýpəs]
desabrigado (m)	i pastrehë (m)	[i pastréhə]

79. Instituições urbanas

loja (f)	dyqan (m)	[dycán]
drogaria (f)	farmaci (f)	[farmatsí]
ótica (f)	optikë (f)	[optíkə]
centro (m) comercial	qendër tregtare (f)	[céndər trɛgtárɛ]
supermercado (m)	supermarket (m)	[supɛrmarkét]

padaria (f)	furrë (f)	[fúrə]
padeiro (m)	furrtar (m)	[furtár]
pastelaria (f)	pastiçeri (f)	[pastitʃɛrí]
mercearia (f)	dyqan ushqimor (m)	[dycán uʃcimór]
açougue (m)	dyqan mishi (m)	[dycán míʃi]

fruteira (f)	dyqan fruta-perimesh (m)	[dycán frúta-pɛrímɛʃ]
mercado (m)	treg (m)	[trɛg]

cafeteria (f)	kafene (f)	[kafɛné]
restaurante (m)	restorant (m)	[rɛstoránt]
bar (m)	pab (m), pijetore (f)	[pab], [pijɛtórɛ]
pizzaria (f)	piceri (f)	[pitsɛrí]

salão (m) de cabeleireiro	parukeri (f)	[parukɛrí]
agência (f) dos correios	zyrë postare (f)	[zýrə postárɛ]
lavanderia (f)	pastrim kimik (m)	[pastrím kimík]
estúdio (m) fotográfico	studio fotografike (f)	[stúdio fotografíkɛ]

sapataria (f)	dyqan këpucësh (m)	[dycán kəpútsəʃ]
livraria (f)	librari (f)	[librarí]

loja (f) de artigos esportivos	dyqan me mallra sportivë (m)	[dycán mɛ mátra sportívə]
costureira (m)	rrobaqepësi (f)	[robacɛpəsí]
aluguel (m) de roupa	dyqan veshjesh me qira (m)	[dycán véʃjɛʃ mɛ cirá]
videolocadora (f)	dyqan videosh me qira (m)	[dycán vídɛoʃ mɛ cirá]

circo (m)	cirk (m)	[tsírk]
jardim (m) zoológico	kopsht zoologjik (m)	[kópʃt zooloɟík]
cinema (m)	kinema (f)	[kinɛmá]
museu (m)	muze (m)	[muzé]
biblioteca (f)	bibliotekë (f)	[bibliotékə]

teatro (m)	teatër (m)	[tɛátər]
ópera (f)	opera (f)	[opéra]
boate (casa noturna)	klub nate (m)	[klúb nátɛ]
cassino (m)	kazino (f)	[kazíno]

mesquita (f)	xhami (f)	[dʒamí]
sinagoga (f)	sinagogë (f)	[sinagógə]
catedral (f)	katedrale (f)	[katɛdrálɛ]
templo (m)	tempull (m)	[témpuɬ]
igreja (f)	kishë (f)	[kíʃə]

faculdade (f)	kolegj (m)	[koléɟ]
universidade (f)	universitet (m)	[univɛrsitét]
escola (f)	shkollë (f)	[ʃkótə]

prefeitura (f)	prefekturë (f)	[prɛfɛktúrə]
câmara (f) municipal	bashki (f)	[baʃkí]
hotel (m)	hotel (m)	[hotél]
banco (m)	bankë (f)	[bánkə]

embaixada (f)	ambasadë (f)	[ambasádə]
agência (f) de viagens	agjenci udhëtimesh (f)	[aɟɛntsí uðətímɛʃ]
agência (f) de informações	zyrë informacioni (f)	[zýrə informatsióni]
casa (f) de câmbio	këmbim valutor (m)	[kəmbím valutór]

metrô (m)	metro (f)	[mɛtró]
hospital (m)	spital (m)	[spitál]

posto (m) de gasolina	pikë karburanti (f)	[píkə karburánti]
parque (m) de estacionamento	parking (m)	[parkíŋ]

80. Sinais

letreiro (m)	tabelë (f)	[tabélə]
aviso (m)	njoftim (m)	[ɲoftím]
cartaz, pôster (m)	poster (m)	[postér]
placa (f) de direção	tabelë drejtuese (f)	[tabélə drɛjtúɛsɛ]
seta (f)	shigjetë (f)	[ʃɟétə]

aviso (advertência)	kujdes (m)	[kujdés]
sinal (m) de aviso	shenjë paralajmëruese (f)	[ʃéɲə paralajmərúɛsɛ]
avisar, advertir (vt)	paralajmëroj	[paralajmərój]

dia (m) de folga	ditë pushimi (f)	[dítə puʃími]
horário (~ dos trens, etc.)	orar (m)	[orár]
horário (m)	orari i punës (m)	[orári i púnəs]

BEM-VINDOS!	MIRË SE VINI!	[mírə sɛ víni!]
ENTRADA	HYRJE	[hýrjɛ]
SAÍDA	DALJE	[dáljɛ]

EMPURRE	SHTY	[ʃty]
PUXE	TËRHIQ	[tərhíc]
ABERTO	HAPUR	[hápur]
FECHADO	MBYLLUR	[mbýtur]

MULHER	GRA	[gra]
HOMEM	BURRA	[búra]

DESCONTOS	ZBRITJE	[zbrítjɛ]
SALDOS, PROMOÇÃO	ULJE	[úljɛ]
NOVIDADE!	TË REJA!	[tə réja!]
GRÁTIS	FALAS	[fálas]

ATENÇÃO!	KUJDES!	[kujdés!]
NÃO HÁ VAGAS	NUK KA VENDE TË LIRA	[nuk ka véndɛ tə líra]
RESERVADO	E REZERVUAR	[ɛ rɛzɛrvúar]

ADMINISTRAÇÃO	ADMINISTRATA	[administráta]
SOMENTE PESSOAL AUTORIZADO	VETËM PËR STAFIN	[vétəm pər stáfin]

CUIDADO CÃO FEROZ	RUHUNI NGA QENI!	[rúhuni ŋa céni!]
PROIBIDO FUMAR!	NDALOHET DUHANI	[ndalóhɛt duháni]
NÃO TOCAR	MOS PREK!	[mos prék!]

PERIGOSO	TË RREZIKSHME	[tə rɛzíkʃmɛ]
PERIGO	RREZIK	[rɛzík]
ALTA TENSÃO	TENSION I LARTË	[tɛnsión i lártə]
PROIBIDO NADAR	NUK LEJOHET NOTI!	[nuk lɛjóhɛt nóti!]
COM DEFEITO	E PRISHUR	[ɛ príʃur]

INFLAMÁVEL	LËNDË DJEGËSE	[ləndə djégəsɛ]
PROIBIDO	E NDALUAR	[ɛ ndalúar]
ENTRADA PROIBIDA	NDALOHET HYRJA	[ndalóhɛt hýrja]
CUIDADO TINTA FRESCA	BOJË E FRESKËT	[bójə ɛ fréskət]

81. Transportes urbanos

ônibus (m)	autobus (m)	[autobús]
bonde (m) elétrico	tramvaj (m)	[tramváj]
trólebus (m)	autobus tramvaj (m)	[autobús tramváj]
rota (f), itinerário (m)	itinerar (m)	[itinɛrár]
número (m)	numër (m)	[númər]

ir de ... (carro, etc.)	udhëtoj me ...	[uðətój mɛ ...]
entrar no ...	hip	[hip]

descer do ...	zbres ...	[zbrɛs ...]
parada (f)	stacion (m)	[statsión]
próxima parada (f)	stacioni tjetër (m)	[statsióni tjétər]
terminal (m)	terminal (m)	[tɛrminál]
horário (m)	orar (m)	[orár]
esperar (vt)	pres	[prɛs]

passagem (f)	biletë (f)	[bilétə]
tarifa (f)	çmim bilete (m)	[tʃmím bilétɛ]

bilheteiro (m)	shitës biletash (m)	[ʃítəs bilétaʃ]
controle (m) de passagens	kontroll biletash (m)	[kontrół bilétaʃ]
revisor (m)	kontrollues biletash (m)	[kontrołúɛs bilétaʃ]

atrasar-se (vr)	vonohem	[vonóhɛm]
perder (o autocarro, etc.)	humbas	[humbás]
estar com pressa	nxitoj	[ndzitój]

táxi (m)	taksi (m)	[táksi]
taxista (m)	shofer taksie (m)	[ʃofér taksíɛ]
de táxi (ir ~)	me taksi	[mɛ táksi]
ponto (m) de táxis	stacion taksish (m)	[statsión táksiʃ]
chamar um táxi	thërras taksi	[θərás táksi]
pegar um táxi	marr taksi	[mar táksi]

tráfego (m)	trafik (m)	[trafík]
engarrafamento (m)	bllokim trafiku (m)	[błokím trafíku]
horas (f pl) de pico	orë e trafikut të rëndë (f)	[óre ɛ trafíkut tə rəndə]
estacionar (vi)	parkoj	[parkój]
estacionar (vt)	parkim	[parkím]
parque (m) de estacionamento	parking (m)	[parkíŋ]

metrô (m)	metro (f)	[mɛtró]
estação (f)	stacion (m)	[statsión]
ir de metrô	shkoj me metro	[ʃkoj mɛ métro]
trem (m)	tren (m)	[trɛn]
estação (f) de trem	stacion treni (m)	[statsión tréni]

82. Turismo

monumento (m)	monument (m)	[monumént]
fortaleza (f)	kala (f)	[kalá]
palácio (m)	pallat (m)	[pałát]
castelo (m)	kështjellë (f)	[kəʃtjétə]
torre (f)	kullë (f)	[kútə]
mausoléu (m)	mauzoleum (m)	[mauzolɛúm]

arquitetura (f)	arkitekturë (f)	[arkitɛktúrə]
medieval (adj)	mesjetare	[mɛsjɛtárɛ]
antigo (adj)	e lashtë	[ɛ láʃtə]
nacional (adj)	kombëtare	[kombətárɛ]
famoso, conhecido (adj)	i famshëm	[i fámʃəm]
turista (m)	turist (m)	[turíst]
guia (pessoa)	udhërrëfyes (m)	[uðərəfýɛs]

excursão (f)	ekskursion (m)	[ɛkskursión]
mostrar (vt)	tregoj	[trɛgój]
contar (vt)	dëftoj	[dǝftój]

encontrar (vt)	gjej	[ɟéj]
perder-se (vr)	humbas	[humbás]
mapa (~ do metrô)	hartë (f)	[hártǝ]
mapa (~ da cidade)	hartë (f)	[hártǝ]

lembrança (f), presente (m)	suvenir (m)	[suvɛnír]
loja (f) de presentes	dyqan dhuratash (m)	[dycán ðurátaʃ]
tirar fotos, fotografar	bëj foto	[bǝj fóto]
fotografar-se (vr)	bëj fotografi	[bǝj fotografí]

83. Compras

comprar (vt)	blej	[blɛj]
compra (f)	blerje (f)	[blérjɛ]
fazer compras	shkoj për pazar	[ʃkoj pǝr pazár]
compras (f pl)	pazar (m)	[pazár]

estar aberta (loja)	hapur	[hápur]
estar fechada	mbyllur	[mbýɫur]

calçado (m)	këpucë (f)	[kǝpútsǝ]
roupa (f)	veshje (f)	[véʃɛ]
cosméticos (m pl)	kozmetikë (f)	[kozmɛtíkǝ]
alimentos (m pl)	mallra ushqimore (f)	[máɫra uʃcimórɛ]
presente (m)	dhuratë (f)	[ðurátǝ]

vendedor (m)	shitës (m)	[ʃítǝs]
vendedora (f)	shitëse (f)	[ʃítǝsɛ]

caixa (f)	arkë (f)	[árkǝ]
espelho (m)	pasqyrë (f)	[pascýrǝ]
balcão (m)	banak (m)	[bának]
provador (m)	dhomë prove (f)	[ðómǝ próvɛ]

provar (vt)	provoj	[provój]
servir (roupa, caber)	më rri mirë	[mǝ ri mírǝ]
gostar (apreciar)	pëlqej	[pǝlcéj]

preço (m)	çmim (m)	[tʃmím]
etiqueta (f) de preço	etiketa e çmimit (f)	[ɛtikéta ɛ tʃmímit]
custar (vt)	kushton	[kuʃtón]
Quanto?	Sa?	[sa?]
desconto (m)	ulje (f)	[úljɛ]

não caro (adj)	jo e shtrenjtë	[jo ɛ ʃtréɲtǝ]
barato (adj)	e lirë	[ɛ lírǝ]
caro (adj)	i shtrenjtë	[i ʃtréɲtǝ]
É caro	Është e shtrenjtë	[ǝʃtǝ ɛ ʃtréɲtǝ]
aluguel (m)	qiramarrje (f)	[ciramárjɛ]
alugar (roupas, etc.)	marr me qira	[mar mɛ cirá]

| crédito (m) | kredit (m) | [krɛdít] |
| a crédito | me kredi | [mɛ krɛdí] |

84. Dinheiro

dinheiro (m)	para (f)	[pará]
câmbio (m)	këmbim valutor (m)	[kəmbím valutór]
taxa (f) de câmbio	kurs këmbimi (m)	[kurs kəmbími]
caixa (m) eletrônico	bankomat (m)	[bankomát]
moeda (f)	monedhë (f)	[monéðə]

| dólar (m) | dollar (m) | [doɫár] |
| euro (m) | euro (f) | [éuro] |

lira (f)	lirë (f)	[lírə]
marco (m)	Marka gjermane (f)	[márka ɟɛrmánɛ]
franco (m)	franga (f)	[fráŋa]
libra (f) esterlina	sterlina angleze (f)	[stɛrlína aŋlézɛ]
iene (m)	jen (m)	[jén]

dívida (f)	borxh (m)	[bórdʒ]
devedor (m)	debitor (m)	[dɛbitór]
emprestar (vt)	jap hua	[jap huá]
pedir emprestado	marr hua	[mar huá]

banco (m)	bankë (f)	[bánkə]
conta (f)	llogari (f)	[ɫogarí]
depositar (vt)	depozitoj	[dɛpozitój]
depositar na conta	depozitoj në llogari	[dɛpozitój nə ɫogarí]
sacar (vt)	tërheq	[tərhéc]

cartão (m) de crédito	kartë krediti (f)	[kártə krɛdíti]
dinheiro (m) vivo	kesh (m)	[kɛʃ]
cheque (m)	çek (m)	[tʃɛk]
passar um cheque	lëshoj një çek	[ləʃój ɲə tʃék]
talão (m) de cheques	bllok çeqesh (m)	[bɫók tʃécɛʃ]

carteira (f)	portofol (m)	[portofól]
niqueleira (f)	kuletë (f)	[kulétə]
cofre (m)	kasafortë (f)	[kasafórtə]

herdeiro (m)	trashëgimtar (m)	[traʃəgimtár]
herança (f)	trashëgimi (f)	[traʃəgimí]
fortuna (riqueza)	pasuri (f)	[pasurí]

arrendamento (m)	qira (f)	[cirá]
aluguel (pagar o ~)	qiraja (f)	[cirája]
alugar (vt)	marr me qira	[mar mɛ cirá]

preço (m)	çmim (m)	[tʃmím]
custo (m)	kosto (f)	[kósto]
soma (f)	shumë (f)	[ʃúmə]
gastar (vt)	shpenzoj	[ʃpɛnzój]
gastos (m pl)	shpenzime (f)	[ʃpɛnzímɛ]

| economizar (vi) | kursej | [kurséj] |
| econômico (adj) | ekonomik | [ɛkonomík] |

pagar (vt)	paguaj	[pagúaj]
pagamento (m)	pagesë (f)	[pagésə]
troco (m)	kusur (m)	[kusúr]

imposto (m)	taksë (f)	[táksə]
multa (f)	gjobë (f)	[ɟóbə]
multar (vt)	vendos gjobë	[vɛndós ɟóbə]

85. Correios. Serviço postal

agência (f) dos correios	zyrë postare (f)	[zýrə postárɛ]
correio (m)	postë (f)	[póstə]
carteiro (m)	postier (m)	[postiér]
horário (m)	orari i punës (m)	[orári i púnəs]

carta (f)	letër (f)	[létər]
carta (f) registada	letër rekomande (f)	[létər rɛkomándɛ]
cartão (m) postal	kartolinë (f)	[kartolínə]
telegrama (m)	telegram (m)	[tɛlɛgrám]
encomenda (f)	pako (f)	[páko]
transferência (f) de dinheiro	transfer parash (m)	[transfér paráʃ]

receber (vt)	pranoj	[pranój]
enviar (vt)	dërgoj	[dərgój]
envio (m)	dërgesë (f)	[dərgésə]

endereço (m)	adresë (f)	[adrésə]
código (m) postal	kodi postar (m)	[kódi postár]
remetente (m)	dërguesi (m)	[dərgúɛsi]
destinatário (m)	pranues (m)	[pranúɛs]

| nome (m) | emër (m) | [émər] |
| sobrenome (m) | mbiemër (m) | [mbiémər] |

tarifa (f)	tarifë postare (f)	[tarífə postárɛ]
ordinário (adj)	standard	[standárd]
econômico (adj)	ekonomike	[ɛkonomíkɛ]

peso (m)	peshë (f)	[péʃə]
pesar (estabelecer o peso)	peshoj	[pɛʃój]
envelope (m)	zarf (m)	[zarf]
selo (m) postal	pullë postare (f)	[púłə postárɛ]
colar o selo	vendos pullën postare	[vɛndós púłən postárɛ]

Moradia. Casa. Lar

86. Casa. Habitação

casa (f)	shtëpi (f)	[ʃtəpí]
em casa	në shtëpi	[nə ʃtəpí]
pátio (m), quintal (f)	oborr (m)	[obór]
cerca, grade (f)	gardh (m)	[garð]

tijolo (m)	tullë (f)	[túɫə]
de tijolos	me tulla	[mɛ túɫa]
pedra (f)	gur (m)	[guɾ]
de pedra	guror	[guɾór]
concreto (m)	çimento (f)	[tʃiménto]
concreto (adj)	prej çimentoje	[pɾɛj tʃiméntojɛ]

novo (adj)	i ri	[i ɾí]
velho (adj)	i vjetër	[i vjétəɾ]
decrépito (adj)	e vjetruar	[ɛ vjɛtrúaɾ]
moderno (adj)	moderne	[modérnɛ]
de vários andares	shumëkatëshe	[ʃuməkátəʃɛ]
alto (adj)	e lartë	[ɛ láɾtə]

| andar (m) | kat (m) | [kat] |
| de um andar | njëkatëshe | [ɲəkátəʃɛ] |

| térreo (m) | përdhese (f) | [pəɾðésɛ] |
| andar (m) de cima | kati i fundit (m) | [káti i fúndit] |

| telhado (m) | çati (f) | [tʃatí] |
| chaminé (f) | oxhak (m) | [odʒák] |

telha (f)	tjegulla (f)	[tjéguɫa]
de telha	me tjegulla	[mɛ tjéguɫa]
sótão (m)	papafingo (f)	[papafíɲo]

| janela (f) | dritare (f) | [dritáɾɛ] |
| vidro (m) | xham (m) | [dʒam] |

| parapeito (m) | prag dritareje (m) | [prag dritáɾɛjɛ] |
| persianas (f pl) | grila (f) | [gríla] |

parede (f)	mur (m)	[muɾ]
varanda (f)	ballkon (m)	[baɫkón]
calha (f)	ulluk (m)	[uɫúk]

em cima	lart	[lart]
subir (vi)	ngjitem lart	[ɲɟitém láɾt]
descer (vi)	zbres	[zbrɛs]
mudar-se (vr)	lëviz	[ləvíz]

87. Casa. Entrada. Elevador

entrada (f)	hyrje (f)	[hýrjɛ]
escada (f)	shkallë (f)	[ʃkátə]
degraus (m pl)	shkallë (f)	[ʃkátə]
corrimão (m)	parmak (m)	[parmák]
hall (m) de entrada	holl (m)	[hoł]

caixa (f) de correio	kuti postare (f)	[kutí postárɛ]
lata (f) do lixo	kazan mbeturinash (m)	[kazán mbɛturínaʃ]
calha (f) de lixo	ashensor mbeturinash (m)	[aʃɛnsór mbɛturínaʃ]

elevador (m)	ashensor (m)	[aʃɛnsór]
elevador (m) de carga	ashensor mallrash (m)	[aʃɛnsór mátraʃ]
cabine (f)	kabinë ashensori (f)	[kabínə aʃɛnsóri]
pegar o elevador	marr ashensorin	[mar aʃɛnsórin]

apartamento (m)	apartament (m)	[apartamént]
residentes (pl)	banorë (pl)	[banórə]
vizinho (m)	komshi (m)	[komʃí]
vizinha (f)	komshike (f)	[komʃíkɛ]
vizinhos (pl)	komshinj (pl)	[komʃíɲ]

88. Casa. Eletricidade

eletricidade (f)	elektricitet (m)	[ɛlɛktritsitét]
lâmpada (f)	poç (m)	[potʃ]
interruptor (m)	çelës drite (m)	[tʃéləs drítɛ]
fusível, disjuntor (m)	siguresë (f)	[sigurésə]

fio, cabo (m)	kabllo (f)	[kábło]
instalação (f) elétrica	rrjet elektrik (m)	[rjét ɛlɛktrík]
medidor (m) de eletricidade	njehsor elektrik (m)	[ɲɛhsór ɛlɛktrík]
indicação (f), registro (m)	matjet (pl)	[mátjɛt]

89. Casa. Portas. Fechaduras

porta (f)	derë (f)	[dérə]
portão (m)	portik (m)	[portík]
maçaneta (f)	dorezë (f)	[dorézə]
destrancar (vt)	zhbllokoj	[ʒbłokój]
abrir (vt)	hap	[hap]
fechar (vt)	mbyll	[mbył]

chave (f)	çelës (m)	[tʃéləs]
molho (m)	tufë çelësash (f)	[túfə tʃéləsaʃ]
ranger (vi)	kërcet	[kərtsét]
rangido (m)	kërcitje (f)	[kərtsítjɛ]
dobradiça (f)	menteshë (f)	[mɛntéʃə]
capacho (m)	tapet hyrës (m)	[tapét hýrəs]
fechadura (f)	kyç (m)	[kytʃ]

buraco (m) da fechadura	vrimë e çelësit (f)	[vrímə ɛ tʃélǝsit]
barra (f)	shul (m)	[ʃul]
fecho (ferrolho pequeno)	shul (m)	[ʃul]
cadeado (m)	dry (m)	[dry]

tocar (vt)	i bie ziles	[i bíɛ zílɛs]
toque (m)	tingulli i ziles (m)	[tíŋuɫi i zílɛs]
campainha (f)	zile (f)	[zílɛ]
botão (m)	çelësi i ziles (m)	[tʃélǝsi i zílɛs]
batida (f)	trokitje (f)	[trokítjɛ]
bater (vi)	trokas	[trokás]

código (m)	kod (m)	[kod]
fechadura (f) de código	kod (m)	[kod]
interfone (m)	interkom (m)	[intɛrkóm]
número (m)	numër (m)	[númǝr]
placa (f) de porta	pllakë e emrit (f)	[pɫákǝ ɛ émrit]
olho (m) mágico	vrimë përgjimi (f)	[vrímǝ pǝrɟími]

90. Casa de campo

aldeia (f)	fshat (m)	[fʃát]
horta (f)	kopsht zarzavatesh (m)	[kópʃt zarzavátɛʃ]
cerca (f)	gardh (m)	[garð]
cerca (f) de piquete	gardh kunjash	[garð kúɲaʃ]
portão (f) do jardim	portik (m)	[portík]

celeiro (m)	hambar (m)	[hambár]
adega (f)	qilar (m)	[cilár]
galpão, barracão (m)	kasolle (f)	[kasóɫɛ]
poço (m)	pus (m)	[pus]

fogão (m)	sobë (f)	[sóbǝ]
atiçar o fogo	mbush sobën	[mbúʃ sóbǝn]
lenha (carvão ou ~)	dru për zjarr (m)	[dru pǝr zjár]
acha, lenha (f)	dru (m)	[dru]

varanda (f)	verandë (f)	[vɛrándǝ]
alpendre (m)	ballkon (m)	[baɫkón]
degraus (m pl) de entrada	prag i derës (m)	[prag i dérǝs]
balanço (m)	kolovajzë (f)	[kolovájzǝ]

91. Moradia. Mansão

casa (f) de campo	vilë (f)	[vílǝ]
vila (f)	vilë (f)	[vílǝ]
ala (~ do edifício)	krah (m)	[krah]

jardim (m)	kopsht (m)	[kopʃt]
parque (m)	park (m)	[park]
estufa (f)	serrë (f)	[sérǝ]
cuidar de ...	përkujdesem	[pǝrkujdésɛm]

piscina (f)	pishinë (f)	[piʃínə]
academia (f) de ginástica	palestër (f)	[paléstər]
quadra (f) de tênis	fushë tenisi (f)	[fúʃə tɛnísi]
cinema (m)	sallon teatri (m)	[saɫón tɛátri]
garagem (f)	garazh (m)	[garáʒ]

| propriedade (f) privada | pronë private (f) | [prónə privátɛ] |
| terreno (m) privado | tokë private (f) | [tókə privátɛ] |

| advertência (f) | paralajmërim (m) | [paralajmərím] |
| sinal (m) de aviso | shenjë paralajmëruese (f) | [ʃéɲə paralajmərúɛsɛ] |

guarda (f)	sigurim (m)	[sigurím]
guarda (m)	roje sigurimi (m)	[rójɛ sigurími]
alarme (m)	alarm (m)	[alárm]

92. Castelo. Palácio

castelo (m)	kështjellë (f)	[kəʃtjéɫə]
palácio (m)	pallat (m)	[paɫát]
fortaleza (f)	kala (f)	[kalá]
muralha (f)	mur rrethues (m)	[mur rɛθúɛs]
torre (f)	kullë (f)	[kúɫə]
calabouço (m)	kulla e parë (f)	[kúɫa ɛ párə]

grade (f) levadiça	portë me hekura (f)	[pórtə mɛ hékura]
passagem (f) subterrânea	nënkalim (m)	[nənkalím]
fosso (m)	kanal (m)	[kanál]
corrente, cadeia (f)	zinxhir (m)	[zindʒír]
seteira (f)	frëngji (f)	[frənɟí]

magnífico (adj)	e mrekullueshme	[ɛ mrɛkuɫúɛʃmɛ]
majestoso (adj)	madhështore	[maðəʃtórɛ]
inexpugnável (adj)	e padepërtueshme	[ɛ padɛpərtúɛʃmɛ]
medieval (adj)	mesjetare	[mɛsjɛtárɛ]

93. Apartamento

apartamento (m)	apartament (m)	[apartamént]
quarto, cômodo (m)	dhomë (f)	[ðómə]
quarto (m) de dormir	dhomë gjumi (f)	[ðómə ɟúmi]
sala (f) de jantar	dhomë ngrënie (f)	[ðómə ŋrəníɛ]
sala (f) de estar	dhomë ndeje (f)	[ðómə ndéjɛ]
escritório (m)	dhomë pune (f)	[ðómə púnɛ]

sala (f) de entrada	hyrje (f)	[hýrjɛ]
banheiro (m)	banjo (f)	[báɲo]
lavabo (m)	tualet (m)	[tualét]

teto (m)	tavan (m)	[taván]
chão, piso (m)	dysheme (f)	[dyʃɛmé]
canto (m)	qoshe (f)	[cóʃɛ]

94. Apartamento. Limpeza

arrumar, limpar (vt)	pastroj	[pastrój]
guardar (no armário, etc.)	vendos	[vɛndós]
pó (m)	pluhur (m)	[plúhur]
empoeirado (adj)	e pluhurosur	[ɛ pluhurósur]
tirar o pó	marr pluhurat	[mar plúhurat]
aspirador (m)	fshesë elektrike (f)	[fʃésə ɛlɛktríkɛ]
aspirar (vt)	thith pluhurin	[θiθ plúhurin]
varrer (vt)	fshij	[fʃíj]
sujeira (f)	plehra (f)	[pléhra]
arrumação, ordem (f)	rregull (m)	[réguɫ]
desordem (f)	rrëmujë (f)	[rəmújə]
esfregão (m)	shtupë (f)	[ʃtúpə]
pano (m), trapo (m)	leckë (f)	[létskə]
vassoura (f)	fshesë (f)	[fʃésə]
pá (f) de lixo	kaci (f)	[katsí]

95. Mobiliário. Interior

mobiliário (m)	orendi (f)	[orɛndí]
mesa (f)	tryezë (f)	[tryézə]
cadeira (f)	karrige (f)	[karígɛ]
cama (f)	shtrat (m)	[ʃtrat]
sofá, divã (m)	divan (m)	[diván]
poltrona (f)	kolltuk (m)	[koɫtúk]
estante (f)	raft librash (m)	[ráft líbraʃ]
prateleira (f)	sergjen (m)	[sɛrɟén]
guarda-roupas (m)	gardërobë (f)	[gardəróbə]
cabide (m) de parede	varëse (f)	[várəsɛ]
cabideiro (m) de pé	varëse xhaketash (f)	[várəsɛ dʒakétaʃ]
cômoda (f)	komodë (f)	[komódə]
mesinha (f) de centro	tryezë e ulët (f)	[tryézə ɛ úlət]
espelho (m)	pasqyrë (f)	[pascýrə]
tapete (m)	qilim (m)	[cilím]
tapete (m) pequeno	tapet (m)	[tapét]
lareira (f)	oxhak (m)	[odʒák]
vela (f)	qiri (m)	[círi]
castiçal (m)	shandan (m)	[ʃandán]
cortinas (f pl)	perde (f)	[pérdɛ]
papel (m) de parede	tapiceri (f)	[tapitsɛrí]
persianas (f pl)	grila (f)	[gríla]
luminária (f) de mesa	llambë tavoline (f)	[ɫámbə tavolínɛ]
luminária (f) de parede	llambadar muri (m)	[ɫambadár múri]

| abajur (m) de pé | llambadar (m) | [ɫambadár] |
| lustre (m) | llambadar (m) | [ɫambadár] |

pé (de mesa, etc.)	këmbë (f)	[kémbə]
braço, descanso (m)	mbështetëse krahu (f)	[mbəʃtétəsɛ kráhu]
costas (f pl)	mbështetëse (f)	[mbəʃtétəsɛ]
gaveta (f)	sirtar (m)	[sirtár]

96. Quarto de dormir

roupa (f) de cama	çarçafë (pl)	[tʃartʃáfə]
travesseiro (m)	jastëk (m)	[jasték]
fronha (f)	këllëf jastëku (m)	[kəɫəf jastéku]
cobertor (m)	jorgan (m)	[jorgán]
lençol (m)	çarçaf (m)	[tʃartʃáf]
colcha (f)	mbulesë (f)	[mbulésə]

97. Cozinha

cozinha (f)	kuzhinë (f)	[kuʒínə]
gás (m)	gaz (m)	[gaz]
fogão (m) a gás	sobë me gaz (f)	[sóbə mɛ gaz]
fogão (m) elétrico	sobë elektrike (f)	[sóbə ɛlɛktríkɛ]
forno (m)	furrë (f)	[fúrə]
forno (m) de micro-ondas	mikrovalë (f)	[mikroválə]

geladeira (f)	frigorifer (m)	[frigorifér]
congelador (m)	frigorifer (m)	[frigorifér]
máquina (f) de lavar louça	pjatalarëse (f)	[pjatalárəsɛ]

moedor (m) de carne	grirëse mishi (f)	[grírəsɛ míʃi]
espremedor (m)	shtrydhëse frutash (f)	[ʃtrýðəsɛ frútaʃ]
torradeira (f)	toster (m)	[tostér]
batedeira (f)	mikser (m)	[miksér]

máquina (f) de café	makinë kafeje (f)	[makínə kaféjɛ]
cafeteira (f)	kafetierë (f)	[kafɛtiérə]
moedor (m) de café	mulli kafeje (f)	[muɫí káfɛjɛ]

chaleira (f)	çajnik (m)	[tʃajník]
bule (m)	çajnik (m)	[tʃajník]
tampa (f)	kapak (m)	[kapák]
coador (m) de chá	sitë çaji (f)	[sítə tʃáji]

colher (f)	lugë (f)	[lúgə]
colher (f) de chá	lugë çaji (f)	[lúgə tʃáji]
colher (f) de sopa	lugë gjelle (f)	[lúgə ɟétɛ]
garfo (m)	pirun (m)	[pirún]
faca (f)	thikë (f)	[θíkə]

| louça (f) | enë kuzhine (f) | [énə kuʒínɛ] |
| prato (m) | pjatë (f) | [pjátə] |

pires (m)	pjatë filxhani (f)	[pjátə fildʒáni]
cálice (m)	potir (m)	[potír]
copo (m)	gotë (f)	[gótə]
xícara (f)	filxhan (m)	[fildʒán]

açucareiro (m)	tas për sheqer (m)	[tas pər ʃɛcér]
saleiro (m)	kripore (f)	[kripórɛ]
pimenteiro (m)	enë piperi (f)	[énə pipéri]
manteigueira (f)	pjatë gjalpi (f)	[pjátə ɟálpi]

panela (f)	tenxhere (f)	[tɛndʒérɛ]
frigideira (f)	tigan (m)	[tigán]
concha (f)	garuzhdë (f)	[garúʒdə]
coador (m)	kullesë (f)	[kułésə]
bandeja (f)	tabaka (f)	[tabaká]

garrafa (f)	shishe (f)	[ʃíʃɛ]
pote (m) de vidro	kavanoz (m)	[kavanóz]
lata (~ de cerveja)	kanoçe (f)	[kanótʃɛ]

abridor (m) de garrafa	hapëse shishesh (f)	[hapəsé ʃíʃɛʃ]
abridor (m) de latas	hapëse kanoçesh (f)	[hapəsé kanótʃɛʃ]
saca-rolhas (m)	turjelë tapash (f)	[turjélə tápaʃ]
filtro (m)	filtër (m)	[fíltər]
filtrar (vt)	filtroj	[filtrój]

| lixo (m) | pleh (m) | [plɛh] |
| lixeira (f) | kosh plehrash (m) | [koʃ pléhraʃ] |

98. Casa de banho

banheiro (m)	banjo (f)	[báɲo]
água (f)	ujë (m)	[újə]
torneira (f)	rubinet (m)	[rubinét]
água (f) quente	ujë i nxehtë (f)	[újə i ndzéhtə]
água (f) fria	ujë i ftohtë (f)	[újə i ftóhtə]

pasta (f) de dente	pastë dhëmbësh (f)	[pástə ðémbəʃ]
escovar os dentes	laj dhëmbët	[laj ðémbət]
escova (f) de dente	furçë dhëmbësh (f)	[fúrtʃə ðémbəʃ]

barbear-se (vr)	rruhem	[rúhɛm]
espuma (f) de barbear	shkumë rroje (f)	[ʃkumə rójɛ]
gilete (f)	brisk (m)	[brísk]

lavar (vt)	laj duart	[laj dúart]
tomar banho	lahem	[láhɛm]
chuveiro (m), ducha (f)	dush (m)	[duʃ]
tomar uma ducha	bëj dush	[bəj dúʃ]

banheira (f)	vaskë (f)	[váskə]
vaso (m) sanitário	tualet (m)	[tualét]
pia (f)	lavaman (m)	[lavamán]
sabonete (m)	sapun (m)	[sapún]

saboneteira (f)	pjatë sapuni (f)	[pjátə sapúni]
esponja (f)	sfungjer (m)	[sfuŋjér]
xampu (m)	shampo (f)	[ʃampó]
toalha (f)	peshqir (m)	[pɛʃcír]
roupão (m) de banho	peshqir trupi (m)	[pɛʃcír trúpi]

lavagem (f)	larje (f)	[lárjɛ]
lavadora (f) de roupas	makinë larëse (f)	[makínə lárəsɛ]
lavar a roupa	laj rroba	[laj róba]
detergente (m)	detergjent (m)	[dɛtɛrjént]

99. Eletrodomésticos

televisor (m)	televizor (m)	[tɛlɛvizór]
gravador (m)	inçizues me shirit (m)	[intʃizúɛs mɛ ʃirít]
videogravador (m)	video regjistrues (m)	[vídɛo rɛjistrúɛs]
rádio (m)	radio (f)	[rádio]
leitor (m)	kasetofon (m)	[kasɛtofón]

projetor (m)	projektor (m)	[projɛktór]
cinema (m) em casa	kinema shtëpie (f)	[kinɛmá ʃtəpíɛ]
DVD Player (m)	DVD player (m)	[dividí plɛjər]
amplificador (m)	amplifikator (m)	[amplifikatór]
console (f) de jogos	konsol video loje (m)	[konsól vídɛo lójɛ]

câmera (f) de vídeo	videokamerë (f)	[vidɛokamérə]
máquina (f) fotográfica	aparat fotografik (m)	[aparát fotografík]
câmera (f) digital	kamerë digjitale (f)	[kamérə dijitálɛ]

aspirador (m)	fshesë elektrike (f)	[fʃésə ɛlɛktríkɛ]
ferro (m) de passar	hekur (m)	[hékur]
tábua (f) de passar	tryezë për hekurosje (f)	[tryézə pər hɛkurósjɛ]

telefone (m)	telefon (m)	[tɛlɛfón]
celular (m)	celular (m)	[tsɛlulár]
máquina (f) de escrever	makinë shkrimi (f)	[makínə ʃkrími]
máquina (f) de costura	makinë qepëse (f)	[makínə cépəsɛ]

microfone (m)	mikrofon (m)	[mikrofón]
fone (m) de ouvido	kufje (f)	[kúfjɛ]
controle remoto (m)	telekomandë (f)	[tɛlɛkomándə]

CD (m)	CD (f)	[tsɛdé]
fita (f) cassete	kasetë (f)	[kasétə]
disco (m) de vinil	pllakë gramafoni (f)	[płákə gramafóni]

100. Reparações. Renovação

renovação (f)	renovim (m)	[rɛnovím]
renovar (vt), fazer obras	rinovoj	[rinovój]
reparar (vt)	riparoj	[riparój]
consertar (vt)	rregulloj	[rɛgułój]

refazer (vt)	ribëj	[ribéj]
tinta (f)	bojë (f)	[bójə]
pintar (vt)	lyej	[lýɛj]
pintor (m)	bojaxhi (m)	[bojadʒí]
pincel (m)	furçë (f)	[fúrtʃə]

cal (f)	gëlqere (f)	[gəlcérɛ]
caiar (vt)	lyej me gëlqere	[lýɛj mɛ gəlcérɛ]

papel (m) de parede	tapiceri (f)	[tapitsɛrí]
colocar papel de parede	vendos tapiceri	[vɛndós tapitsɛrí]
verniz (m)	llak (m)	[ɫak]
envernizar (vt)	lustroj	[lustrój]

101. Canalizações

água (f)	ujë (m)	[újə]
água (f) quente	ujë i nxehtë (f)	[újə i ndzéhtə]
água (f) fria	ujë i ftohtë (f)	[újə i ftóhtə]
torneira (f)	rubinet (m)	[rubinét]

gota (f)	pikë uji (f)	[píkə úji]
gotejar (vi)	pikon	[pikón]
vazar (vt)	rrjedh	[rjéð]
vazamento (m)	rrjedhje (f)	[rjéðjɛ]
poça (f)	pellg (m)	[pɛɫg]

tubo (m)	gyp (m)	[gyp]
válvula (f)	valvulë (f)	[valvúlə]
entupir-se (vr)	bllokohet	[bɫokóhɛt]

ferramentas (f pl)	vegla (pl)	[végla]
chave (f) inglesa	çelës anglez (m)	[tʃéləs aŋléz]
desenroscar (vt)	zhvidhos	[ʒviðós]
enroscar (vt)	vidhos	[viðós]

desentupir (vt)	zhbllokoj	[ʒbɫokój]
encanador (m)	hidraulik (m)	[hidraulík]
porão (m)	qilar (m)	[cilár]
rede (f) de esgotos	kanalizim (m)	[kanalizím]

102. Fogo. Deflagração

incêndio (m)	zjarr (m)	[zjar]
chama (f)	flakë (f)	[flákə]
faísca (f)	shkëndijë (f)	[ʃkəndíjə]
fumaça (f)	tym (m)	[tym]
tocha (f)	pishtar (m)	[piʃtár]
fogueira (f)	zjarr kampingu (m)	[zjar kampíŋu]

gasolina (f)	benzinë (f)	[bɛnzínə]
querosene (m)	vajgur (m)	[vajgúr]

inflamável (adj)	djegëse	[djégəsɛ]
explosivo (adj)	shpërthyese	[ʃpərθýɛsɛ]
PROIBIDO FUMAR!	NDALOHET DUHANI	[ndalóhɛt duháni]

segurança (f)	siguri (f)	[sigurí]
perigo (m)	rrezik (m)	[rɛzík]
perigoso (adj)	i rrezikshëm	[i rɛzíkʃəm]

incendiar-se (vr)	merr flakë	[mɛr flákə]
explosão (f)	shpërthim (m)	[ʃpərθím]
incendiar (vt)	vë flakën	[və flákən]
incendiário (m)	zjarrvënës (m)	[zjarvénəs]
incêndio (m) criminoso	zjarrvënie e qëllimshme (f)	[zjarvéniɛ ɛ cəɫímʃmɛ]

flamejar (vi)	flakëron	[flakərón]
queimar (vi)	digjet	[díɟɛt]
queimar tudo (vi)	u dogj	[u doɟ]

chamar os bombeiros	telefonoj zjarrfikësit	[tɛlɛfonój zjarfíkəsit]
bombeiro (m)	zjarrfikës (m)	[zjarfíkəs]
caminhão (m) de bombeiros	kamion zjarrfikës (m)	[kamión zjarfíkəs]
corpo (m) de bombeiros	zjarrfikës (m)	[zjarfíkəs]
escada (f) extensível	shkallë e zjarrfikëses (f)	[ʃkáɫə ɛ zjarfíkəsɛs]

mangueira (f)	pompë e ujit (f)	[pómpə ɛ újit]
extintor (m)	bombolë kundër zjarrit (f)	[bombólə kúndər zjárit]
capacete (m)	helmetë (f)	[hɛlmétə]
sirene (f)	alarm (m)	[alárm]

gritar (vi)	bërtas	[bərtás]
chamar por socorro	thërras për ndihmë	[θərás pər ndíhmə]
socorrista (m)	shpëtimtar (m)	[ʃpətimtár]
salvar, resgatar (vt)	shpëtoj	[ʃpətój]

chegar (vi)	arrij	[aríj]
apagar (vt)	shuaj	[ʃúaj]
água (f)	ujë (m)	[újə]
areia (f)	rërë (f)	[rérə]

ruínas (f pl)	gërmadhë (f)	[gərmáðə]
ruir (vi)	shembet	[ʃémbɛt]
desmoronar (vi)	rrëzohem	[rəzóhɛm]
desabar (vi)	shembet	[ʃémbɛt]

| fragmento (m) | mbetje (f) | [mbétjɛ] |
| cinza (f) | hi (m) | [hi] |

| sufocar (vi) | asfiksim | [asfiksím] |
| perecer (vi) | vdes | [vdɛs] |

ATIVIDADES HUMANAS

Emprego. Negócios. Parte 1

103. Escritório. O trabalho no escritório

escritório (~ de advogados)	zyrë (f)	[zýrǝ]
escritório (do diretor, etc.)	zyrë (f)	[zýrǝ]
recepção (f)	recepsion (m)	[rɛtsɛpsión]
secretário (m)	sekretar (m)	[sɛkrɛtár]
secretária (f)	sekretare (f)	[sɛkrɛtárɛ]
diretor (m)	drejtor (m)	[drɛjtór]
gerente (m)	menaxher (m)	[mɛnadʒér]
contador (m)	kontabilist (m)	[kontabilíst]
empregado (m)	punonjës (m)	[punóɲǝs]
mobiliário (m)	orendi (f)	[orɛndí]
mesa (f)	tavolinë pune (f)	[tavolínǝ púnɛ]
cadeira (f)	karrige pune (f)	[karígɛ púnɛ]
gaveteiro (m)	njësi sirtarësh (f)	[ɲǝsí sirtárǝʃ]
cabideiro (m) de pé	varëse xhaketash (f)	[várǝsɛ dʒakétaʃ]
computador (m)	kompjuter (m)	[kompjutér]
impressora (f)	printer (m)	[printér]
fax (m)	aparat faksi (m)	[aparát fáksi]
fotocopiadora (f)	fotokopje (f)	[fotokópjɛ]
papel (m)	letër (f)	[létǝr]
artigos (m pl) de escritório	pajisje zyre (f)	[pajísjɛ zýrɛ]
tapete (m) para mouse	shtroje e mausit (f)	[ʃtrójɛ ɛ máusit]
folha (f)	fletë (f)	[flétǝ]
pasta (f)	dosje (f)	[dósjɛ]
catálogo (m)	katalog (m)	[katalóg]
lista (f) telefônica	numerator telefonik (m)	[numɛratór tɛlɛfoník]
documentação (f)	dokumentacion (m)	[dokumɛntatsión]
brochura (f)	broshurë (f)	[broʃúrǝ]
panfleto (m)	fletëpalosje (f)	[flɛtǝpalósjɛ]
amostra (f)	mostër (f)	[móstǝr]
formação (f)	takim trajnimi (m)	[takím trajními]
reunião (f)	takim (m)	[takím]
hora (f) de almoço	pushim dreke (m)	[puʃím drékɛ]
fazer uma cópia	bëj fotokopje	[bǝj fotokópjɛ]
tirar cópias	shumëfishoj	[ʃumǝfiʃój]
receber um fax	marr faks	[mar fáks]
enviar um fax	dërgoj faks	[dǝrgój fáks]

fazer uma chamada	telefonoj	[tɛlɛfonój]
responder (vt)	përgjigjem	[pərɟíɟɛm]
passar (vt)	kaloj linjën	[kalój líɲən]

marcar (vt)	lë takim	[lə takím]
demonstrar (vt)	tregoj	[trɛgój]
estar ausente	mungoj	[muŋój]
ausência (f)	mungesë (f)	[muŋésə]

104. Processos negociais. Parte 1

| negócio (m) | biznes (m) | [biznés] |
| ocupação (f) | profesion (m) | [profɛsión] |

firma, empresa (f)	firmë (f)	[fírmə]
companhia (f)	kompani (f)	[kompaní]
corporação (f)	korporatë (f)	[korporátə]
empresa (f)	ndërmarrje (f)	[ndərmárjɛ]
agência (f)	agjenci (f)	[aɟɛntsí]

acordo (documento)	marrëveshje (f)	[marəvéʃɛ]
contrato (m)	kontratë (f)	[kontrátə]
acordo (transação)	marrëveshje (f)	[marəvéʃɛ]
pedido (m)	porosi (f)	[porosí]
termos (m pl)	kushte (f)	[kúʃtɛ]

por atacado	me shumicë	[mɛ ʃumítsə]
por atacado (adj)	me shumicë	[mɛ ʃumítsə]
venda (f) por atacado	me shumicë (f)	[mɛ ʃumítsə]
a varejo	me pakicë	[mɛ pakítsə]
venda (f) a varejo	me pakicë (f)	[mɛ pakítsə]

concorrente (m)	konkurrent (m)	[konkurént]
concorrência (f)	konkurrencë (f)	[konkuréntsə]
competir (vi)	konkurroj	[konkurój]

| sócio (m) | ortak (m) | [orták] |
| parceria (f) | partneritet (m) | [partnɛritét] |

crise (f)	krizë (f)	[krízə]
falência (f)	falimentim (m)	[falimɛntím]
entrar em falência	falimentoj	[falimɛntój]
dificuldade (f)	vështirësi (f)	[vəʃtirəsí]
problema (m)	problem (m)	[problém]
catástrofe (f)	katastrofë (f)	[katastrófə]

economia (f)	ekonomi (f)	[ɛkonomí]
econômico (adj)	ekonomik	[ɛkonomík]
recessão (f) econômica	recesion ekonomik (m)	[rɛtsɛsión ɛkonomík]

objetivo (m)	qëllim (m)	[cəłím]
tarefa (f)	detyrë (f)	[dɛtýrə]
comerciar (vi, vt)	tregtoj	[trɛgtój]
rede (de distribuição)	rrjet (m)	[rjét]

| estoque (m) | inventar (m) | [invɛntár] |
| sortimento (m) | gamë (f) | [gámə] |

líder (m)	lider (m)	[lidér]
grande (~ empresa)	e madhe	[ɛ máðɛ]
monopólio (m)	monopol (m)	[monopól]

teoria (f)	teori (f)	[tɛorí]
prática (f)	praktikë (f)	[praktíkə]
experiência (f)	përvojë (f)	[pərvójə]
tendência (f)	trend (m)	[trɛnd]
desenvolvimento (m)	zhvillim (m)	[ʒviłím]

105. Processos negociais. Parte 2

| rentabilidade (f) | fitim (m) | [fitím] |
| rentável (adj) | fitimprurës | [fitimprúrəs] |

delegação (f)	delegacion (m)	[dɛlɛgatsión]
salário, ordenado (m)	pagë (f)	[págə]
corrigir (~ um erro)	korrigjoj	[koriɟój]
viagem (f) de negócios	udhëtim pune (m)	[uðətím púnɛ]
comissão (f)	komision (m)	[komisión]

controlar (vt)	kontrolloj	[kontrołój]
conferência (f)	konferencë (f)	[konfɛréntsə]
licença (f)	licencë (f)	[litséntsə]
confiável (adj)	i besueshëm	[i bɛsúɛʃəm]

empreendimento (m)	nismë (f)	[nísmə]
norma (f)	normë (f)	[nórmə]
circunstância (f)	rrethanë (f)	[rɛθánə]
dever (do empregado)	detyrë (f)	[dɛtýrə]

empresa (f)	organizatë (f)	[organizátə]
organização (f)	organizativ (m)	[organizatív]
organizado (adj)	i organizuar	[i organizúar]
anulação (f)	anulim (m)	[anulím]
anular, cancelar (vt)	anuloj	[anulój]
relatório (m)	raport (m)	[rapórt]

patente (f)	patentë (f)	[paténtə]
patentear (vt)	patentoj	[patɛntój]
planejar (vt)	planifikoj	[planifikój]

bônus (m)	bonus (m)	[bonús]
profissional (adj)	profesional	[profɛsionál]
procedimento (m)	procedurë (f)	[protsɛdúrə]

examinar (~ a questão)	shqyrtoj	[ʃcyrtój]
cálculo (m)	llogaritje (f)	[łogarítjɛ]
reputação (f)	reputacion (m)	[rɛputatsión]
risco (m)	rrezik (m)	[rɛzík]
dirigir (~ uma empresa)	drejtoj	[drɛjtój]

informação (f)	informacion (m)	[informatsión]
propriedade (f)	pronë (f)	[próne]
união (f)	bashkim (m)	[baʃkím]

seguro (m) de vida	sigurim jete (m)	[sigurím jétɛ]
fazer um seguro	siguroj	[sigurój]
seguro (m)	sigurim (m)	[sigurím]

leilão (m)	ankand (m)	[ankánd]
notificar (vt)	njoftoj	[ɲoftój]
gestão (f)	menaxhim (m)	[mɛnadʒím]
serviço (indústria de ~s)	shërbim (m)	[ʃərbím]

fórum (m)	forum (m)	[forúm]
funcionar (vi)	funksionoj	[funksionój]
estágio (m)	fazë (f)	[fázə]
jurídico, legal (adj)	ligjor	[liɟór]
advogado (m)	avokat (m)	[avokát]

106. Produção. Trabalhos

usina (f)	uzinë (f)	[uzínə]
fábrica (f)	fabrikë (f)	[fabríkə]
oficina (f)	punëtori (f)	[punətorí]
local (m) de produção	punishte (f)	[puníʃtɛ]

indústria (f)	industri (f)	[industrí]
industrial (adj)	industrial	[industriál]
indústria (f) pesada	industri e rëndë (f)	[industrí ɛ rəndə]
indústria (f) ligeira	industri e lehtë (f)	[industrí ɛ léhtə]

produção (f)	produkt (m)	[prodúkt]
produzir (vt)	prodhoj	[proðój]
matérias-primas (f pl)	lëndë e parë (f)	[léndə ɛ párə]

chefe (m) de obras	përgjegjës (m)	[pərɟéɟəs]
equipe (f)	skuadër (f)	[skuádər]
operário (m)	punëtor (m)	[punətór]

dia (m) de trabalho	ditë pune (f)	[dítə púnɛ]
intervalo (m)	pushim (m)	[puʃím]
reunião (f)	mbledhje (f)	[mbléðjɛ]
discutir (vt)	diskutoj	[diskutój]

plano (m)	plan (m)	[plan]
cumprir o plano	përmbush planin	[pərmbúʃ plánin]
taxa (f) de produção	normë prodhimi (f)	[nórmə proðími]
qualidade (f)	cilësi (f)	[tsiləsí]
controle (m)	kontroll (m)	[kontrół]
controle (m) da qualidade	kontroll cilësie (m)	[kontrół tsiləsíɛ]

segurança (f) no trabalho	siguri në punë (f)	[sigurí nə púnə]
disciplina (f)	disiplinë (f)	[disiplínə]
infração (f)	thyerje rregullash (f)	[θýɛrjɛ régułaʃ]

violar (as regras)	thyej rregullat	[θýɛj régułat]
greve (f)	grevë (f)	[grévə]
grevista (m)	grevist (m)	[grɛvíst]
estar em greve	jam në grevë	[jam nə grévə]
sindicato (m)	sindikatë punëtorësh (f)	[sindikátə punətórəʃ]

inventar (vt)	shpik	[ʃpik]
invenção (f)	shpikje (f)	[ʃpíkjɛ]
pesquisa (f)	kërkim (m)	[kərkím]
melhorar (vt)	përmirësoj	[pərmirəsój]
tecnologia (f)	teknologji (f)	[tɛknoloɟí]
desenho (m) técnico	vizatim teknik (m)	[vizatím tɛkník]

carga (f)	ngarkesë (f)	[ŋarkésə]
carregador (m)	ngarkues (m)	[ŋarkúɛs]
carregar (o caminhão, etc.)	ngarkoj	[ŋarkój]
carregamento (m)	ngarkimi	[ŋarkími]
descarregar (vt)	shkarkoj	[ʃkarkój]
descarga (f)	shkarkim (m)	[ʃkarkím]

transporte (m)	transport (m)	[transpórt]
companhia (f) de transporte	agjenci transporti (f)	[aɟɛntsí transpórti]
transportar (vt)	transportoj	[transportój]

vagão (m) de carga	vagon mallrash (m)	[vagón máłraʃ]
tanque (m)	cisternë (f)	[tsistérnə]
caminhão (m)	kamion (m)	[kamión]

| máquina (f) operatriz | makineri veglash (f) | [makinɛrí vɛgláʃ] |
| mecanismo (m) | mekanizëm (m) | [mɛkanízəm] |

resíduos (m pl) industriais	mbetje industriale (f)	[mbétjɛ industriálɛ]
embalagem (f)	paketim (m)	[pakɛtím]
embalar (vt)	paketoj	[pakɛtój]

107. Contrato. Acordo

contrato (m)	kontratë (f)	[kontrátə]
acordo (m)	marrëveshje (f)	[marəvéʃɛ]
adendo, anexo (m)	shtojcë (f)	[ʃtójtsə]

assinar o contrato	nënshkruaj një kontratë	[nənʃkrúaj ɲə kontrátə]
assinatura (f)	nënshkrim (m)	[nənʃkrím]
assinar (vt)	nënshkruaj	[nənʃkrúaj]
carimbo (m)	vulë (f)	[vúlə]

objeto (m) do contrato	objekt i kontratës (m)	[objékt i kontrátəs]
cláusula (f)	kusht (m)	[kuʃt]
partes (f pl)	palët (m)	[pálət]
domicílio (m) legal	adresa zyrtare (f)	[adrésa zyrtárɛ]

violar o contrato	mosrespektim kontrate	[mosrɛspɛktím kontrátɛ]
obrigação (f)	detyrim (m)	[dɛtyrím]
responsabilidade (f)	përgjegjësi (f)	[pərɟɛɟəsí]

força (f) maior | forcë madhore (f) | [fórtsə maðórɛ]
litígio (m), disputa (f) | mosmarrëveshje (f) | [mosmarəvéʃjɛ]
multas (f pl) | ndëshkime (pl) | [ndəʃkímɛ]

108. Importação & Exportação

importação (f) | import (m) | [impórt]
importador (m) | importues (m) | [importúɛs]
importar (vt) | importoj | [importój]
de importação | i importuar | [i importúar]

exportação (f) | eksport (m) | [ɛksport]
exportador (m) | eksportues (m) | [ɛksportúɛs]
exportar (vt) | eksportoj | [ɛksportój]
de exportação | i eksportuar | [i ɛksportúar]

mercadoria (f) | mallra (pl) | [máɫra]
lote (de mercadorias) | ngarkesë (f) | [ŋarkésə]

peso (m) | peshë (f) | [péʃə]
volume (m) | vëllim (m) | [vəɫím]
metro (m) cúbico | metër kub (m) | [métər kúb]

produtor (m) | prodhues (m) | [proðúɛs]
companhia (f) de transporte | agjenci transporti (f) | [aɟɛntsí transpórti]
contêiner (m) | kontejner (m) | [kontɛjnér]

fronteira (f) | kufi (m) | [kufí]
alfândega (f) | doganë (f) | [dogánə]
taxa (f) alfandegária | taksë doganore (f) | [táksə doganórɛ]
funcionário (m) da alfândega | doganier (m) | [doganiér]
contrabando (atividade) | trafikim (m) | [trafikím]
contrabando (produtos) | kontrabandë (f) | [kontrabándə]

109. Finanças

ação (f) | stok (m) | [stok]
obrigação (f) | certifikatë valutore (f) | [tsɛrtifikátə valutórɛ]
nota (f) promissória | letër me vlerë (f) | [létər mɛ vlérə]

bolsa (f) de valores | bursë (f) | [búrsə]
cotação (m) das ações | çmimi i stokut (m) | [tʃmími i stókut]

tornar-se mais barato | ulet | [úlɛt]
tornar-se mais caro | rritet | [rítɛt]

parte (f) | kuotë (f) | [kuótə]
participação (f) majoritária | përqindje kontrolluese (f) | [pərcíndjɛ kontroɫúɛsɛ]

investimento (m) | investim (m) | [invɛstím]
investir (vt) | investoj | [invɛstój]
porcentagem (f) | përqindje (f) | [pərcíndjɛ]

juros (m pl)	interes (m)	[intɛrés]
lucro (m)	fitim (m)	[fitím]
lucrativo (adj)	fitimprurës	[fitimprúrəs]
imposto (m)	taksë (f)	[táksə]

divisa (f)	valutë (f)	[valútə]
nacional (adj)	kombëtare	[kombətárɛ]
câmbio (m)	këmbim valute (m)	[kəmbím valútɛ]

contador (m)	kontabilist (m)	[kontabilíst]
contabilidade (f)	kontabilitet (m)	[kontabilitét]

falência (f)	falimentim (m)	[falimɛntím]
falência, quebra (f)	kolaps (m)	[koláps]
ruína (f)	rrënim (m)	[rəním]
estar quebrado	rrënohem	[rənóhɛm]
inflação (f)	inflacion (m)	[inflatsión]
desvalorização (f)	zhvlerësim (m)	[ʒvlɛrəsím]

capital (m)	kapital (m)	[kapitál]
rendimento (m)	të ardhura (f)	[tə árðura]
volume (m) de negócios	qarkullim (m)	[carkuɬím]
recursos (m pl)	burime (f)	[burímɛ]
recursos (m pl) financeiros	burime monetare (f)	[burímɛ monɛtárɛ]

despesas (f pl) gerais	shpenzime bazë (f)	[ʃpɛnzímɛ bázə]
reduzir (vt)	zvogëloj	[zvogəlój]

110. Marketing

marketing (m)	marketing (m)	[markɛtín]
mercado (m)	treg (m)	[trɛg]
segmento (m) do mercado	segment tregu (m)	[sɛgmént trégu]
produto (m)	produkt (m)	[prodúkt]
mercadoria (f)	mallra (pl)	[máɬra]

marca (f)	markë (f)	[márkə]
marca (f) registrada	markë tregtare (f)	[márkə trɛgtárɛ]
logotipo (m)	logo (f)	[lógo]
logo (m)	logo (f)	[lógo]

demanda (f)	kërkesë (f)	[kərkésə]
oferta (f)	furnizim (m)	[furnizím]
necessidade (f)	nevojë (f)	[nɛvójə]
consumidor (m)	konsumator (m)	[konsumatór]

análise (f)	analizë (f)	[analízə]
analisar (vt)	analizoj	[analizój]
posicionamento (m)	vendosje (f)	[vɛndósjɛ]
posicionar (vt)	vendos	[vɛndós]

preço (m)	çmim (m)	[tʃmím]
política (f) de preços	politikë e çmimeve (f)	[politíkə ɛ tʃmímɛvɛ]
formação (f) de preços	formim i çmimit (m)	[formím i tʃmímit]

111. Publicidade

publicidade (f)	reklamë (f)	[rɛklámə]
fazer publicidade	reklamoj	[rɛklamój]
orçamento (m)	buxhet (m)	[budʒét]

anúncio (m)	reklamë (f)	[rɛklámə]
publicidade (f) na TV	reklamë televizive (f)	[rɛklámə tɛlɛvizívɛ]
publicidade (f) na rádio	reklamë në radio (f)	[rɛklámə nə rádio]
publicidade (f) exterior	reklamë ambientale (f)	[rɛklámə ambiɛntálɛ]

comunicação (f) de massa	masmedia (f)	[masmédia]
periódico (m)	botim periodik (m)	[botím pɛriodík]
imagem (f)	imazh (m)	[imáʒ]

| slogan (m) | slogan (m) | [slogán] |
| mote (m), lema (f) | moto (f) | [móto] |

campanha (f)	fushatë (f)	[fuʃátə]
campanha (f) publicitária	fushatë reklamuese (f)	[fuʃátə rɛklamúɛsɛ]
grupo (m) alvo	grup i synuar (m)	[grup i synúar]

cartão (m) de visita	kartëvizitë (f)	[kartəvizítə]
panfleto (m)	fletëpalosje (f)	[flɛtəpalósjɛ]
brochura (f)	broshurë (f)	[broʃúrə]
folheto (m)	pamflet (m)	[pamflét]
boletim (~ informativo)	buletin (m)	[bulɛtín]

letreiro (m)	tabelë (f)	[tabélə]
cartaz, pôster (m)	poster (m)	[postér]
painel (m) publicitário	tabelë reklamash (f)	[tabélə rɛklámaʃ]

112. Banca

| banco (m) | bankë (f) | [bánkə] |
| balcão (f) | degë (f) | [dégə] |

| consultor (m) bancário | punonjës banke (m) | [punóɲəs bánkɛ] |
| gerente (m) | drejtor (m) | [drɛjtór] |

conta (f)	llogari bankare (f)	[ɬogarí bankárɛ]
número (m) da conta	numër llogarie (m)	[númər ɬogaríɛ]
conta (f) corrente	llogari rrjedhëse (f)	[ɬogarí rjéðəsɛ]
conta (f) poupança	llogari kursimesh (f)	[ɬogarí kursímɛʃ]

abrir uma conta	hap një llogari	[hap ɲə ɬogarí]
fechar uma conta	mbyll një llogari	[mbýɬ ɲə ɬogarí]
depositar na conta	depozitoj në llogari	[dɛpozitój nə ɬogarí]
sacar (vt)	tërheq	[tərhéc]

depósito (m)	depozitë (f)	[dɛpozítə]
fazer um depósito	kryej një depozitim	[krýɛj ɲə dɛpozitím]
transferência (f) bancária	transfer bankar (m)	[transfér bankár]

transferir (vt)	transferoj para	[transfɛrój pará]
soma (f)	shumë (f)	[ʃúmə]
Quanto?	Sa?	[sa?]

assinatura (f)	nënshkrim (m)	[nənʃkrím]
assinar (vt)	nënshkruaj	[nənʃkrúaj]

cartão (m) de crédito	kartë krediti (f)	[kártə krɛdíti]
senha (f)	kodi PIN (m)	[kódi pin]
número (m) do cartão de crédito	numri i kartës së kreditit (m)	[númri i kártəs sə krɛdítit]
caixa (m) eletrônico	bankomat (m)	[bankomát]

cheque (m)	çek (m)	[tʃɛk]
passar um cheque	lëshoj një çek	[ləʃój ɲə tʃék]
talão (m) de cheques	bllok çeqesh (m)	[bɫók tʃécɛʃ]

empréstimo (m)	kredi (f)	[krɛdí]
pedir um empréstimo	aplikoj për kredi	[aplikój pər krɛdí]
obter empréstimo	marr kredi	[mar krɛdí]
dar um empréstimo	jap kredi	[jap krɛdí]
garantia (f)	garanci (f)	[garantsí]

113. Telefone. Conversação telefônica

telefone (m)	telefon (m)	[tɛlɛfón]
celular (m)	celular (m)	[tsɛlulár]
secretária (f) eletrônica	sekretari telefonike (f)	[sɛkrɛtarí tɛlɛfoníkɛ]

fazer uma chamada	telefonoj	[tɛlɛfonój]
chamada (f)	telefonatë (f)	[tɛlɛfonátə]

discar um número	i bie numrit	[i bíɛ númrit]
Alô!	Përshëndetje!	[pərʃəndétjɛ!]
perguntar (vt)	pyes	[pýɛs]
responder (vt)	përgjigjem	[pərɟíɟɛm]

ouvir (vt)	dëgjoj	[dəɟój]
bem	mirë	[mírə]
mal	jo mirë	[jo mírə]
ruído (m)	zhurmë (f)	[ʒúrmə]

fone (m)	marrës (m)	[márəs]
pegar o telefone	ngre telefonin	[ŋré tɛlɛfónin]
desligar (vi)	mbyll telefonin	[mbýɫ tɛlɛfónin]

ocupado (adj)	i zënë	[i zénə]
tocar (vi)	bie zilja	[bíɛ zílja]
lista (f) telefônica	numerator telefonik (m)	[numɛratór tɛlɛfoník]
local (adj)	lokale	[lokálɛ]
chamada (f) local	thirrje lokale (f)	[θírjɛ lokálɛ]
de longa distância	distancë e largët	[distántsə ɛ lárgət]
chamada (f) de longa distância	thirrje në distancë (f)	[θírjɛ nə distántsə]

| internacional (adj) | ndërkombëtar | [ndərkombətár] |
| chamada (f) internacional | thirrje ndërkombëtare (f) | [θírjɛ ndərkombətárɛ] |

114. Telefone móvel

celular (m)	celular (m)	[tsɛlulár]
tela (f)	ekran (m)	[ɛkrán]
botão (m)	buton (m)	[butón]
cartão SIM (m)	karta SIM (m)	[kárta sim]

bateria (f)	bateri (f)	[batɛrí]
descarregar-se (vr)	e shkarkuar	[ɛ ʃkarkúar]
carregador (m)	karikues (m)	[karikúɛs]

| menu (m) | menu (f) | [mɛnú] |
| configurações (f pl) | parametra (f) | [paramétra] |

| melodia (f) | melodi (f) | [mɛlodí] |
| escolher (vt) | përzgjedh | [pərzɟéð] |

calculadora (f)	makinë llogaritëse (f)	[makínə ɫogarítəsɛ]
correio (m) de voz	postë zanore (f)	[póstə zanórɛ]
despertador (m)	alarm (m)	[alárm]
contatos (m pl)	kontakte (pl)	[kontáktɛ]

| mensagem (f) de texto | SMS (m) | [ɛsɛmɛs] |
| assinante (m) | abonent (m) | [abonént] |

115. Estacionário

| caneta (f) | stilolaps (m) | [stiloláps] |
| caneta (f) tinteiro | stilograf (m) | [stilográf] |

lápis (m)	laps (m)	[láps]
marcador (m) de texto	shënjues (m)	[ʃəɲúɛs]
caneta (f) hidrográfica	tushë me bojë (f)	[túʃə mɛ bójə]

| bloco (m) de notas | bllok shënimesh (m) | [bɫók ʃənímɛʃ] |
| agenda (f) | agjendë (f) | [aɟéndə] |

régua (f)	vizore (f)	[vizórɛ]
calculadora (f)	makinë llogaritëse (f)	[makínə ɫogarítəsɛ]
borracha (f)	gomë (f)	[gómə]

| alfinete (m) | pineskë (f) | [pinéskə] |
| clipe (m) | kapëse fletësh (f) | [kápəsɛ flétəʃ] |

| cola (f) | ngjitës (m) | [nɟítəs] |
| grampeador (m) | ngjitës metalik (m) | [nɟítəs mɛtalík] |

| furador (m) de papel | hapës vrimash (m) | [hápəs vrímaʃ] |
| apontador (m) | mprehëse lapsash (m) | [mpréhəsɛ lápsaʃ] |

116. Vários tipos de documentos

relatório (m)	raport (m)	[rapórt]
acordo (m)	marrëveshje (f)	[marəvéʃjɛ]
ficha (f) de inscrição	aplikacion (m)	[aplikatsión]
autêntico (adj)	autentike	[autɛntíkɛ]
crachá (m)	kartë identifikimi (f)	[kártə idɛntifikími]
cartão (m) de visita	kartëvizitë (f)	[kartəvizítə]

certificado (m)	certifikatë (f)	[tsɛrtifikátə]
cheque (m)	çek (m)	[tʃɛk]
conta (f)	llogari (f)	[ɫogarí]
constituição (f)	kushtetutë (f)	[kuʃtɛtútə]

contrato (m)	kontratë (f)	[kontrátə]
cópia (f)	kopje (f)	[kópjɛ]
exemplar (~ assinado)	kopje (f)	[kópjɛ]

declaração (f) alfandegária	deklarim doganor (m)	[dɛklarím doganór]
documento (m)	dokument (m)	[dokumént]
carteira (f) de motorista	patentë shoferi (f)	[paténtə ʃoféri]
adendo, anexo (m)	shtojcë (f)	[ʃtójtsə]
questionário (m)	formular (m)	[formulár]

carteira (f) de identidade	letërnjoftim (m)	[lɛtərɲoftím]
inquérito (m)	kërkesë (f)	[kərkésə]
convite (m)	ftesë (f)	[ftésə]
fatura (f)	faturë (f)	[fatúrə]

lei (f)	ligj (m)	[liɟ]
carta (correio)	letër (f)	[létər]
papel (m) timbrado	kryeradhë (f)	[kryɛráðə]
lista (f)	listë (f)	[lístə]
manuscrito (m)	dorëshkrim (m)	[dorəʃkrím]
boletim (~ informativo)	buletin (m)	[bulɛtín]
bilhete (mensagem breve)	shënim (m)	[ʃəním]

passe (m)	lejekalim (m)	[lɛjɛkalím]
passaporte (m)	pasaportë (f)	[pasapórtə]
permissão (f)	leje (f)	[léjɛ]
currículo (m)	resume (f)	[rɛsumé]
nota (f) promissória	shënim borxhi (m)	[ʃəním bórdʒi]
recibo (m)	faturë (f)	[fatúrə]
talão (f)	faturë shitjesh (f)	[fatúrə ʃítjɛʃ]
relatório (m)	raport (m)	[rapórt]

mostrar (vt)	tregoj	[trɛgój]
assinar (vt)	nënshkruaj	[nənʃkrúaj]
assinatura (f)	nënshkrim (m)	[nənʃkrím]
carimbo (m)	vulë (f)	[vúlə]
texto (m)	tekst (m)	[tɛkst]
ingresso (m)	biletë (f)	[bilétə]

riscar (vt)	fshij	[fʃíj]
preencher (vt)	plotësoj	[plotəsój]

| carta (f) de porte | faturë dërgese (f) | [fatúrə dərgésɛ] |
| testamento (m) | testament (m) | [tɛstamént] |

117. Tipos de negócios

serviços (m pl) de contabilidade	kontabilitet (m)	[kontabilitét]
publicidade (f)	reklamë (f)	[rɛkláme]
agência (f) de publicidade	agjenci reklamash (f)	[aɟɛntsí rɛklámaʃ]
ar (m) condicionado	kondicioner (m)	[konditsionér]
companhia (f) aérea	kompani ajrore (f)	[kompaní ajrórɛ]

bebidas (f pl) alcoólicas	pije alkoolike (pl)	[píjɛ alkoólikɛ]
comércio (m) de antiguidades	antikitete (pl)	[antikitétɛ]
galeria (f) de arte	galeri e artit (f)	[galɛrí ɛ ártit]
serviços (m pl) de auditoria	shërbime auditimi (pl)	[ʃərbíme auditími]

negócios (m pl) bancários	industri bankare (f)	[industrí bankárɛ]
bar (m)	lokal (m)	[lokál]
salão (m) de beleza	sallon bukurie (m)	[saɫón bukuríɛ]
livraria (f)	librari (f)	[librarí]
cervejaria (f)	birrari (f)	[birarí]
centro (m) de escritórios	qendër biznesi (f)	[céndər biznési]
escola (f) de negócios	shkollë biznesi (f)	[ʃkóɫe biznési]

cassino (m)	kazino (f)	[kazíno]
construção (f)	ndërtim (m)	[ndərtím]
consultoria (f)	konsulencë (f)	[konsuléntsə]

clínica (f) dentária	klinikë dentare (f)	[kliníkə dɛntárɛ]
design (m)	dizajn (m)	[dizájn]
drogaria (f)	farmaci (f)	[farmatsí]
lavanderia (f)	pastrim kimik (m)	[pastrím kimík]
agência (f) de emprego	agjenci punësimi (f)	[aɟɛntsí punəsími]

serviços (m pl) financeiros	shërbime financiare (pl)	[ʃərbímɛ finantsiárɛ]
alimentos (m pl)	mallra ushqimore (f)	[máɫra uʃcimórɛ]
funerária (f)	agjenci funeralesh (f)	[aɟɛntsí funɛráleʃ]
mobiliário (m)	orendi (f)	[orɛndí]
roupa (f)	rroba (f)	[róba]
hotel (m)	hotel (m)	[hotél]

sorvete (m)	akullore (f)	[akuɫórɛ]
indústria (f)	industri (f)	[industrí]
seguro (~ de vida, etc.)	sigurim (m)	[sigurím]
internet (f)	internet (m)	[intɛrnét]
investimento (m)	investim (m)	[invɛstím]

joalheiro (m)	argjendar (m)	[arɟɛndár]
joias (f pl)	bizhuteri (f)	[biʒutɛrí]
lavanderia (f)	lavanteri (f)	[lavantɛrí]
assessorias (f pl) jurídicas	këshilltar ligjor (m)	[kəʃiɫtár liɟór]
indústria (f) ligeira	industri e lehtë (f)	[industrí ɛ léhtə]
revista (f)	revistë (f)	[rɛvístə]

vendas (f pl) por catálogo	shitje me katalog (f)	[ʃítjɛ mɛ katalóg]
medicina (f)	mjekësi (f)	[mjɛkəsí]
cinema (m)	kinema (f)	[kinɛmá]
museu (m)	muze (m)	[muzé]
agência (f) de notícias	agjenci lajmesh (f)	[aɟɛntsí lájmɛʃ]
jornal (m)	gazetë (f)	[gazétə]
boate (casa noturna)	klub nate (m)	[klúb nátɛ]
petróleo (m)	naftë (f)	[náftə]
serviços (m pl) de remessa	shërbime postare (f)	[ʃərbímɛ postárɛ]
indústria (f) farmacêutica	industria farmaceutike (f)	[industría farmatsɛutíkɛ]
tipografia (f)	shtyp (m)	[ʃtyp]
editora (f)	shtëpi botuese (f)	[ʃtəpí botúɛsɛ]
rádio (m)	radio (f)	[rádio]
imobiliário (m)	patundshmëri (f)	[patundʃmərí]
restaurante (m)	restorant (m)	[rɛstoránt]
empresa (f) de segurança	kompani sigurimi (f)	[kompaní sigurími]
esporte (m)	sport (m)	[sport]
bolsa (f) de valores	bursë (f)	[búrsə]
loja (f)	dyqan (m)	[dycán]
supermercado (m)	supermarket (m)	[supɛrmarkét]
piscina (f)	pishinë (f)	[piʃínə]
alfaiataria (f)	rrobaqepësi (f)	[robacɛpəsí]
televisão (f)	televizor (m)	[tɛlɛvizór]
teatro (m)	teatër (m)	[tɛátər]
comércio (m)	tregti (f)	[trɛgtí]
serviços (m pl) de transporte	transport (m)	[transpórt]
viagens (f pl)	udhëtim (m)	[uðətím]
veterinário (m)	veteriner (m)	[vɛtɛrinér]
armazém (m)	magazinë (f)	[magazínə]
recolha (f) do lixo	mbledhja e mbeturinave (f)	[mbléðja ɛ mbɛturínavɛ]

Emprego. Negócios. Parte 2

118. Espetáculo. Feira

feira, exposição (f)	ekspozitë (f)	[ɛkspozítə]
feira (f) comercial	panair (m)	[panaír]
participação (f)	pjesëmarrje (f)	[pjɛsəmárjɛ]
participar (vi)	marr pjesë	[mar pjésə]
participante (m)	pjesëmarrës (m)	[pjɛsəmárəs]
diretor (m)	drejtor (m)	[drɛjtór]
direção (f)	zyra drejtuese (f)	[zýra drɛjtúɛsɛ]
organizador (m)	organizator (m)	[organizatór]
organizar (vt)	organizoj	[organizój]
ficha (f) de inscrição	kërkesë për pjesëmarrje (f)	[kərkésə pər pjɛsəmárjɛ]
preencher (vt)	plotësoj	[plotəsój]
detalhes (m pl)	hollësi (pl)	[hoɬəsí]
informação (f)	informacion (m)	[informatsión]
preço (m)	çmim (m)	[tʃmím]
incluindo	përfshirë	[pərfʃírə]
incluir (vt)	përfshij	[pərfʃíj]
pagar (vt)	paguaj	[pagúaj]
taxa (f) de inscrição	taksa e regjistrimit (f)	[táksa ɛ rɛɟistrímit]
entrada (f)	hyrje (f)	[hýrjɛ]
pavilhão (m), salão (f)	pavijon (m)	[pavijón]
inscrever (vt)	regjistroj	[rɛɟistrój]
crachá (m)	kartë identifikimi (f)	[kártə idɛntifikími]
stand (m)	kioskë (f)	[kióskə]
reservar (vt)	rezervoj	[rɛzɛrvój]
vitrine (f)	vitrinë (f)	[vitrínə]
lâmpada (f)	dritë (f)	[drítə]
design (m)	dizajn (m)	[dizájn]
pôr (posicionar)	vendos	[vɛndós]
ser colocado, -a	vendosur	[vɛndósur]
distribuidor (m)	distributor (m)	[distributór]
fornecedor (m)	furnitor (m)	[furnitór]
fornecer (vt)	furnizoj	[furnizój]
país (m)	shtet (m)	[ʃtɛt]
estrangeiro (adj)	huaj	[húaj]
produto (m)	produkt (m)	[prodúkt]
associação (f)	shoqatë (f)	[ʃocátə]
sala (f) de conferência	sallë konference (f)	[sáɬə konfɛréntsɛ]

congresso (m)	kongres (m)	[koŋrés]
concurso (m)	konkurs (m)	[konkúrs]

visitante (m)	vizitor (m)	[vizitór]
visitar (vt)	vizitoj	[vizitój]
cliente (m)	klient (m)	[kliént]

119. Media

jornal (m)	gazetë (f)	[gazétə]
revista (f)	revistë (f)	[rɛvístə]
imprensa (f)	shtyp (m)	[ʃtyp]
rádio (m)	radio (f)	[rádio]
estação (f) de rádio	radio stacion (m)	[rádio statsión]
televisão (f)	televizor (m)	[tɛlɛvizór]

apresentador (m)	prezantues (m)	[prɛzantúɛs]
locutor (m)	prezantues lajmesh (m)	[prɛzantúɛs lájmɛʃ]
comentarista (m)	komentues (m)	[komɛntúɛs]

jornalista (m)	gazetar (m)	[gazɛtár]
correspondente (m)	reporter (m)	[rɛportér]
repórter (m) fotográfico	fotograf gazetar (m)	[fotográf gazɛtár]
repórter (m)	reporter (m)	[rɛportér]

redator (m)	redaktor (m)	[rɛdaktór]
redator-chefe (m)	kryeredaktor (m)	[kryɛrɛdaktór]

assinar a ...	abonohem	[abonóhɛm]
assinatura (f)	abonim (m)	[aboním]
assinante (m)	abonent (m)	[abonént]
ler (vt)	lexoj	[lɛdzój]
leitor (m)	lexues (m)	[lɛdzúɛs]

tiragem (f)	qarkullim (m)	[carkuɫím]
mensal (adj)	mujore	[mujórɛ]
semanal (adj)	javor	[javór]
número (jornal, revista)	edicion (m)	[ɛditsión]
recente, novo (adj)	i ri	[i rí]

manchete (f)	kryeradhë (f)	[kryɛráðə]
pequeno artigo (m)	artikull i shkurtër (m)	[artíkuɫ i ʃkúrtər]
coluna (~ semanal)	rubrikë (f)	[rubríkə]
artigo (m)	artikull (m)	[artíkuɫ]
página (f)	faqe (f)	[fácɛ]

reportagem (f)	reportazh (m)	[rɛportáʒ]
evento (festa, etc.)	ceremoni (f)	[tsɛrɛmoní]
sensação (f)	ndjesi (f)	[ndjɛsí]
escândalo (m)	skandal (m)	[skandál]
escandaloso (adj)	skandaloz	[skandalóz]
grande (adj)	i madh	[i máð]
programa (m)	emision (m)	[ɛmisión]
entrevista (f)	intervistë (f)	[intɛrvístə]

transmissão (f) ao vivo	**lidhje direkte** (f)	[líðjɛ dirɛ́ktɛ]
canal (m)	**kanal** (m)	[kanál]

120. Agricultura

agricultura (f)	**agrikulturë** (f)	[agrikultúrə]
camponês (m)	**fshatar** (m)	[fʃatár]
camponesa (f)	**fshatare** (f)	[fʃatárɛ]
agricultor, fazendeiro (m)	**fermer** (m)	[fɛrmér]

trator (m)	**traktor** (m)	[traktór]
colheitadeira (f)	**autokombajnë** (f)	[autokombájnə]

arado (m)	**plug** (m)	[plug]
arar (vt)	**lëroj**	[lərój]
campo (m) lavrado	**tokë bujqësore** (f)	[tókə bujcəsórɛ]
sulco (m)	**brazdë** (f)	[brázdə]

semear (vt)	**mbjell**	[mbjéɫ]
plantadeira (f)	**mbjellës** (m)	[mbjéɫəs]
semeadura (f)	**mbjellje** (f)	[mbjéɫjɛ]

foice (m)	**kosë** (f)	[kósə]
cortar com foice	**kosit**	[kosít]

pá (f)	**lopatë** (f)	[lopátə]
cavar (vt)	**lëroj**	[lərój]

enxada (f)	**shat** (m)	[ʃat]
capinar (vt)	**prashis**	[praʃís]
erva (f) daninha	**bar i keq** (m)	[bar i kɛc]

regador (m)	**vaditës** (m)	[vadítəs]
regar (plantas)	**ujis**	[ujís]
rega (f)	**vaditje** (f)	[vadítjɛ]

forquilha (f)	**sfurk** (m)	[sfúrk]
ancinho (m)	**grabujë** (f)	[grabújə]

fertilizante (m)	**pleh** (m)	[plɛh]
fertilizar (vt)	**hedh pleh**	[hɛð pléh]
estrume, esterco (m)	**pleh kafshësh** (m)	[plɛh káfʃəʃ]

campo (m)	**fushë** (f)	[fúʃə]
prado (m)	**lëndinë** (f)	[ləndínə]
horta (f)	**kopsht zarzavatesh** (m)	[kópʃt zarzavátɛʃ]
pomar (m)	**kopsht frutor** (m)	[kópʃt frutór]

pastar (vt)	**kullos**	[kuɫós]
pastor (m)	**bari** (m)	[barí]
pastagem (f)	**kullota** (f)	[kuɫóta]

pecuária (f)	**mbarështim bagëtish** (m)	[mbarəʃtím bagətíʃ]
criação (f) de ovelhas	**rritje e deleve** (f)	[rítjɛ ɛ délɛvɛ]

plantação (f)	plantacion (m)	[plantatsión]
canteiro (m)	rresht (m)	[réʃt]
estufa (f)	serë (f)	[sérə]

| seca (f) | thatësirë (f) | [θatəsírə] |
| seco (verão ~) | e thatë | [ε θátə] |

grão (m)	drithë (m)	[dríθə]
cereais (m pl)	drithëra (pl)	[dríθəra]
colher (vt)	korr	[kor]

moleiro (m)	mullixhi (m)	[muɫidʒí]
moinho (m)	mulli (m)	[muɫí]
moer (vt)	bluaj	[blúaj]
farinha (f)	miell (m)	[míεɫ]
palha (f)	kashtë (f)	[káʃtə]

121. Construção. Processo de construção

canteiro (m) de obras	kantier ndërtimi (m)	[kantiér ndərtími]
construir (vt)	ndërtoj	[ndərtój]
construtor (m)	punëtor ndërtimi (m)	[punətór ndərtími]

projeto (m)	projekt (m)	[projékt]
arquiteto (m)	arkitekt (m)	[arkitékt]
operário (m)	punëtor (m)	[punətór]

fundação (f)	themel (m)	[θεmél]
telhado (m)	çati (f)	[tʃatí]
estaca (f)	shtyllë themeli (f)	[ʃtýɫə θεméli]
parede (f)	mur (m)	[mur]

| colunas (f pl) de sustentação | shufra përforcuese (pl) | [ʃúfra pərfortsúεsε] |
| andaime (m) | skela (f) | [skéla] |

concreto (m)	beton (m)	[bεtón]
granito (m)	granit (m)	[granít]
pedra (f)	gur (m)	[gur]
tijolo (m)	tullë (f)	[túɫə]

areia (f)	rërë (f)	[rérə]
cimento (m)	çimento (f)	[tʃiménto]
emboço, reboco (m)	suva (f)	[súva]
emboçar, rebocar (vt)	suvatoj	[suvatój]

tinta (f)	bojë (f)	[bójə]
pintar (vt)	lyej	[lýεj]
barril (m)	fuçi (f)	[futʃí]

grua (f), guindaste (m)	vinç (m)	[vintʃ]
erguer (vt)	ngreh	[ŋréh]
baixar (vt)	ul	[ul]
buldózer (m)	buldozer (m)	[buldozér]
escavadora (f)	ekskavator (m)	[εkskavatór]

caçamba (f)	goja e ekskavatorit (f)	[gója ɛ ɛkskavatórit]
escavar (vt)	gërmoj	[gərmój]
capacete (m) de proteção	helmetë (f)	[hɛlmétə]

122. Ciência. Investigação. Cientistas

ciência (f)	shkencë (f)	[ʃkéntsə]
científico (adj)	shkencore	[ʃkɛntsórɛ]
cientista (m)	shkencëtar (m)	[ʃkɛntsətár]
teoria (f)	teori (f)	[tɛorí]

axioma (m)	aksiomë (f)	[aksiómə]
análise (f)	analizë (f)	[analízə]
analisar (vt)	analizoj	[analizój]
argumento (m)	argument (m)	[argumént]
substância (f)	substancë (f)	[substántsə]

hipótese (f)	hipotezë (f)	[hipotézə]
dilema (m)	dilemë (f)	[dilémə]
tese (f)	disertacion (m)	[disɛrtatsión]
dogma (m)	dogma (f)	[dógma]

doutrina (f)	doktrinë (f)	[doktrínə]
pesquisa (f)	kërkim (m)	[kərkím]
pesquisar (vt)	kërkoj	[kərkój]
testes (m pl)	analizë (f)	[analízə]
laboratório (m)	laborator (m)	[laboratór]

método (m)	metodë (f)	[mɛtódə]
molécula (f)	molekulë (f)	[molɛkúlə]
monitoramento (m)	monitorim (m)	[monitorím]
descoberta (f)	zbulim (m)	[zbulím]

postulado (m)	postulat (m)	[postulát]
princípio (m)	parim (m)	[parím]
prognóstico (previsão)	parashikim (m)	[paraʃikím]
prognosticar (vt)	parashikoj	[paraʃikój]

síntese (f)	sintezë (f)	[sintézə]
tendência (f)	trend (m)	[trɛnd]
teorema (m)	teoremë (f)	[tɛorémə]

| ensinamentos (m pl) | mësim (m) | [məsím] |
| fato (m) | fakt (m) | [fakt] |

| expedição (f) | ekspeditë (f) | [ɛkspɛdítə] |
| experiência (f) | eksperiment (m) | [ɛkspɛrimént] |

acadêmico (m)	akademik (m)	[akadɛmík]
bacharel (m)	baçelor (m)	[bátʃɛlor]
doutor (m)	doktor shkencash (m)	[doktór ʃkéntsaʃ]
professor (m) associado	Profesor i Asociuar (m)	[profɛsór i asotsiúar]
mestrado (m)	Master (m)	[mastér]
professor (m)	profesor (m)	[profɛsór]

Profissões e ocupações

123. Procura de emprego. Demissão

trabalho (m)	punë (f)	[púnə]
equipe (f)	staf (m)	[staf]
pessoal (m)	personel (m)	[pɛrsonél]

carreira (f)	karrierë (f)	[kariérə]
perspectivas (f pl)	mundësi (f)	[mundəsí]
habilidades (f pl)	aftësi (f)	[aftəsí]

seleção (f)	përzgjedhje (f)	[pərzɟéðjɛ]
agência (f) de emprego	agjenci punësimi (f)	[aɟɛntsí punəsími]
currículo (m)	resume (f)	[rɛsumé]
entrevista (f) de emprego	intervistë punësimi (f)	[intɛrvístə punəsími]
vaga (f)	vend i lirë pune (m)	[vɛnd i lírə púnɛ]

salário (m)	rrogë (f)	[rógə]
salário (m) fixo	rrogë fikse (f)	[rógə fíksɛ]
pagamento (m)	pagesë (f)	[pagésə]

cargo (m)	post (m)	[post]
dever (do empregado)	detyrë (f)	[dɛtýrə]
gama (f) de deveres	lista e detyrave (f)	[lísta ɛ dɛtýravɛ]
ocupado (adj)	i zënë	[i zə́nə]

despedir, demitir (vt)	pushoj nga puna	[puʃój ŋa púna]
demissão (f)	pushim nga puna (m)	[puʃím ŋa púna]

desemprego (m)	papunësi (m)	[papunəsí]
desempregado (m)	i papunë (m)	[i papúnə]
aposentadoria (f)	pension (m)	[pɛnsión]
aposentar-se (vr)	dal në pension	[dál nə pɛnsión]

124. Gente de negócios

diretor (m)	drejtor (m)	[drɛjtór]
gerente (m)	drejtor (m)	[drɛjtór]
patrão, chefe (m)	bos (m)	[bos]

superior (m)	epror (m)	[ɛprór]
superiores (m pl)	eprorët (pl)	[ɛprórət]
presidente (m)	president (m)	[prɛsidént]
chairman (m)	kryetar (m)	[kryɛtár]

substituto (m)	zëvendës (m)	[zəvéndəs]
assistente (m)	ndihmës (m)	[ndíhməs]

| secretário (m) | sekretar (m) | [sɛkrɛtár] |
| secretário (m) pessoal | ndihmës personal (m) | [ndíhməs pɛrsonál] |

homem (m) de negócios	biznesmen (m)	[biznɛsmén]
empreendedor (m)	sipërmarrës (m)	[sipərmárəs]
fundador (m)	themelues (m)	[θɛmɛlúɛs]
fundar (vt)	themeloj	[θɛmɛlój]

principiador (m)	bashkëthemelues (m)	[baʃkəθɛmɛlúɛs]
parceiro, sócio (m)	partner (m)	[partnér]
acionista (m)	aksioner (m)	[aksionér]

milionário (m)	milioner (m)	[milionér]
bilionário (m)	bilioner (m)	[bilionér]
proprietário (m)	pronar (m)	[pronár]
proprietário (m) de terras	pronar tokash (m)	[pronár tókaʃ]

cliente (m)	klient (m)	[kliént]
cliente (m) habitual	klient i rregullt (m)	[kliént i réguɫt]
comprador (m)	blerës (m)	[blérəs]
visitante (m)	vizitor (m)	[vizitór]

profissional (m)	profesionist (m)	[profɛsioníst]
perito (m)	ekspert (m)	[ɛkspért]
especialista (m)	specialist (m)	[spɛtsialíst]

| banqueiro (m) | bankier (m) | [bankiér] |
| corretor (m) | komisioner (m) | [komisionér] |

caixa (m, f)	arkëtar (m)	[arkətár]
contador (m)	kontabilist (m)	[kontabilíst]
guarda (m)	roje sigurimi (m)	[rójɛ sigurími]

investidor (m)	investitor (m)	[invɛstitór]
devedor (m)	debitor (m)	[dɛbitór]
credor (m)	kreditor (m)	[krɛditór]
mutuário (m)	huamarrës (m)	[huamárəs]

| importador (m) | importues (m) | [importúɛs] |
| exportador (m) | eksportues (m) | [ɛksportúɛs] |

produtor (m)	prodhues (m)	[proðúɛs]
distribuidor (m)	distributor (m)	[distributór]
intermediário (m)	ndërmjetës (m)	[ndərmjétəs]

consultor (m)	këshilltar (m)	[kəʃiɫtár]
representante comercial	përfaqësues i shitjeve (m)	[pərfacəsúɛs i ʃitjévɛ]
agente (m)	agjent (m)	[aɟént]
agente (m) de seguros	agjent sigurimesh (m)	[aɟént sigurímɛʃ]

125. Profissões de serviços

| cozinheiro (m) | kuzhinier (m) | [kuʒiniér] |
| chefe (m) de cozinha | shef kuzhine (m) | [ʃɛf kuʒínɛ] |

padeiro (m)	furrtar (m)	[furtár]
barman (m)	banakier (m)	[banakiér]
garçom (m)	kamerier (m)	[kamɛriér]
garçonete (f)	kameriere (f)	[kamɛriérɛ]

advogado (m)	avokat (m)	[avokát]
jurista (m)	jurist (m)	[juríst]
notário (m)	noter (m)	[notér]

eletricista (m)	elektricist (m)	[ɛlɛktritsíst]
encanador (m)	hidraulik (m)	[hidraulík]
carpinteiro (m)	marangoz (m)	[maraŋóz]

massagista (m)	masazhist (m)	[masaʒíst]
massagista (f)	masazhiste (f)	[masaʒístɛ]
médico (m)	mjek (m)	[mjék]

taxista (m)	shofer taksie (m)	[ʃofér taksíɛ]
condutor (automobilista)	shofer (m)	[ʃofér]
entregador (m)	postier (m)	[postiér]

camareira (f)	pastruese (f)	[pastrúɛsɛ]
guarda (m)	roje sigurimi (m)	[rójɛ sigurími]
aeromoça (f)	stjuardesë (f)	[stjuardésə]

professor (m)	mësues (m)	[məsúɛs]
bibliotecário (m)	punonjës biblioteke (m)	[punóɲəs bibliotékɛ]
tradutor (m)	përkthyes (m)	[pərkθýɛs]
intérprete (m)	përkthyes (m)	[pərkθýɛs]
guia (m)	udhërrëfyes (m)	[uðərəfýɛs]

cabeleireiro (m)	parukiere (f)	[parukiérɛ]
carteiro (m)	postier (m)	[postiér]
vendedor (m)	shitës (m)	[ʃítəs]

jardineiro (m)	kopshtar (m)	[kopʃtár]
criado (m)	shërbëtor (m)	[ʃərbətór]
criada (f)	shërbëtore (f)	[ʃərbətórɛ]
empregada (f) de limpeza	pastruese (f)	[pastrúɛsɛ]

126. Profissões militares e postos

soldado (m) raso	ushtar (m)	[uʃtár]
sargento (m)	rreshter (m)	[rɛʃtér]
tenente (m)	toger (m)	[togér]
capitão (m)	kapiten (m)	[kapitén]

major (m)	major (m)	[majór]
coronel (m)	kolonel (m)	[kolonél]
general (m)	gjeneral (m)	[ɟɛnɛrál]
marechal (m)	marshall (m)	[marʃátɬ]
almirante (m)	admiral (m)	[admirál]
militar (m)	ushtri (f)	[uʃtrí]
soldado (m)	ushtar (m)	[uʃtár]

oficial (m)	**oficer** (m)	[ofitsér]
comandante (m)	**komandant** (m)	[komandánt]
guarda (m) de fronteira	**roje kufiri** (m)	[rójɛ kufíri]
operador (m) de rádio	**radist** (m)	[radíst]
explorador (m)	**eksplorues** (m)	[ɛksplorúɛs]
sapador-mineiro (m)	**xhenier** (m)	[dʒɛniér]
atirador (m)	**shënjues** (m)	[ʃəɲúɛs]
navegador (m)	**navigues** (m)	[navigúɛs]

127. Oficiais. Padres

rei (m)	**mbret** (m)	[mbrét]
rainha (f)	**mbretëreshë** (f)	[mbrɛtəréʃə]
príncipe (m)	**princ** (m)	[prints]
princesa (f)	**princeshë** (f)	[printséʃə]
czar (m)	**car** (m)	[tsár]
czarina (f)	**carina** (f)	[tsarína]
presidente (m)	**president** (m)	[prɛsidént]
ministro (m)	**ministër** (m)	[minístər]
primeiro-ministro (m)	**kryeministër** (m)	[kryɛminístər]
senador (m)	**senator** (m)	[sɛnatór]
diplomata (m)	**diplomat** (m)	[diplomát]
cônsul (m)	**konsull** (m)	[kónsuɬ]
embaixador (m)	**ambasador** (m)	[ambasadór]
conselheiro (m)	**këshilltar diplomatik** (m)	[kəʃiɬtár diplomatík]
funcionário (m)	**zyrtar** (m)	[zyrtár]
prefeito (m)	**prefekt** (m)	[prɛfékt]
Presidente (m) da Câmara	**kryetar komune** (m)	[kryɛtár komúnɛ]
juiz (m)	**gjykatës** (m)	[ɟykátəs]
procurador (m)	**prokuror** (m)	[prokurór]
missionário (m)	**misionar** (m)	[misionár]
monge (m)	**murg** (m)	[murg]
abade (m)	**abat** (m)	[abát]
rabino (m)	**rabin** (m)	[rabín]
vizir (m)	**vezir** (m)	[vɛzír]
xá (m)	**shah** (m)	[ʃah]
xeique (m)	**sheik** (m)	[ʃéik]

128. Profissões agrícolas

abelheiro (m)	**bletar** (m)	[blɛtár]
pastor (m)	**bari** (m)	[barí]
agrônomo (m)	**agronom** (m)	[agronóm]

| criador (m) de gado | rritës bagëtish (m) | [rítəs bagətíʃ] |
| veterinário (m) | veteriner (m) | [vɛtɛrinér] |

agricultor, fazendeiro (m)	fermer (m)	[fɛrmér]
vinicultor (m)	prodhues verërash (m)	[proðúɛs vérəraʃ]
zoólogo (m)	zoolog (m)	[zoológ]
vaqueiro (m)	lopar (m)	[lopár]

129. Profissões artísticas

| ator (m) | aktor (m) | [aktór] |
| atriz (f) | aktore (f) | [aktórɛ] |

| cantor (m) | këngëtar (m) | [kəŋətár] |
| cantora (f) | këngëtare (f) | [kəŋətárɛ] |

| bailarino (m) | valltar (m) | [vaɫtár] |
| bailarina (f) | valltare (f) | [vaɫtárɛ] |

| artista (m) | artist (m) | [artíst] |
| artista (f) | artiste (f) | [artístɛ] |

músico (m)	muzikant (m)	[muzikánt]
pianista (m)	pianist (m)	[pianíst]
guitarrista (m)	kitarist (m)	[kitaríst]

maestro (m)	dirigjent (m)	[dirijént]
compositor (m)	kompozitor (m)	[kompozitór]
empresário (m)	organizator (m)	[organizatór]

diretor (m) de cinema	regjisor (m)	[rɛjisór]
produtor (m)	producent (m)	[produtsént]
roteirista (m)	skenarist (m)	[skɛnaríst]
crítico (m)	kritik (m)	[kritík]

escritor (m)	shkrimtar (m)	[ʃkrimtár]
poeta (m)	poet (m)	[poét]
escultor (m)	skulptor (m)	[skulptór]
pintor (m)	piktor (m)	[piktór]

malabarista (m)	zhongler (m)	[ʒoŋlér]
palhaço (m)	kloun (m)	[kloún]
acrobata (m)	akrobat (m)	[akrobát]
ilusionista (m)	magjistar (m)	[majistár]

130. Várias profissões

médico (m)	mjek (m)	[mjék]
enfermeira (f)	infermiere (f)	[infɛrmiérɛ]
psiquiatra (m)	psikiatër (m)	[psikiátər]
dentista (m)	dentist (m)	[dɛntíst]
cirurgião (m)	kirurg (m)	[kirúrg]

astronauta (m)	astronaut (m)	[astronaút]
astrônomo (m)	astronom (m)	[astronóm]
piloto (m)	pilot (m)	[pilót]

motorista (m)	shofer (m)	[ʃofér]
maquinista (m)	makinist (m)	[makiníst]
mecânico (m)	mekanik (m)	[mɛkaník]

mineiro (m)	minator (m)	[minatór]
operário (m)	punëtor (m)	[punətór]
serralheiro (m)	bravandreqës (m)	[bravandrécəs]
marceneiro (m)	marangoz (m)	[maraŋóz]
torneiro (m)	tornitor (m)	[tornitór]
construtor (m)	punëtor ndërtimi (m)	[punətór ndərtími]
soldador (m)	saldator (m)	[saldatór]

professor (m)	profesor (m)	[profɛsór]
arquiteto (m)	arkitekt (m)	[arkitékt]
historiador (m)	historian (m)	[historián]
cientista (m)	shkencëtar (m)	[ʃkɛntsətár]
físico (m)	fizikant (m)	[fizikánt]
químico (m)	kimist (m)	[kimíst]

arqueólogo (m)	arkeolog (m)	[arkɛológ]
geólogo (m)	gjeolog (m)	[ɟɛológ]
pesquisador (cientista)	studiues (m)	[studiúɛs]

babysitter, babá (f)	dado (f)	[dádo]
professor (m)	mësues (m)	[məsúɛs]

redator (m)	redaktor (m)	[rɛdaktór]
redator-chefe (m)	kryeredaktor (m)	[kryɛrɛdaktór]
correspondente (m)	korrespondent (m)	[korɛspondént]
datilógrafa (f)	daktilografiste (f)	[daktilografístɛ]

designer (m)	projektues (m)	[projɛktúɛs]
especialista (m) em informática	ekspert kompjuterësh (m)	[ɛkspért kompjutérəʃ]
programador (m)	programues (m)	[programúɛs]
engenheiro (m)	inxhinier (m)	[indʒiniér]

marujo (m)	marinar (m)	[marinár]
marinheiro (m)	marinar (m)	[marinár]
socorrista (m)	shpëtimtar (m)	[ʃpətimtár]

bombeiro (m)	zjarrfikës (m)	[zjarfíkəs]
polícia (m)	polic (m)	[políts]
guarda-noturno (m)	roje (f)	[rójɛ]
detetive (m)	detektiv (m)	[dɛtɛktív]

funcionário (m) da alfândega	doganier (m)	[doganiér]
guarda-costas (m)	truprojë (f)	[truprójə]
guarda (m) prisional	gardian burgu (m)	[gardián búrgu]
inspetor (m)	inspektor (m)	[inspɛktór]
esportista (m)	sportist (m)	[sportíst]
treinador (m)	trajner (m)	[trajnér]

açougueiro (m)	kasap (m)	[kasáp]
sapateiro (m)	këpucëtar (m)	[kəputsətár]
comerciante (m)	tregtar (m)	[trɛgtár]
carregador (m)	ngarkues (m)	[ŋarkúɛs]

| estilista (m) | stilist (m) | [stilíst] |
| modelo (f) | modele (f) | [modélɛ] |

131. Ocupações. Estatuto social

| estudante (~ de escola) | nxënës (m) | [ndzénəs] |
| estudante (~ universitária) | student (m) | [studént] |

filósofo (m)	filozof (m)	[filozóf]
economista (m)	ekonomist (m)	[ɛkonomíst]
inventor (m)	shpikës (m)	[ʃpíkəs]

desempregado (m)	i papunë (m)	[i papúnə]
aposentado (m)	pensionist (m)	[pɛnsioníst]
espião (m)	spiun (m)	[spiún]

preso, prisioneiro (m)	i burgosur (m)	[i burgósur]
grevista (m)	grevist (m)	[grɛvíst]
burocrata (m)	burokrat (m)	[burokrát]
viajante (m)	udhëtar (m)	[uðətár]

homossexual (m)	homoseksual (m)	[homosɛksuál]
hacker (m)	haker (m)	[hakér]
hippie (m, f)	hipik (m)	[hipík]

bandido (m)	bandit (m)	[bandít]
assassino (m)	vrasës (m)	[vrásəs]
drogado (m)	narkoman (m)	[narkomán]
traficante (m)	trafikant droge (m)	[trafikánt drógɛ]
prostituta (f)	prostitutë (f)	[prostitútə]
cafetão (m)	tutor (m)	[tutór]

bruxo (m)	magjistar (m)	[maɟistár]
bruxa (f)	shtrigë (f)	[ʃtrígə]
pirata (m)	pirat (m)	[pirát]
escravo (m)	skllav (m)	[skɬav]
samurai (m)	samurai (m)	[samurái]
selvagem (m)	i egër (m)	[i égər]

Desportos

132. Tipos de desportos. Desportistas

esportista (m)	sportist (m)	[sportíst]
tipo (m) de esporte	lloj sporti (m)	[łoj spórti]
basquete (m)	basketboll (m)	[baskɛtbół]
jogador (m) de basquete	basketbollist (m)	[baskɛtbołíst]
beisebol (m)	bejsboll (m)	[bɛjsból]
jogador (m) de beisebol	lojtar bejsbolli (m)	[lojtár bɛjsbółi]
futebol (m)	futboll (m)	[futból]
jogador (m) de futebol	futbollist (m)	[futbołíst]
goleiro (m)	portier (m)	[portiér]
hóquei (m)	hokej (m)	[hokéj]
jogador (m) de hóquei	lojtar hokeji (m)	[lojtár hokéji]
vôlei (m)	volejboll (m)	[volɛjbół]
jogador (m) de vôlei	volejbollist (m)	[volɛjbołíst]
boxe (m)	boks (m)	[boks]
boxeador (m)	boksier (m)	[boksiér]
luta (f)	mundje (f)	[múndjɛ]
lutador (m)	mundës (m)	[múndəs]
caratê (m)	karate (f)	[karátɛ]
carateca (m)	karateist (m)	[karatɛíst]
judô (m)	xhudo (f)	[dʒúdo]
judoca (m)	xhudist (m)	[dʒudíst]
tênis (m)	tenis (m)	[tɛnís]
tenista (m)	tenist (m)	[tɛníst]
natação (f)	not (m)	[not]
nadador (m)	notar (m)	[notár]
esgrima (f)	skerma (f)	[skérma]
esgrimista (m)	skermist (m)	[skɛrmíst]
xadrez (m)	shah (m)	[ʃah]
jogador (m) de xadrez	shahist (m)	[ʃahíst]
alpinismo (m)	alpinizëm (m)	[alpinízəm]
alpinista (m)	alpinist (m)	[alpiníst]
corrida (f)	vrapim (m)	[vrapím]

corredor (m)	vrapues (m)	[vrapúɛs]
atletismo (m)	atletikë (f)	[atlɛtíkə]
atleta (m)	atlet (m)	[atlét]

| hipismo (m) | kalërim (m) | [kalərím] |
| cavaleiro (m) | kalorës (m) | [kalórəs] |

patinação (f) artística	patinazh (m)	[patináʒ]
patinador (m)	patinator (m)	[patinatór]
patinadora (f)	patinatore (f)	[patinatórɛ]

| halterofilismo (m) | peshëngritje (f) | [pɛʃəŋrítjɛ] |
| halterofilista (m) | peshëngritës (m) | [pɛʃəŋrítəs] |

| corrida (f) de carros | garë me makina (f) | [gárə mɛ makína] |
| piloto (m) | shofer garash (m) | [ʃofér gáraʃ] |

| ciclismo (m) | çiklizëm (m) | [tʃiklízəm] |
| ciclista (m) | çiklist (m) | [tʃiklíst] |

salto (m) em distância	kërcim së gjati (m)	[kərtsím sə ɟáti]
salto (m) com vara	kërcim së larti (m)	[kərtsím sə lárti]
atleta (m) de saltos	kërcyes (m)	[kərtsýɛs]

133. Tipos de desportos. Diversos

futebol (m) americano	futboll amerikan (m)	[futbóɫ amɛrikán]
badminton (m)	badminton (m)	[bádminton]
biatlo (m)	biatlon (m)	[biatlón]
bilhar (m)	bilardo (f)	[bilárdo]

bobsled (m)	bobsled (m)	[bobsléd]
musculação (f)	bodybuilding (m)	[bodybuildíŋ]
polo (m) aquático	vaterpol (m)	[vatɛrpól]
handebol (m)	hendboll (m)	[hɛndbóɫ]
golfe (m)	golf (m)	[golf]

remo (m)	kanotazh (m)	[kanotáʒ]
mergulho (m)	zhytje (f)	[ʒýtjɛ]
corrida (f) de esqui	skijim nordik (m)	[skijím nordík]
tênis (m) de mesa	ping pong (m)	[piŋ pón]

vela (f)	lundrim me vela (m)	[lundrím mɛ véla]
rali (m)	garë rally (f)	[gárə ráɫy]
rúgbi (m)	ragbi (f)	[rágbi]
snowboard (m)	snoubord (m)	[snoubórd]
arco-e-flecha (m)	gjuajtje me hark (f)	[ɟúajtjɛ mɛ hárk]

134. Ginásio

| barra (f) | peshë (f) | [péʃə] |
| halteres (m pl) | gira (f) | [gíra] |

aparelho (m) de musculação	makinë trajnimi (f)	[makínə trajními]
bicicleta (f) ergométrica	biçikletë ushtrimesh (f)	[bitʃiklétə uʃtrímɛʃ]
esteira (f) de corrida	makinë vrapi (f)	[makínə vrápi]

barra (f) fixa	tra horizontal (m)	[tra horizontál]
barras (f pl) paralelas	trarë paralele (pl)	[trárə paralélɛ]
cavalo (m)	kaluç (m)	[kalútʃ]
tapete (m) de ginástica	tapet gjimnastike (m)	[tapét ɟimnastíkɛ]

corda (f) de saltar	litar kërcimi (m)	[litár kərtsími]
aeróbica (f)	aerobik (m)	[aɛrobík]
ioga, yoga (f)	joga (f)	[jóga]

135. Hóquei

hóquei (m)	hokej (m)	[hokéj]
jogador (m) de hóquei	lojtar hokeji (m)	[lojtár hokéji]
jogar hóquei	luaj hokej	[lúaj hokéj]
gelo (m)	akull (m)	[ákuɫ]

disco (m)	top hokeji (m)	[top hokéji]
taco (m) de hóquei	shkop hokeji (m)	[ʃkop hokéji]
patins (m pl) de gelo	patina akulli (pl)	[patína ákuɫi]

| muro (m) | fushë hokeji (f) | [fúʃə hokéji] |
| tiro (m) | gjuajtje (f) | [ɟúajtjɛ] |

goleiro (m)	portier (m)	[portiér]
gol (m)	gol (m)	[gol]
marcar um gol	shënoj gol	[ʃənój gol]

tempo (m)	pjesë (f)	[pjésə]
segundo tempo (m)	pjesa e dytë	[pjésa ɛ dýtə]
banco (m) de reservas	stol i rezervave (m)	[stol i rɛzérvavɛ]

136. Futebol

futebol (m)	futboll (m)	[futbóɫ]
jogador (m) de futebol	futbollist (m)	[futboɫíst]
jogar futebol	luaj futboll	[lúaj futbóɫ]

Time (m) Principal	liga e parë (f)	[líga ɛ párə]
time (m) de futebol	klub futbolli (m)	[klúb futbóɫi]
treinador (m)	trajner (m)	[trajnér]
proprietário (m)	pronar (m)	[pronár]

equipe (f)	skuadër (f)	[skuádər]
capitão (m)	kapiteni i skuadrës (m)	[kapiténi i skuádrəs]
jogador (m)	lojtar (m)	[lojtár]
jogador (m) reserva	zëvendësues (m)	[zəvɛndəsúɛs]
atacante (m)	sulmues (m)	[sulmúɛs]
centroavante (m)	qendërsulmues (m)	[tsɛndərsulmúɛs]

marcador (m)	golashënues (m)	[golaʃənúɛs]
defesa (m)	mbrojtës (m)	[mbrójtəs]
meio-campo (m)	mesfushor (m)	[mɛsfuʃór]
jogo (m), partida (f)	ndeshje (f)	[ndéʃjɛ]
encontrar-se (vr)	takoj	[takój]
final (m)	finale	[finálɛ]
semifinal (f)	gjysmë-finale (f)	[ɟýsmə-finálɛ]
campeonato (m)	kampionat (m)	[kampionát]
tempo (m)	pjesë (f)	[pjésə]
primeiro tempo (m)	pjesa e parë (f)	[pjésa ɛ párə]
intervalo (m)	pushim (m)	[puʃím]
goleira (f)	gol (m)	[gol]
goleiro (m)	portier (m)	[portiér]
trave (f)	shtyllë (f)	[ʃtýɫə]
travessão (m)	traversa (f)	[travérsa]
rede (f)	rrjetë (f)	[rjétə]
tomar um gol	pësoj gol	[pəsój gol]
bola (f)	top (m)	[top]
passe (m)	pas (m)	[pas]
chute (m)	goditje (f)	[godítjɛ]
chutar (vt)	godas	[godás]
pontapé (m)	goditje e lirë (f)	[godítjɛ ɛ lírə]
escanteio (m)	goditje nga këndi (f)	[godítjɛ ŋa kəndi]
ataque (m)	sulm (m)	[sulm]
contra-ataque (m)	kundërsulm (m)	[kundərsúlm]
combinação (f)	kombinim (m)	[kombiním]
árbitro (m)	arbitër (m)	[arbítər]
apitar (vi)	i bie bilbilit	[i bíɛ bilbílit]
apito (m)	bilbil (m)	[bilbíl]
falta (f)	faull (m)	[faúɫ]
cometer a falta	faulloj	[fauɫój]
expulsar (vt)	nxjerr nga loja	[ndzjér ŋa lója]
cartão (m) amarelo	karton i verdhë (m)	[kartón i vérðə]
cartão (m) vermelho	karton i kuq (m)	[kartón i kúc]
desqualificação (f)	diskualifikim (m)	[diskualifikím]
desqualificar (vt)	diskualifikoj	[diskualifikój]
pênalti (m)	goditje dënimi (f)	[godítjɛ dəními]
barreira (f)	mur (m)	[murʳ]
marcar (vt)	shënoj	[ʃənój]
gol (m)	gol (m)	[gol]
marcar um gol	shënoj gol	[ʃənój gol]
substituição (f)	zëvendësim (m)	[zəvɛndəsím]
substituir (vt)	zëvendësoj	[zəvɛndəsój]
regras (f pl)	rregullat (pl)	[réguɫat]
tática (f)	taktikë (f)	[taktíkə]
estádio (m)	stadium (m)	[stadiúm]
arquibancadas (f pl)	tribunë (f)	[tribúnə]

fã, torcedor (m)	tifoz (m)	[tifóz]
gritar (vi)	bërtas	[bərtás]

placar (m)	tabela e rezultateve (f)	[tabéla ɛ rɛzultátɛvɛ]
resultado (m)	rezultat (m)	[rɛzultát]

derrota (f)	humbje (f)	[húmbjɛ]
perder (vt)	humb	[húmb]
empate (m)	barazim (m)	[barazím]
empatar (vi)	barazoj	[barazój]

vitória (f)	fitore (f)	[fitórɛ]
vencer (vi, vt)	fitoj	[fitój]

campeão (m)	kampion (m)	[kampión]
melhor (adj)	më i miri	[mə i míri]
felicitar (vt)	përgëzoj	[pərgəzój]

comentarista (m)	komentues (m)	[komɛntúɛs]
comentar (vt)	komentoj	[komɛntój]
transmissão (f)	transmetim (m)	[transmɛtím]

137. Esqui alpino

esqui (m)	ski (pl)	[skí]
esquiar (vi)	bëj ski	[bəj skí]
estação (f) de esqui	resort malor për ski (m)	[rɛsórt malór pər skí]
teleférico (m)	ashensor për ski (m)	[aʃɛnsór pər skí]

bastões (m pl) de esqui	heshta skish (pl)	[héʃta skíʃ]
declive (m)	shpat (m)	[ʃpat]
slalom (m)	slalom (m)	[slalóm]

138. Tênis. Golfe

golfe (m)	golf (m)	[golf]
clube (m) de golfe	klub golfi (m)	[klúb gólfi]
jogador (m) de golfe	golfist (m)	[golfíst]

buraco (m)	vrimë (f)	[vrímə]
taco (m)	shkop golfi (m)	[ʃkop gólfi]
trolley (m)	karrocë golfi (f)	[karótsə gólfi]

tênis (m)	tenis (m)	[tɛnís]
quadra (f) de tênis	fushë tenisi (f)	[fúʃə tɛnísi]

saque (m)	servim (m)	[sɛrvím]
sacar (vi)	servoj	[sɛrvój]

raquete (f)	reket (m)	[rɛkét]
rede (f)	rrjetë (f)	[rjétə]
bola (f)	top (m)	[top]

139. Xadrez

xadrez (m)	shah (m)	[ʃah]
peças (f pl) de xadrez	figura shahu (pl)	[figúra ʃáhu]
jogador (m) de xadrez	shahist (m)	[ʃahíst]
tabuleiro (m) de xadrez	fushë shahu (f)	[fúʃə ʃáhu]
peça (f)	figurë shahu (f)	[figúrə ʃáhu]
brancas (f pl)	të bardhat (pl)	[tə bárðat]
pretas (f pl)	të zezat (pl)	[tə zézat]
peão (m)	ushtar (m)	[uʃtár]
bispo (m)	oficer (m)	[ofitsér]
cavalo (m)	kalorës (m)	[kalórəs]
torre (f)	top (m)	[top]
dama (f)	mbretëreshë (f)	[mbrɛtəréʃə]
rei (m)	mbret (m)	[mbrét]
vez (f)	lëvizje (f)	[ləvízjɛ]
mover (vt)	lëviz	[ləvíz]
sacrificar (vt)	sakrifikoj	[sakrifikój]
roque (m)	rokadë (f)	[rokádə]
xeque (m)	shah (m)	[ʃah]
xeque-mate (m)	shah mat (m)	[ʃah mat]
torneio (m) de xadrez	turne shahu (m)	[turné ʃáhu]
grão-mestre (m)	Mjeshtër i Madh (m)	[mjéʃtər i máð]
combinação (f)	kombinim (m)	[kombiním]
partida (f)	lojë (f)	[lójə]
jogo (m) de damas	damë (f)	[dámə]

140. Boxe

boxe (m)	boks (m)	[boks]
combate (m)	ndeshje (f)	[ndéʃjɛ]
luta (f) de boxe	ndeshje boksi (f)	[ndéʃjɛ bóksi]
round (m)	raund (m)	[ráund]
ringue (m)	ring (m)	[riŋ]
gongo (m)	gong (m)	[goŋ]
murro, soco (m)	goditje (f)	[godítjɛ]
derrubada (f)	nokdaun (m)	[nokdáun]
nocaute (m)	nokaut (m)	[nokaút]
nocautear (vt)	hedh nokaut	[hɛð nokaút]
luva (f) de boxe	dorezë boksi (f)	[dorézə bóksi]
juiz (m)	arbitër (m)	[arbítər]
peso-pena (m)	peshë e lehtë (f)	[péʃə ɛ léhtə]
peso-médio (m)	peshë e mesme (f)	[péʃə ɛ mésmɛ]
peso-pesado (m)	peshë e rëndë (f)	[péʃə ɛ rəndə]

141. Desportos. Diversos

Jogos (m pl) Olímpicos	Lojërat Olimpike (pl)	[lójərat olimpíkɛ]
vencedor (m)	fitues (m)	[fitúɛs]
vencer (vi)	duke fituar	[dúkɛ fitúar]
vencer (vi, vt)	fitoj	[fitój]

líder (m)	lider (m)	[lidér]
liderar (vt)	udhëheq	[uðəhéc]

primeiro lugar (m)	vendi i parë	[véndi i párə]
segundo lugar (m)	vendi i dytë	[véndi i dýtə]
terceiro lugar (m)	vendi i tretë	[véndi i trétə]

medalha (f)	medalje (f)	[mɛdáljɛ]
troféu (m)	trofe (f)	[trofé]
taça (f)	kupë (f)	[kúpə]
prêmio (m)	çmim (m)	[tʃmím]
prêmio (m) principal	çmimi i parë (m)	[tʃmími i párə]

recorde (m)	rekord (m)	[rɛkórd]
estabelecer um recorde	vendos rekord	[vɛndós rɛkórd]

final (m)	finale	[finálɛ]
final (adj)	finale	[finálɛ]

campeão (m)	kampion (m)	[kampión]
campeonato (m)	kampionat (m)	[kampionát]

estádio (m)	stadium (m)	[stadiúm]
arquibancadas (f pl)	tribunë (f)	[tribúnə]
fã, torcedor (m)	tifoz (m)	[tifóz]
adversário (m)	kundërshtar (m)	[kundərʃtár]

partida (f)	start (m)	[start]
linha (f) de chegada	cak (m)	[tsák]

derrota (f)	humbje (f)	[húmbjɛ]
perder (vt)	humb	[húmb]

árbitro, juiz (m)	arbitër (m)	[arbítər]
júri (m)	juri (f)	[jurí]
resultado (m)	rezultat (m)	[rɛzultát]
empate (m)	barazim (m)	[barazím]
empatar (vi)	barazoj	[barazój]
ponto (m)	pikë (f)	[píkə]
resultado (m) final	rezultat (m)	[rɛzultát]

tempo (m)	pjesë (f)	[pjésə]
intervalo (m)	pushim (m)	[puʃím]

doping (m)	doping (m)	[dopín]
penalizar (vt)	penalizoj	[pɛnalizój]
desqualificar (vt)	diskualifikoj	[diskualifikój]
aparelho, aparato (m)	aparat (m)	[aparát]

dardo (m)	hedhje e shtizës (f)	[héðjɛ ɛ ʃtízəs]
peso (m)	gjyle (f)	[ɟýlɛ]
bola (f)	bile (f)	[bílɛ]
alvo, objetivo (m)	shënjestër (f)	[ʃəɲéstər]
alvo (~ de papel)	shënjestër (f)	[ʃəɲéstər]
disparar, atirar (vi)	qëlloj	[cəɫój]
preciso (tiro ~)	e saktë	[ɛ sáktə]
treinador (m)	trajner (m)	[trajnér]
treinar (vt)	stërvit	[stərvít]
treinar-se (vr)	stërvitem	[stərvítɛm]
treino (m)	trajnim (m)	[trajním]
academia (f) de ginástica	palestër (f)	[paléstər]
exercício (m)	ushtrime (f)	[uʃtrímɛ]
aquecimento (m)	ngrohje (f)	[ŋróhjɛ]

Educação

142. Escola

escola (f)	shkollë (f)	[ʃkótə]
diretor (m) de escola	drejtor shkolle (m)	[drɛjtór ʃkótɛ]

aluno (m)	nxënës (m)	[ndzénəs]
aluna (f)	nxënëse (f)	[ndzénəsɛ]
estudante (m)	nxënës (m)	[ndzénəs]
estudante (f)	nxënëse (f)	[ndzénəsɛ]

ensinar (vt)	jap mësim	[jap məsím]
aprender (vt)	mësoj	[məsój]
decorar (vt)	mësoj përmendësh	[məsój pərméndəʃ]

estudar (vi)	mësoj	[məsój]
estar na escola	jam në shkollë	[jam nə ʃkótə]
ir à escola	shkoj në shkollë	[ʃkoj nə ʃkótə]

alfabeto (m)	alfabet (m)	[alfabét]
disciplina (f)	lëndë (f)	[léndə]

sala (f) de aula	klasë (f)	[klásə]
lição, aula (f)	mësim (m)	[məsím]
recreio (m)	pushim (m)	[puʃím]
toque (m)	zile e shkollës (f)	[zílɛ ɛ ʃkótəs]
classe (f)	bankë e shkollës (f)	[bánkə ɛ ʃkótəs]
quadro (m) negro	tabelë e zezë (f)	[tabélə ɛ zézə]

nota (f)	notë (f)	[nótə]
boa nota (f)	notë e mirë (f)	[nótə ɛ mírə]
nota (f) baixa	notë e keqe (f)	[nótə ɛ kécɛ]
dar uma nota	vendos notë	[vɛndós nótə]

erro (m)	gabim (m)	[gabím]
errar (vi)	bëj gabime	[bəj gabímɛ]
corrigir (~ um erro)	korrigjoj	[koriɟój]
cola (f)	kopje (f)	[kópjɛ]

dever (m) de casa	detyrë shtëpie (f)	[dɛtýrə ʃtəpíɛ]
exercício (m)	ushtrim (m)	[uʃtrím]

estar presente	jam prezent	[jam prɛzént]
estar ausente	mungoj	[muɲój]
faltar às aulas	mungoj në shkollë	[muɲój nə ʃkótə]

punir (vt)	ndëshkoj	[ndəʃkój]
punição (f)	ndëshkim (m)	[ndəʃkím]
comportamento (m)	sjellje (f)	[sjétjɛ]

boletim (m) escolar	dëftesë (f)	[dəftésə]
lápis (m)	laps (m)	[láps]
borracha (f)	gomë (f)	[gómə]
giz (m)	shkumës (m)	[ʃkúməs]
porta-lápis (m)	portofol lapsash (m)	[portofól lápsaʃ]

mala, pasta, mochila (f)	çantë shkolle (f)	[tʃántə ʃkółɛ]
caneta (f)	stilolaps (m)	[stiloláps]
caderno (m)	fletore (f)	[flɛtórɛ]
livro (m) didático	tekst mësimor (m)	[tɛkst məsimór]
compasso (m)	kompas (m)	[kompás]

| traçar (vt) | vizatoj | [vizatój] |
| desenho (m) técnico | vizatim teknik (m) | [vizatím tɛkník] |

poesia (f)	poezi (f)	[poɛzí]
de cor	përmendësh	[pərméndəʃ]
decorar (vt)	mësoj përmendësh	[məsój pərméndəʃ]

férias (f pl)	pushimet e shkollës (m)	[puʃímɛt ɛ ʃkółəs]
estar de férias	jam me pushime	[jam mɛ puʃímɛ]
passar as férias	kaloj pushimet	[kalój puʃímɛt]

teste (m), prova (f)	test (m)	[tɛst]
redação (f)	ese (f)	[ɛsé]
ditado (m)	diktim (m)	[diktím]
exame (m), prova (f)	provim (m)	[provím]
fazer prova	kam provim	[kam provím]
experiência (~ química)	eksperiment (m)	[ɛkspɛrimént]

143. Colégio. Universidade

academia (f)	akademi (f)	[akadɛmí]
universidade (f)	universitet (m)	[univɛrsitét]
faculdade (f)	fakultet (m)	[fakultét]

estudante (m)	student (m)	[studént]
estudante (f)	studente (f)	[studéntɛ]
professor (m)	pedagog (m)	[pɛdagóg]

| auditório (m) | auditor (m) | [auditór] |
| graduado (m) | i diplomuar (m) | [i diplomúar] |

| diploma (m) | diplomë (f) | [diplómə] |
| tese (f) | disertacion (m) | [disɛrtatsión] |

| estudo (obra) | studim (m) | [studím] |
| laboratório (m) | laborator (m) | [laboratór] |

| palestra (f) | leksion (m) | [lɛksión] |
| colega (m) de curso | shok kursi (m) | [ʃok kúrsi] |

| bolsa (f) de estudos | bursë (f) | [búrsə] |
| grau (m) acadêmico | diplomë akademike (f) | [diplómə akadɛmíkɛ] |

144. Ciências. Disciplinas

matemática (f)	matematikë (f)	[matɛmatíkə]
álgebra (f)	algjebër (f)	[aʎébər]
geometria (f)	gjeometri (f)	[ɟɛomɛtrí]

astronomia (f)	astronomi (f)	[astronomí]
biologia (f)	biologji (f)	[bioloɟí]
geografia (f)	gjeografi (f)	[ɟɛografí]
geologia (f)	gjeologji (f)	[ɟɛoloɟí]
história (f)	histori (f)	[historí]

medicina (f)	mjekësi (f)	[mjɛkəsí]
pedagogia (f)	pedagogji (f)	[pɛdagoɟí]
direito (m)	drejtësi (f)	[drɛjtəsí]

física (f)	fizikë (f)	[fizíkə]
química (f)	kimi (f)	[kimí]
filosofia (f)	filozofi (f)	[filozofí]
psicologia (f)	psikologji (f)	[psikoloɟí]

145. Sistema de escrita. Ortografia

gramática (f)	gramatikë (f)	[gramatíkə]
vocabulário (m)	fjalor (m)	[fjalór]
fonética (f)	fonetikë (f)	[fonɛtíkə]

substantivo (m)	emër (m)	[émər]
adjetivo (m)	mbiemër (m)	[mbiémər]
verbo (m)	folje (f)	[fóljɛ]
advérbio (m)	ndajfolje (f)	[ndajfóljɛ]

pronome (m)	përemër (m)	[pərémər]
interjeição (f)	pasthirrmë (f)	[pasθírrmə]
preposição (f)	parafjalë (f)	[parafjálə]

raiz (f)	rrënjë (f)	[réɲə]
terminação (f)	fundore (f)	[fundórɛ]
prefixo (m)	parashtesë (f)	[paraʃtésə]
sílaba (f)	rrokje (f)	[rókjɛ]
sufixo (m)	prapashtesë (f)	[prapaʃtésə]

acento (m)	theks (m)	[θɛks]
apóstrofo (f)	apostrof (m)	[apostróf]

ponto (m)	pikë (f)	[píkə]
vírgula (f)	presje (f)	[présjɛ]
ponto e vírgula (m)	pikëpresje (f)	[pikəprésjɛ]
dois pontos (m pl)	dy pika (f)	[dy píka]
reticências (f pl)	tre pika (f)	[trɛ píka]

ponto (m) de interrogação	pikëpyetje (f)	[pikəpýɛtjɛ]
ponto (m) de exclamação	pikëçuditje (f)	[pikətʃudítjɛ]

aspas (f pl)	thonjëza (f)	[θóɲəza]
entre aspas	në thonjëza	[nə θóɲəza]
parênteses (m pl)	kllapa (f)	[kɫápa]
entre parênteses	brenda kllapave	[brénda kɫápavɛ]

hífen (m)	vizë ndarëse (f)	[vízə ndárəsɛ]
travessão (m)	vizë (f)	[vízə]
espaço (m)	hapësirë (f)	[hapəsírə]

| letra (f) | shkronjë (f) | [ʃkróɲə] |
| letra (f) maiúscula | shkronjë e madhe (f) | [ʃkróɲə ɛ máðɛ] |

| vogal (f) | zanore (f) | [zanórɛ] |
| consoante (f) | bashkëtingëllore (f) | [baʃkətiɲəɫórɛ] |

frase (f)	fjali (f)	[fjalí]
sujeito (m)	kryefjalë (f)	[kryɛfjálə]
predicado (m)	kallëzues (m)	[kaɫəzúɛs]

linha (f)	rresht (m)	[réʃt]
em uma nova linha	rresht i ri	[réʃt i rí]
parágrafo (m)	paragraf (m)	[paragráf]

palavra (f)	fjalë (f)	[fjálə]
grupo (m) de palavras	grup fjalësh (m)	[grup fjáləʃ]
expressão (f)	shprehje (f)	[ʃpréhjɛ]
sinônimo (m)	sinonim (m)	[sinoním]
antônimo (m)	antonim (m)	[antoním]

regra (f)	rregull (m)	[réguɫ]
exceção (f)	përjashtim (m)	[pərjaʃtím]
correto (adj)	saktë	[sáktə]

conjugação (f)	lakim (m)	[lakím]
declinação (f)	rasë	[rásə]
caso (m)	rasë emërore (f)	[rásə ɛmərórɛ]
pergunta (f)	pyetje (f)	[pýɛtjɛ]
sublinhar (vt)	nënvijëzoj	[nənvijəzój]
linha (f) pontilhada	vijë me ndërprerje (f)	[víjə mɛ ndərprérjɛ]

146. Línguas estrangeiras

língua (f)	gjuhë (f)	[ɟúhə]
estrangeiro (adj)	huaj	[húaj]
língua (f) estrangeira	gjuhë e huaj (f)	[ɟúhə ɛ húaj]
estudar (vt)	studioj	[studiój]
aprender (vt)	mësoj	[məsój]

ler (vt)	lexoj	[lɛdzój]
falar (vi)	flas	[flas]
entender (vt)	kuptoj	[kuptój]
escrever (vt)	shkruaj	[ʃkrúaj]
rapidamente	shpejt	[ʃpɛjt]
devagar, lentamente	ngadalë	[ŋadálə]

fluentemente	rrjedhshëm	[rjéðʃəm]
regras (f pl)	rregullat (pl)	[réguɬat]
gramática (f)	gramatikë (f)	[gramatíkə]
vocabulário (m)	fjalor (m)	[fjalór]
fonética (f)	fonetikë (f)	[fonɛtíkə]

livro (m) didático	tekst mësimor (m)	[tɛkst məsimór]
dicionário (m)	fjalor (m)	[fjalór]
manual (m) autodidático	libër i mësimit autodidakt (m)	[líbər i məsímit autodidákt]
guia (m) de conversação	libër frazeologjik (m)	[líbər frazɛoloɟík]

fita (f) cassete	kasetë (f)	[kasétə]
videoteipe (m)	videokasetë (f)	[vidɛokasétə]
CD (m)	CD (f)	[tsɛdé]
DVD (m)	DVD (m)	[dividí]

alfabeto (m)	alfabet (m)	[alfabét]
soletrar (vt)	gërmëzoj	[gərməzój]
pronúncia (f)	shqiptim (m)	[ʃciptím]

sotaque (m)	aksent (m)	[aksént]
com sotaque	me aksent	[mɛ aksént]
sem sotaque	pa aksent	[pa aksént]

| palavra (f) | fjalë (f) | [fjálə] |
| sentido (m) | kuptim (m) | [kuptím] |

curso (m)	kurs (m)	[kurs]
inscrever-se (vr)	regjistrohem	[rɛɟistróhɛm]
professor (m)	mësues (m)	[məsúɛs]

tradução (processo)	përkthim (m)	[pərkθím]
tradução (texto)	përkthim (m)	[pərkθím]
tradutor (m)	përkthyes (m)	[pərkθýɛs]
intérprete (m)	përkthyes (m)	[pərkθýɛs]

| poliglota (m) | poliglot (m) | [poliglót] |
| memória (f) | kujtesë (f) | [kujtésə] |

147. Personagens de contos de fadas

Papai Noel (m)	Santa Klaus (m)	[sánta kláus]
Cinderela (f)	Hirushja (f)	[hirúʃja]
sereia (f)	sirenë (f)	[sirénə]
Netuno (m)	Neptuni (m)	[nɛptúni]

bruxo, feiticeiro (m)	magjistar (m)	[maɟistár]
fada (f)	zanë (f)	[zánə]
mágico (adj)	magjike	[maɟíkɛ]
varinha (f) mágica	shkop magjik (m)	[ʃkop maɟík]

| conto (m) de fadas | përrallë (f) | [pəráɬə] |
| milagre (m) | mrekulli (f) | [mrɛkuɬí] |

| anão (m) | xhuxh (m) | [dʒudʒ] |
| transformar-se em ... | shndërrohem ... | [ʃndəróhɛm ...] |

fantasma (m)	fantazmë (f)	[fantázmə]
fantasma (m)	fantazmë (f)	[fantázmə]
monstro (m)	bishë (f)	[bíʃə]
dragão (m)	dragua (m)	[dragúa]
gigante (m)	gjigant (m)	[ɟigánt]

148. Signos do Zodíaco

Áries (f)	Dashi (m)	[dáʃi]
Touro (m)	Demi (m)	[démi]
Gêmeos (m pl)	Binjakët (pl)	[biɲákət]
Câncer (m)	Gaforrja (f)	[gafórja]
Leão (m)	Luani (m)	[luáni]
Virgem (f)	Virgjëresha (f)	[virɟəréʃa]

Libra (f)	Peshorja (f)	[pɛʃórja]
Escorpião (m)	Akrepi (m)	[akrépi]
Sagitário (m)	Shigjetari (m)	[ʃiɟɛtári]
Capricórnio (m)	Bricjapi (m)	[britsjápi]
Aquário (m)	Ujori (m)	[ujóri]
Peixes (pl)	Peshqit (pl)	[péʃcit]

caráter (m)	karakter (m)	[karaktér]
traços (m pl) do caráter	tipare të karakterit (pl)	[tipárɛ tə karaktérit]
comportamento (m)	sjellje (f)	[sjéɬjɛ]
prever a sorte	parashikoj fatin	[paraʃikój fátin]
adivinha (f)	lexuese e fatit (f)	[lɛdzúɛsɛ ɛ fátit]
horóscopo (m)	horoskop (m)	[horoskóp]

Artes

149. Teatro

teatro (m)	teatër (m)	[tɛátər]
ópera (f)	operë (f)	[opérə]
opereta (f)	operetë (f)	[opɛrétə]
balé (m)	balet (m)	[balét]

cartaz (m)	afishe teatri (f)	[afíʃɛ tɛátri]
companhia (f) de teatro	trupë teatrale (f)	[trúpə tɛatrálɛ]
turnê (f)	turne (f)	[turné]
estar em turnê	jam në turne	[jam nə turné]
ensaiar (vt)	bëj prova	[bəj próva]
ensaio (m)	provë (f)	[próvə]
repertório (m)	repertor (m)	[rɛpɛrtór]

apresentação (f)	shfaqje (f)	[ʃfácjɛ]
espetáculo (m)	shfaqje teatrale (f)	[ʃfácjɛ tɛatrálɛ]
peça (f)	dramë (f)	[drámə]

entrada (m)	biletë (f)	[bilétə]
bilheteira (f)	zyrë e shitjeve të biletave (f)	[zýrə ɛ ʃítjɛvɛ tə bilétavɛ]
hall (m)	holl (m)	[hoɫ]
vestiário (m)	dhoma e xhaketave (f)	[ðóma ɛ dʒakétavɛ]
senha (f) numerada	numri i xhaketës (m)	[númri i dʒakétəs]
binóculo (m)	dylbi (f)	[dylbí]
lanterninha (m)	portier (m)	[portiér]

plateia (f)	plato (f)	[plató]
balcão (m)	ballkon (m)	[baɫkón]
primeiro balcão (m)	galeria e parë (f)	[galɛría ɛ párə]
camarote (m)	lozhë (f)	[lóʒə]
fila (f)	rresht (m)	[réʃt]
assento (m)	karrige (f)	[karígɛ]

público (m)	publiku (m)	[publíku]
espectador (m)	spektator (m)	[spɛktatór]
aplaudir (vt)	duartrokas	[duartrokás]
aplauso (m)	duartrokitje (f)	[duartrokítjɛ]
ovação (f)	brohoritje (f)	[brohorítjɛ]

palco (m)	skenë (f)	[skénə]
cortina (f)	perde (f)	[pérdɛ]
cenário (m)	skenografi (f)	[skɛnografí]
bastidores (m pl)	prapaskenë (f)	[prapaskénə]

cena (f)	skenë (f)	[skénə]
ato (m)	akt (m)	[ákt]
intervalo (m)	pushim (m)	[puʃím]

150. Cinema

ator (m)	aktor (m)	[aktór]
atriz (f)	aktore (f)	[aktóre]
cinema (m)	kinema (f)	[kinemá]
filme (m)	film (m)	[film]
episódio (m)	episod (m)	[episód]
filme (m) policial	triler (m)	[triƚér]
filme (m) de ação	aksion (m)	[aksión]
filme (m) de aventuras	aventurë (f)	[aventúrə]
filme (m) de ficção científica	fanta-shkencë (f)	[fánta-ʃkéntsə]
filme (m) de horror	film horror (m)	[fílm horór]
comédia (f)	komedi (f)	[komedí]
melodrama (m)	melodramë (f)	[mɛlodrámə]
drama (m)	dramë (f)	[drámə]
filme (m) de ficção	film fiktiv (m)	[fílm fiktív]
documentário (m)	dokumentar (m)	[dokumɛntár]
desenho (m) animado	film vizatimor (m)	[fílm vizatimór]
cinema (m) mudo	filma pa zë (m)	[fílma pa zə]
papel (m)	rol (m)	[rol]
papel (m) principal	rol kryesor (m)	[rol kryɛsór]
representar (vt)	luaj	[lúaj]
estrela (f) de cinema	yll kinemaje (m)	[yƚ kinɛmájɛ]
conhecido (adj)	i njohur	[i ɲóhur]
famoso (adj)	i famshëm	[i fámʃəm]
popular (adj)	popullor	[popuƚór]
roteiro (m)	skenar (m)	[skɛnár]
roteirista (m)	skenarist (m)	[skɛnaríst]
diretor (m) de cinema	regjisor (m)	[rɛɟisór]
produtor (m)	producent (m)	[produtsént]
assistente (m)	ndihmës (m)	[ndíhməs]
diretor (m) de fotografia	kameraman (m)	[kamɛramán]
dublê (m)	dubla (f)	[dúbla]
dublê (m) de corpo	dubla (f)	[dúbla]
filmar (vt)	xhiroj film	[dʒirój film]
audição (f)	provë (f)	[próvə]
filmagem (f)	xhirim (m)	[dʒirím]
equipe (f) de filmagem	ekip kinematografik (m)	[ɛkíp kinɛmatografík]
set (m) de filmagem	set kinematografik (m)	[sɛt kinɛmatografík]
câmera (f)	kamerë (f)	[kamérə]
cinema (m)	kinema (f)	[kinemá]
tela (f)	ekran (m)	[ɛkrán]
exibir um filme	shfaq film	[ʃfac film]
trilha (f) sonora	muzikë e filmit (f)	[muzíkə ɛ filmit]
efeitos (m pl) especiais	efekte speciale (pl)	[ɛféktɛ spɛtsiálɛ]

legendas (f pl)	titra (pl)	[títra]
crédito (m)	lista e pjesëmarrësve (f)	[lísta ɛ pjɛsəmárəsvɛ]
tradução (f)	përkthim (m)	[pərkθím]

151. Pintura

arte (f)	art (m)	[art]
belas-artes (f pl)	artet e bukura (pl)	[ártɛt ɛ búkura]
galeria (f) de arte	galeri arti (f)	[galɛrí árti]
exibição (f) de arte	ekspozitë (f)	[ɛkspozítə]

pintura (f)	pikturë (f)	[piktúrə]
arte (f) gráfica	art grafik (m)	[árt grafík]
arte (f) abstrata	art abstrakt (m)	[árt abstrákt]
impressionismo (m)	impresionizëm (m)	[imprɛsionízəm]

pintura (f), quadro (m)	pikturë (f)	[piktúrə]
desenho (m)	vizatim (m)	[vizatím]
cartaz, pôster (m)	poster (m)	[postér]

ilustração (f)	ilustrim (m)	[ilustrím]
miniatura (f)	miniaturë (f)	[miniatúrə]
cópia (f)	kopje (f)	[kópjɛ]
reprodução (f)	riprodhim (m)	[riproðím]

mosaico (m)	mozaik (m)	[mozaík]
vitral (m)	pikturë në dritare (f)	[piktúrə nə dritárɛ]
afresco (m)	afresk (m)	[afrésk]
gravura (f)	gravurë (f)	[gravúrə]

busto (m)	bust (m)	[búst]
escultura (f)	skulpturë (f)	[skulptúrə]
estátua (f)	statujë (f)	[statújə]
gesso (m)	allçi (f)	[aɫtʃí]
em gesso (adj)	me allçi	[mɛ aɫtʃí]

retrato (m)	portret (m)	[portrét]
autorretrato (m)	autoportret (m)	[autoportrét]
paisagem (f)	peizazh (m)	[pɛizáʒ]
natureza (f) morta	natyrë e qetë (f)	[natýrə ɛ cétə]
caricatura (f)	karikaturë (f)	[karikatúrə]
esboço (m)	skicë (f)	[skítsə]

tinta (f)	bojë (f)	[bójə]
aquarela (f)	bojë uji (f)	[bójə úji]
tinta (f) a óleo	bojë vaji (f)	[bójə váji]
lápis (m)	laps (m)	[láps]
tinta (f) nanquim	bojë stilografi (f)	[bójə stilográfi]
carvão (m)	karbon (m)	[karbón]

desenhar (vt)	vizatoj	[vizatój]
pintar (vt)	pikturoj	[pikturój]
posar (vi)	pozoj	[pozój]
modelo (m)	model (m)	[modél]

modelo (f)	modele (f)	[modéle]
pintor (m)	piktor (m)	[piktór]
obra (f)	vepër arti (f)	[vépər árti]
obra-prima (f)	kryevepër (f)	[kryevépər]
estúdio (m)	studio (f)	[stúdio]

tela (f)	kanavacë (f)	[kanavátsə]
cavalete (m)	këmbalec (m)	[kəmbaléts]
paleta (f)	paletë (f)	[palétə]

moldura (f)	kornizë (f)	[kornízə]
restauração (f)	restaurim (m)	[rɛstaurím]
restaurar (vt)	restauroj	[rɛstaurój]

152. Literatura & Poesia

literatura (f)	letërsi (f)	[lɛtərsí]
autor (m)	autor (m)	[autór]
pseudônimo (m)	pseudonim (m)	[psɛudoním]

livro (m)	libër (m)	[líbər]
volume (m)	vëllim (m)	[vətím]
índice (m)	tabela e përmbajtjes (f)	[tabéla ɛ pərmbájtjɛs]
página (f)	faqe (f)	[fácɛ]
protagonista (m)	personazhi kryesor (m)	[pɛrsonáʒi kryɛsór]
autógrafo (m)	autograf (m)	[autográf]

conto (m)	tregim i shkurtër (m)	[trɛgím i ʃkúrtər]
novela (f)	novelë (f)	[novélə]
romance (m)	roman (m)	[román]
obra (f)	vepër (m)	[vépər]
fábula (m)	fabula (f)	[fábula]
romance (m) policial	roman policesk (m)	[román politsésk]

verso (m)	vjershë (f)	[vjérʃə]
poesia (f)	poezi (f)	[poɛzí]
poema (m)	poemë (f)	[poémə]
poeta (m)	poet (m)	[poét]

ficção (f)	trillim (m)	[tritím]
ficção (f) científica	fanta-shkencë (f)	[fánta-ʃkéntsə]
aventuras (f pl)	aventurë (f)	[avɛntúrə]
literatura (f) didática	letërsi edukative (f)	[lɛtərsí ɛdukatívɛ]
literatura (f) infantil	letërsi për fëmijë (f)	[lɛtərsí pər fəmíjə]

153. Circo

circo (m)	cirk (m)	[tsírk]
circo (m) ambulante	cirk udhëtues (m)	[tsírk uðətúɛs]
programa (m)	program (m)	[prográm]
apresentação (f)	shfaqje (f)	[ʃfácjɛ]
número (m)	akt (m)	[ákt]

picadeiro (f)	arenë cirku (f)	[aréne tsírku]
pantomima (f)	pantomimë (f)	[pantomíme]
palhaço (m)	kloun (m)	[kloún]

acrobata (m)	akrobat (m)	[akrobát]
acrobacia (f)	akrobaci (f)	[akrobatsí]
ginasta (m)	gjimnast (m)	[ɟimnást]
ginástica (f)	gjimnastikë (f)	[ɟimnastíke]
salto (m) mortal	salto (f)	[sálto]

homem (m) forte	atlet (m)	[atlét]
domador (m)	zbutës (m)	[zbútes]
cavaleiro (m) equilibrista	kalorës (m)	[kalóres]
assistente (m)	ndihmës (m)	[ndíhmes]

truque (m)	akrobaci (f)	[akrobatsí]
truque (m) de mágica	truk magjik (m)	[truk maɟík]
ilusionista (m)	magjistar (m)	[maɟistár]

malabarista (m)	zhongler (m)	[ʒoŋlér]
fazer malabarismos	luaj	[lúaj]
adestrador (m)	zbutës kafshësh (m)	[zbútes káʃʃeʃ]
adestramento (m)	zbutje kafshësh (f)	[zbútjɛ káʃʃeʃ]
adestrar (vt)	stërvit	[stervít]

154. Música. Música popular

música (f)	muzikë (f)	[muzíke]
músico (m)	muzikant (m)	[muzikánt]
instrumento (m) musical	instrument muzikor (m)	[instrumént muzikór]
tocar ...	i bie ...	[i bíɛ ...]

guitarra (f)	kitarë (f)	[kitáre]
violino (m)	violinë (f)	[violíne]
violoncelo (m)	violonçel (m)	[violontʃél]
contrabaixo (m)	kontrabas (m)	[kontrabás]
harpa (f)	lira (f)	[líra]

piano (m)	piano (f)	[piáno]
piano (m) de cauda	pianoforte (f)	[pianofórtɛ]
órgão (m)	organo (f)	[orgáno]

instrumentos (m pl) de sopro	instrumente frymore (pl)	[instruméntɛ frymórɛ]
oboé (m)	oboe (f)	[obóɛ]
saxofone (m)	saksofon (m)	[saksofón]
clarinete (m)	klarinetë (f)	[klarinéte]
flauta (f)	flaut (m)	[flaút]
trompete (m)	trombë (f)	[trómbe]

| acordeão (m) | fizarmonikë (f) | [fizarmoníke] |
| tambor (m) | daulle (f) | [daúłɛ] |

| dueto (m) | duet (m) | [duét] |
| trio (m) | trio (f) | [trío] |

quarteto (m)	kuartet (m)	[kuartét]
coro (m)	kor (m)	[kor]
orquestra (f)	orkestër (f)	[orkéstər]
música (f) pop	muzikë pop (f)	[muzíkə pop]
música (f) rock	muzikë rok (m)	[muzíkə rok]
grupo (m) de rock	grup rok (m)	[grup rók]
jazz (m)	xhaz (m)	[dʒaz]
ídolo (m)	idhull (m)	[íðuɫ]
fã, admirador (m)	admirues (m)	[admirúɛs]
concerto (m)	koncert (m)	[kontsért]
sinfonia (f)	simfoni (f)	[simfoní]
composição (f)	kompozicion (m)	[kompozitsión]
compor (vt)	kompozoj	[kompozój]
canto (m)	këndim (m)	[kəndím]
canção (f)	këngë (f)	[kéŋə]
melodia (f)	melodi (f)	[mɛlodí]
ritmo (m)	ritëm (m)	[rítəm]
blues (m)	bluz (m)	[blúz]
notas (f pl)	partiturë (f)	[partitúrə]
batuta (f)	shkopi i dirigjimit (m)	[ʃkopi i diriɟímit]
arco (m)	hark (m)	[hárk]
corda (f)	tel (m)	[tɛl]
estojo (m)	kuti (f)	[kutí]

Descanso. Entretenimento. Viagens

155. Viagens

turismo (m)	turizëm (m)	[turízəm]
turista (m)	turist (m)	[turíst]
viagem (f)	udhëtim (m)	[uðətím]
aventura (f)	aventurë (f)	[avɛntúrə]
percurso (curta viagem)	udhëtim (m)	[uðətím]
férias (f pl)	pushim (m)	[puʃím]
estar de férias	jam me pushime	[jam mɛ puʃímɛ]
descanso (m)	pushim (m)	[puʃím]
trem (m)	tren (m)	[trɛn]
de trem (chegar ~)	me tren	[mɛ trén]
avião (m)	avion (m)	[avión]
de avião	me avion	[mɛ avión]
de carro	me makinë	[mɛ makínə]
de navio	me anije	[mɛ aníjɛ]
bagagem (f)	bagazh (m)	[bagáʒ]
mala (f)	valixhe (f)	[valídʒɛ]
carrinho (m)	karrocë bagazhesh (f)	[karótsə bagáʒɛʃ]
passaporte (m)	pasaportë (f)	[pasapórtə]
visto (m)	vizë (f)	[vízə]
passagem (f)	biletë (f)	[bilétə]
passagem (f) aérea	biletë avioni (f)	[bilétə avióni]
guia (m) de viagem	guidë turistike (f)	[guídə turistíkɛ]
mapa (m)	hartë (f)	[hártə]
área (f)	zonë (f)	[zónə]
lugar (m)	vend (m)	[vɛnd]
exotismo (m)	ekzotikë (f)	[ɛkzotíkə]
exótico (adj)	ekzotik	[ɛkzotík]
surpreendente (adj)	mahnitëse	[mahnítəsɛ]
grupo (m)	grup (m)	[grup]
excursão (f)	ekskursion (m)	[ɛkskursión]
guia (m)	udhërrëfyes (m)	[uðərəfýɛs]

156. Hotel

hotel (m), hospedaria (f)	hotel (m)	[hotél]
motel (m)	motel (m)	[motél]
três estrelas	me tre yje	[mɛ trɛ ýjɛ]

| cinco estrelas | me pesë yje | [mɛ pésə ýjɛ] |
| ficar (vi, vt) | qëndroj | [cəndrój] |

quarto (m)	dhomë (f)	[ðómə]
quarto (m) individual	dhomë teke (f)	[ðómə tékɛ]
quarto (m) duplo	dhomë dyshe (f)	[ðómə dýʃɛ]
reservar um quarto	rezervoj një dhomë	[rɛzɛrvój ɲə ðómə]

| meia pensão (f) | gjysmë-pension (m) | [ɟýsmə-pɛnsión] |
| pensão (f) completa | pension i plotë (m) | [pɛnsión i plótə] |

com banheira	me banjo	[mɛ báɲo]
com chuveiro	me dush	[mɛ dúʃ]
televisão (m) por satélite	televizor satelitor (m)	[tɛlɛvizór satɛlitór]
ar (m) condicionado	kondicioner (m)	[konditsionér]
toalha (f)	peshqir (m)	[pɛʃcír]
chave (f)	çelës (m)	[tʃéləs]

administrador (m)	administrator (m)	[administratór]
camareira (f)	pastruese (f)	[pastrúɛsɛ]
bagageiro (m)	portier (m)	[portiér]
porteiro (m)	portier (m)	[portiér]

restaurante (m)	restorant (m)	[rɛstoránt]
bar (m)	pab (m), pijetore (f)	[pab], [pijɛtórɛ]
café (m) da manhã	mëngjes (m)	[məɲɟés]
jantar (m)	darkë (f)	[dárkə]
bufê (m)	bufe (f)	[bufé]

| saguão (m) | holl (m) | [hoɫ] |
| elevador (m) | ashensor (m) | [aʃɛnsór] |

| NÃO PERTURBE | MOS SHQETËSONI | [mos ʃcɛtəsóni] |
| PROIBIDO FUMAR! | NDALOHET DUHANI | [ndalóhɛt duháni] |

157. Livros. Leitura

livro (m)	libër (m)	[líbər]
autor (m)	autor (m)	[autór]
escritor (m)	shkrimtar (m)	[ʃkrimtár]
escrever (~ um livro)	shkruaj	[ʃkrúaj]

leitor (m)	lexues (m)	[lɛdzúɛs]
ler (vt)	lexoj	[lɛdzój]
leitura (f)	lexim (m)	[lɛdzím]

| para si | pa zë | [pa zə] |
| em voz alta | me zë | [mɛ zə] |

publicar (vt)	botoj	[botój]
publicação (f)	botim (m)	[botím]
editor (m)	botues (m)	[botúɛs]
editora (f)	shtëpi botuese (f)	[ʃtəpí botúɛsɛ]
sair (vi)	botohet	[botóhɛt]

| lançamento (m) | botim (m) | [botím] |
| tiragem (f) | edicion (m) | [ɛditsión] |

| livraria (f) | librari (f) | [librarí] |
| biblioteca (f) | bibliotekë (f) | [bibliotékə] |

novela (f)	novelë (f)	[novélə]
conto (m)	tregim i shkurtër (m)	[trɛgím i ʃkúrtər]
romance (m)	roman (m)	[román]
romance (m) policial	roman policesk (m)	[román politsésk]

memórias (f pl)	kujtime (pl)	[kujtímɛ]
lenda (f)	legjendë (f)	[lɛɟéndə]
mito (m)	mit (m)	[mit]

poesia (f)	poezi (f)	[poɛzí]
autobiografia (f)	autobiografi (f)	[autobiografí]
obras (f pl) escolhidas	vepra të zgjedhura (f)	[vépra tə zɟéðura]
ficção (f) científica	fanta-shkencë (f)	[fánta-ʃkéntsə]

título (m)	titull (m)	[títuɫ]
introdução (f)	hyrje (f)	[hýrjɛ]
folha (f) de rosto	faqe e titullit (f)	[fácɛ ɛ títuɫit]

capítulo (m)	kreu (m)	[kréu]
excerto (m)	ekstrakt (m)	[ɛkstrákt]
episódio (m)	episod (m)	[ɛpisód]

enredo (m)	fabul (f)	[fábul]
conteúdo (m)	përmbajtje (f)	[pərmbájtjɛ]
índice (m)	tabela e përmbajtjes (f)	[tabéla ɛ pərmbájtjɛs]
protagonista (m)	personazhi kryesor (m)	[pɛrsonáʒi kryɛsór]

volume (m)	vëllim (m)	[vəɫím]
capa (f)	kopertinë (f)	[kopɛrtínə]
encadernação (f)	libërlidhje (f)	[libərlíðjɛ]
marcador (m) de página	shënjim (m)	[ʃəɲím]

página (f)	faqe (f)	[fácɛ]
folhear (vt)	kaloj faqet	[kalój fácɛt]
margem (f)	margjinat (pl)	[marɟínat]
anotação (f)	shënim (m)	[ʃəním]
nota (f) de rodapé	fusnotë (f)	[fusnótə]

texto (m)	tekst (m)	[tɛkst]
fonte (f)	lloji i shkrimit (m)	[ɫóji i ʃkrímit]
falha (f) de impressão	gabim ortografik (m)	[gabím ortografík]

tradução (f)	përkthim (m)	[pərkθím]
traduzir (vt)	përkthej	[pərkθéj]
original (m)	origjinal (m)	[oriɟinál]

famoso (adj)	i famshëm	[i fámʃəm]
desconhecido (adj)	i panjohur	[i paɲóhur]
interessante (adj)	interesant	[intɛrɛsánt]
best-seller (m)	libër më i shitur (m)	[líbər mə i ʃítur]

dicionário (m)	fjalor (m)	[fjalór]
livro (m) didático	tekst mësimor (m)	[tɛkst məsimór]
enciclopédia (f)	enciklopedi (f)	[ɛntsiklopɛdí]

158. Caça. Pesca

caça (f)	gjueti (f)	[ɟuɛtí]
caçar (vi)	dal për gjah	[dál pər ɟáh]
caçador (m)	gjahtar (m)	[ɟahtár]

disparar, atirar (vi)	qëlloj	[cətój]
rifle (m)	pushkë (f)	[púʃkə]
cartucho (m)	fishek (m)	[fiʃék]
chumbo (m) de caça	plumb (m)	[plúmb]

armadilha (f)	grackë (f)	[grátskə]
armadilha (com corda)	kurth (m)	[kurθ]
cair na armadilha	bie në grackë	[bíɛ nə grátskə]
pôr a armadilha	ngre grackë	[ŋré grátskə]

caçador (m) furtivo	gjahtar i jashtëligjshëm (m)	[ɟahtár i jaʃtəlíɟʃəm]
caça (animais)	gjah (m)	[ɟáh]
cão (m) de caça	zagar (m)	[zagár]
safári (m)	safari (m)	[safári]
animal (m) empalhado	kafshë e balsamosur (f)	[káfʃə ɛ balsamósur]

pescador (m)	peshkatar (m)	[pɛʃkatár]
pesca (f)	peshkim (m)	[pɛʃkím]
pescar (vt)	peshkoj	[pɛʃkój]

vara (f) de pesca	kallam peshkimi (m)	[kaɫám pɛʃkími]
linha (f) de pesca	tojë peshkimi (f)	[tójə pɛʃkími]
anzol (m)	grep (m)	[grép]

boia (f), flutuador (m)	tapë (f)	[tápə]
isca (f)	karrem (m)	[karém]

lançar a linha	hedh grepin	[hɛð grépin]
morder (peixe)	bie në grep	[bíɛ nə grép]

pesca (f)	kapje peshku (f)	[kápjɛ péʃku]
buraco (m) no gelo	vrimë në akull (f)	[vrímə nə ákuɫ]

rede (f)	rrjetë peshkimi (f)	[rjétə pɛʃkími]
barco (m)	varkë (f)	[várkə]

pescar com rede	peshkoj me rrjeta	[pɛʃkój mɛ rjéta]
lançar a rede	hedh rrjetat	[hɛð rjétat]
puxar a rede	tërheq rrjetat	[tərhéc rjétat]
cair na rede	bie në rrjetë	[bíɛ nə rjétə]

baleeiro (m)	gjuetar balenash (m)	[ɟuɛtár balénaʃ]
baleeira (f)	balenagjuajtëse (f)	[balɛnaɟúajtəsɛ]
arpão (m)	fuzhnjë (f)	[fúʒɲə]

159. Jogos. Bilhar

bilhar (m)	bilardo (f)	[bilárdo]
sala (f) de bilhar	sallë bilardosh (f)	[sátǝ bilárdoʃ]
bola (f) de bilhar	bile (f)	[bílɛ]
embolsar uma bola	fus në vrimë	[fús nǝ vrímǝ]
taco (m)	stekë (f)	[stékǝ]
caçapa (f)	xhep (m), vrimë (f)	[dʒɛp], [vrímǝ]

160. Jogos. Jogar cartas

ouros (m pl)	karo (f)	[káro]
espadas (f pl)	maç (m)	[matʃ]
copas (f pl)	kupë (f)	[kúpǝ]
paus (m pl)	spathi (m)	[spáθi]
ás (m)	as (m)	[ás]
rei (m)	mbret (m)	[mbrét]
dama (f), rainha (f)	mbretëreshë (f)	[mbrɛtǝréʃǝ]
valete (m)	fant (m)	[fant]
carta (f) de jogar	letër (f)	[létǝr]
cartas (f pl)	letrat (pl)	[létrat]
trunfo (m)	letër e fortë (f)	[létǝr ɛ fórtǝ]
baralho (m)	set letrash (m)	[sɛt létraʃ]
ponto (m)	pikë (f)	[píkǝ]
dar, distribuir (vt)	ndaj	[ndáj]
embaralhar (vt)	përziej	[pǝrzíɛj]
vez, jogada (f)	radha (f)	[ráða]
trapaceiro (m)	mashtrues (m)	[maʃtrúɛs]

161. Casino. Roleta

cassino (m)	kazino (f)	[kazíno]
roleta (f)	ruletë (f)	[rulétǝ]
aposta (f)	bast (m)	[bast]
apostar (vt)	vë bast	[vǝ bast]
vermelho (m)	e kuqe (f)	[ɛ kúcɛ]
preto (m)	e zezë (f)	[ɛ zézǝ]
apostar no vermelho	vë bast në të kuqe	[vǝ bast nǝ tǝ kúcɛ]
apostar no preto	vë bast në të zezë	[vǝ bast nǝ tǝ zézǝ]
croupier (m, f)	krupier (m)	[krupiér]
girar da roleta	rrotulloj ruletën	[rotutój rulétǝn]
regras (f pl) do jogo	rregullat (pl)	[régutat]
ficha (f)	fishe (f)	[fíʃɛ]
ganhar (vi, vt)	fitoj	[fitój]
ganho (m)	fitim (m)	[fitím]

| perder (dinheiro) | humb | [húmb] |
| perda (f) | humbje (f) | [húmbjɛ] |

jogador (m)	lojtar (m)	[lojtár]
blackjack, vinte-e-um (m)	blackjack (m)	[blatskjátsk]
jogo (m) de dados	lojë me zare (f)	[lójə mɛ zárɛ]
dados (m pl)	zare (f)	[zárɛ]
caça-níqueis (m)	makinë e lojërave të fatit (f)	[makínə ɛ lojərávɛ tə fátit]

162. Descanso. Jogos. Diversos

passear (vi)	shëtitem	[ʃətítɛm]
passeio (m)	shëtitje (f)	[ʃətítjɛ]
viagem (f) de carro	xhiro me makinë (f)	[dʒíro mɛ makínə]
aventura (f)	aventurë (f)	[avɛntúrə]
piquenique (m)	piknik (m)	[pikník]

jogo (m)	lojë (f)	[lójə]
jogador (m)	lojtar (m)	[lojtár]
partida (f)	një lojë (f)	[nə lójə]

colecionador (m)	koleksionist (m)	[kolɛksioníst]
colecionar (vt)	koleksionoj	[kolɛksionój]
coleção (f)	koleksion (m)	[kolɛksión]

palavras (f pl) cruzadas	fjalëkryq (m)	[fjaləkrýc]
hipódromo (m)	hipodrom (m)	[hipodróm]
discoteca (f)	disko (f)	[dísko]

| sauna (f) | sauna (f) | [saúna] |
| loteria (f) | lotari (f) | [lotarí] |

campismo (m)	kamping (m)	[kampíŋ]
acampamento (m)	kamp (m)	[kamp]
barraca (f)	çadër kampingu (f)	[tʃádər kampíŋu]
bússola (f)	kompas (m)	[kompás]
campista (m)	kampinist (m)	[kampiníst]

ver (vt), assistir à ...	shikoj	[ʃikój]
telespectador (m)	teleshikues (m)	[tɛlɛʃikúɛs]
programa (m) de TV	program televiziv (m)	[prográm tɛlɛvizív]

163. Fotografia

| máquina (f) fotográfica | aparat fotografik (m) | [aparát fotografík] |
| foto, fotografia (f) | foto (f) | [fóto] |

fotógrafo (m)	fotograf (m)	[fotográf]
estúdio (m) fotográfico	studio fotografike (f)	[stúdio fotografíkɛ]
álbum (m) de fotografias	album fotografik (m)	[albúm fotografík]
lente (f) fotográfica	objektiv (m)	[objɛktív]
lente (f) teleobjetiva	teleobjektiv (m)	[tɛlɛobjɛktív]

filtro (m)	**filtër** (m)	[fíltər]
lente (f)	**lente** (f)	[léntɛ]

ótica (f)	**optikë** (f)	[optíkə]
abertura (f)	**diafragma** (f)	[diafrágma]
exposição (f)	**koha e ekspozimit** (f)	[kóha ɛ ɛkspozímit]
visor (m)	**tregues i kuadrit** (m)	[trɛgúɛs i kuádrit]

câmera (f) digital	**kamerë digjitale** (f)	[kamérə diɟitálɛ]
tripé (m)	**tripod** (m)	[tripód]
flash (m)	**blic** (m)	[blits]

fotografar (vt)	**fotografoj**	[fotografój]
tirar fotos	**bëj foto**	[bəj fóto]
fotografar-se (vr)	**bëj fotografi**	[bəj fotografí]

foco (m)	**fokus** (m)	[fokús]
focar (vt)	**fokusoj**	[fokusój]
nítido (adj)	**i qartë**	[i cártə]
nitidez (f)	**qartësi** (f)	[cartəsí]

contraste (m)	**kontrast** (m)	[kontrást]
contrastante (adj)	**me kontrast**	[mɛ kontrást]

retrato (m)	**foto** (f)	[fóto]
negativo (m)	**negativ** (m)	[nɛgatív]
filme (m)	**film negativash** (m)	[fílm nɛgatívaʃ]
fotograma (m)	**imazh** (m)	[imáʒ]
imprimir (vt)	**printoj**	[printój]

164. Praia. Natação

praia (f)	**plazh** (m)	[plaʒ]
areia (f)	**rërë** (f)	[rə́rə]
deserto (adj)	**plazh i shkretë**	[plaʒ i ʃkrétə]

bronzeado (m)	**nxirje nga dielli** (f)	[ndzírjɛ ŋa díɛłi]
bronzear-se (vr)	**nxihem**	[ndzíhɛm]
bronzeado (adj)	**i nxirë**	[i ndzírə]
protetor (m) solar	**krem dielli** (f)	[krɛm díɛłi]

biquíni (m)	**bikini** (m)	[bikíni]
maiô (m)	**rrobë banje** (f)	[róbə báɲɛ]
calção (m) de banho	**mbathje banjo** (f)	[mbáθjɛ báɲo]

piscina (f)	**pishinë** (f)	[piʃínə]
nadar (vi)	**notoj**	[notój]
chuveiro (m), ducha (f)	**dush** (m)	[duʃ]
mudar, trocar (vt)	**ndërroj**	[ndərój]
toalha (f)	**peshqir** (m)	[pɛʃcír]

barco (m)	**varkë** (f)	[várkə]
lancha (f)	**skaf** (m)	[skaf]
esqui (m) aquático	**ski ujor** (m)	[ski ujór]

barco (m) de pedais	varkë me pedale (f)	[várkə mɛ pɛdálɛ]
surf, surfe (m)	surf (m)	[surf]
surfista (m)	surfist (m)	[surfíst]

equipamento (m) de mergulho	komplet për skuba (f)	[komplét pər skúba]
pé (m pl) de pato	këmbale noti (pl)	[kəmbálɛ nóti]
máscara (f)	maskë (f)	[máskə]
mergulhador (m)	zhytës (m)	[ʒýtəs]
mergulhar (vi)	zhytem	[ʒýtɛm]
debaixo d'água	nën ujë	[nən újə]

guarda-sol (m)	çadër plazhi (f)	[tʃádər pláʒi]
espreguiçadeira (f)	shezlong (m)	[ʃɛzlóŋ]
óculos (m pl) de sol	syze dielli (f)	[sýzɛ diéti]
colchão (m) de ar	dyshek me ajër (m)	[dyʃék mɛ ájər]

brincar (vi)	loz	[loz]
ir nadar	notoj	[notój]

bola (f) de praia	top plazhi (m)	[top pláʒi]
encher (vt)	fryj	[fryj]
inflável (adj)	që fryhet	[cə frýhɛt]

onda (f)	dallgë (f)	[dátgə]
boia (f)	tapë (f)	[tápə]
afogar-se (vr)	mbytem	[mbýtɛm]

salvar (vt)	shpëtoj	[ʃpətój]
colete (m) salva-vidas	jelek shpëtimi (m)	[jɛlék ʃpətími]
observar (vt)	vëzhgoj	[vəʒgój]
salva-vidas (pessoa)	rojë bregdetare (m)	[rójə brɛgdɛtárɛ]

EQUIPAMENTO TÉCNICO. TRANSPORTES

Equipamento técnico. Transportes

165. Computador

computador (m)	kompjuter (m)	[kompjutér]
computador (m) portátil	laptop (m)	[laptóp]
ligar (vt)	ndez	[ndɛz]
desligar (vt)	fik	[fik]
teclado (m)	tastiera (f)	[tastiéra]
tecla (f)	çelës (m)	[tʃélǝs]
mouse (m)	maus (m)	[máus]
tapete (m) para mouse	shtroje e mausit (f)	[ʃtrójɛ ɛ máusit]
botão (m)	buton (m)	[butón]
cursor (m)	kursor (m)	[kursór]
monitor (m)	monitor (m)	[monitór]
tela (f)	ekran (m)	[ɛkrán]
disco (m) rígido	hard disk (m)	[hárd dísk]
capacidade (f) do disco rígido	kapaciteti i hard diskut (m)	[kapatsitéti i hárd dískut]
memória (f)	memorie (f)	[mɛmóriɛ]
memória RAM (f)	memorie operative (f)	[mɛmóriɛ opɛratívɛ]
arquivo (m)	skedë (f)	[skédǝ]
pasta (f)	dosje (f)	[dósjɛ]
abrir (vt)	hap	[hap]
fechar (vt)	mbyll	[mbyɫ]
salvar (vt)	ruaj	[rúaj]
deletar (vt)	fshij	[fʃíj]
copiar (vt)	kopjoj	[kopjój]
ordenar (vt)	sistemoj	[sistɛmój]
copiar (vt)	transferoj	[transfɛrój]
programa (m)	program (m)	[prográm]
software (m)	softuer (f)	[softuér]
programador (m)	programues (m)	[programúɛs]
programar (vt)	programoj	[programój]
hacker (m)	haker (m)	[hakér]
senha (f)	fjalëkalim (m)	[fjalǝkalím]
vírus (m)	virus (m)	[virús]
detectar (vt)	zbuloj	[zbulój]
byte (m)	bajt (m)	[bájt]

megabyte (m)	megabajt (m)	[mɛgabájt]
dados (m pl)	të dhënat (pl)	[tə ðénat]
base (f) de dados	databazë (f)	[databázə]

cabo (m)	kabllo (f)	[kábɫo]
desconectar (vt)	shkëpus	[ʃkəpús]
conectar (vt)	lidh	[lið]

166. Internet. E-mail

internet (f)	internet (m)	[intɛrnét]
browser (m)	shfletues (m)	[ʃflɛtúɛs]
motor (m) de busca	makineri kërkimi (f)	[makinɛrí kərkími]
provedor (m)	ofrues (m)	[ofrúɛs]

webmaster (m)	uebmaster (m)	[uɛbmástɛr]
website (m)	ueb-faqe (f)	[uéb-fácɛ]
web page (f)	ueb-faqe (f)	[uéb-fácɛ]

| endereço (m) | adresë (f) | [adrésə] |
| livro (m) de endereços | libërth adresash (m) | [líbərθ adrésaʃ] |

caixa (f) de correio	kuti postare (f)	[kutí postárɛ]
correio (m)	postë (f)	[póstə]
cheia (caixa de correio)	i mbushur	[i mbúʃur]

mensagem (f)	mesazh (m)	[mɛsáʒ]
mensagens (f pl) recebidas	mesazhe të ardhura (pl)	[mɛsáʒɛ tə árðura]
mensagens (f pl) enviadas	mesazhe të dërguara (pl)	[mɛsáʒɛ tə dərgúara]

remetente (m)	dërguesi (m)	[dərgúɛsi]
enviar (vt)	dërgoj	[dərgój]
envio (m)	dërgesë (f)	[dərgésə]

| destinatário (m) | pranues (m) | [pranúɛs] |
| receber (vt) | pranoj | [pranój] |

| correspondência (f) | korrespondencë (f) | [korɛspondéntsə] |
| corresponder-se (vr) | komunikim | [komunikím] |

arquivo (m)	skedë (f)	[skédə]
fazer download, baixar (vt)	shkarkoj	[ʃkarkój]
criar (vt)	krijoj	[krijój]
deletar (vt)	fshij	[fʃíj]
deletado (adj)	e fshirë	[ɛ fʃírə]

conexão (f)	lidhje (f)	[líðjɛ]
velocidade (f)	shpejtësi (f)	[ʃpɛjtəsí]
modem (m)	modem (m)	[modém]
acesso (m)	hyrje (f)	[hýrjɛ]
porta (f)	port (m)	[port]

| conexão (f) | lidhje (f) | [líðjɛ] |
| conectar (vi) | lidhem me ... | [líðɛm mɛ ...] |

| escolher (vt) | përzgjedh | [pərzɟéð] |
| buscar (vt) | kërkoj ... | [kərkój ...] |

167. Eletricidade

eletricidade (f)	elektricitet (m)	[ɛlɛktritsitét]
elétrico (adj)	elektrik	[ɛlɛktrík]
planta (f) elétrica	hidrocentral (m)	[hidrotsɛntrál]
energia (f)	energji (f)	[ɛnɛɟí]
energia (f) elétrica	energji elektrike (f)	[ɛnɛɟí ɛlɛktríkɛ]

lâmpada (f)	poç (m)	[potʃ]
lanterna (f)	llambë dore (f)	[ɫámbə dórɛ]
poste (m) de iluminação	llambë rruge (f)	[ɫámbə rúgɛ]

luz (f)	dritë (f)	[drítə]
ligar (vt)	ndez	[ndɛz]
desligar (vt)	fik	[fik]
apagar a luz	fik dritën	[fík drítən]

queimar (vi)	digjet	[díɟɛt]
curto-circuito (m)	qark i shkurtër (m)	[cark i ʃkúrtər]
ruptura (f)	tel i prishur (m)	[tɛl i príʃur]
contato (m)	kontakt (m)	[kontákt]

interruptor (m)	çelës drite (m)	[tʃéləs drítɛ]
tomada (de parede)	prizë (f)	[prízə]
plugue (m)	spinë (f)	[spínə]
extensão (f)	zgjatues (m)	[zɟatúɛs]

fusível (m)	siguresë (f)	[sigurésə]
fio, cabo (m)	kabllo (f)	[kábɫo]
instalação (f) elétrica	rrjet elektrik (m)	[rjét ɛlɛktrík]

ampère (m)	amper (m)	[ampér]
amperagem (f)	amperazh (f)	[ampɛráʒ]
volt (m)	volt (m)	[volt]
voltagem (f)	voltazh (m)	[voltáʒ]

| aparelho (m) elétrico | aparat elektrik (m) | [aparát ɛlɛktrík] |
| indicador (m) | indikator (m) | [indikatór] |

eletricista (m)	elektricist (m)	[ɛlɛktritsíst]
soldar (vt)	saldoj	[saldój]
soldador (m)	pajisje saldimi (f)	[pajísjɛ saldími]
corrente (f) elétrica	korrent elektrik (m)	[korént ɛlɛktrík]

168. Ferramentas

ferramenta (f)	vegël (f)	[végəl]
ferramentas (f pl)	vegla (pl)	[végla]
equipamento (m)	pajisje (f)	[pajísjɛ]

martelo (m)	çekiç (m)	[tʃɛkítʃ]
chave (f) de fenda	kaçavidë (f)	[katʃavídə]
machado (m)	sëpatë (f)	[səpátə]

serra (f)	sharrë (f)	[ʃárə]
serrar (vt)	sharroj	[ʃarój]
plaina (f)	zdrukthues (m)	[zdrukθúɛs]
aplainar (vt)	zdrukthoj	[zdrukθój]
soldador (m)	pajisje saldimi (f)	[pajísjɛ saldími]
soldar (vt)	saldoj	[saldój]

lima (f)	limë (f)	[límə]
tenaz (f)	darë (f)	[dárə]
alicate (m)	pinca (f)	[píntsa]
formão (m)	daltë (f)	[dáltə]

broca (f)	turjelë (f)	[turjélə]
furadeira (f) elétrica	shpuese elektrike (f)	[ʃpúɛsɛ ɛlɛktríkɛ]
furar (vt)	shpoj	[ʃpoj]

faca (f)	thikë (f)	[θíkə]
canivete (m)	thikë xhepi (f)	[θíkə dʒépi]
lâmina (f)	teh (m)	[tɛh]

afiado (adj)	i mprehtë	[i mpréhtə]
cego (adj)	i topitur	[i topítur]
embotar-se (vr)	bëhet e topítur	[bέhɛt ɛ topítur]
afiar, amolar (vt)	mpreh	[mpréh]

parafuso (m)	vidë (f)	[vídə]
porca (f)	dado (f)	[dádo]
rosca (f)	filetë e vidhës (f)	[filétə ɛ víðəs]
parafuso (para madeira)	vidhë druri (f)	[víðə drúri]

prego (m)	gozhdë (f)	[góʒdə]
cabeça (f) do prego	kokë gozhde (f)	[kókə góʒdɛ]

régua (f)	vizore (f)	[vizórɛ]
fita (f) métrica	metër (m)	[métər]
nível (m)	nivelizues (m)	[nivɛlizúɛs]
lupa (f)	lente zmadhuese (f)	[léntɛ zmaðúɛsɛ]

medidor (m)	mjet matës (m)	[mjét mátəs]
medir (vt)	mas	[mas]
escala (f)	gradë (f)	[grádə]
indicação (f), registro (m)	matjet (pl)	[mátjɛt]

compressor (m)	kompresor (m)	[komprɛsór]
microscópio (m)	mikroskop (m)	[mikroskóp]

bomba (f)	pompë (f)	[pómpə]
robô (m)	robot (m)	[robót]
laser (m)	laser (m)	[lasér]

chave (f) de boca	çelës (m)	[tʃéləs]
fita (f) adesiva	shirit ngjitës (m)	[ʃirít ɲjítəs]

cola (f)	ngjitës (m)	[nʝítəs]
lixa (f)	letër smeril (f)	[létər smɛríl]
mola (f)	sustë (f)	[sústə]
ímã (m)	magnet (m)	[magnét]
luva (f)	dorëza (pl)	[dórəza]

corda (f)	litar (m)	[litár]
cabo (~ de nylon, etc.)	kordon (m)	[kordón]
fio (m)	tel (m)	[tɛl]
cabo (~ elétrico)	kabllo (f)	[kábɫo]

marreta (f)	çekan i rëndë (m)	[tʃɛkán i rəndə]
pé de cabra (m)	levë (f)	[lévə]
escada (f) de mão	shkallë (f)	[ʃkáɫə]
escada (m)	shkallëz (f)	[ʃkáɫəz]

enroscar (vt)	vidhos	[viðós]
desenroscar (vt)	zhvidhos	[ʒviðós]
apertar (vt)	shtrëngoj	[ʃtrəŋój]
colar (vt)	ngjes	[nʝés]
cortar (vt)	pres	[prɛs]

falha (f)	avari (f)	[avarí]
conserto (m)	riparim (m)	[riparím]
consertar, reparar (vt)	riparoj	[riparój]
regular, ajustar (vt)	rregulloj	[rɛguɫój]

verificar (vt)	kontrolloj	[kontroɫój]
verificação (f)	kontroll (m)	[kontróɫ]
indicação (f), registro (m)	matjet (pl)	[mátjɛt]

seguro (adj)	e sigurt	[ɛ sígurt]
complicado (adj)	komplekse	[kompléksɛ]

enferrujar (vi)	ndryshket	[ndrýʃkɛt]
enferrujado (adj)	e ndryshkur	[ɛ ndrýʃkur]
ferrugem (f)	ndryshk (m)	[ndrýʃk]

Transportes

169. Avião

avião (m)	avion (m)	[avión]
passagem (f) aérea	biletë avioni (f)	[bilétə avióni]
companhia (f) aérea	kompani ajrore (f)	[kompaní ajrórɛ]
aeroporto (m)	aeroport (m)	[aɛropórt]
supersônico (adj)	supersonik	[supɛrsoník]
comandante (m) do avião	kapiten (m)	[kapitén]
tripulação (f)	ekip (m)	[ɛkíp]
piloto (m)	pilot (m)	[pilót]
aeromoça (f)	stjuardesë (f)	[stjuardésə]
copiloto (m)	navigues (m)	[navigúɛs]
asas (f pl)	krahë (pl)	[kráhə]
cauda (f)	bisht (m)	[biʃt]
cabine (f)	kabinë (f)	[kabínə]
motor (m)	motor (m)	[motór]
trem (m) de pouso	karrel (m)	[karél]
turbina (f)	turbinë (f)	[turbínə]
hélice (f)	helikë (f)	[hɛlíkə]
caixa-preta (f)	kuti e zezë (f)	[kutí ɛ zézə]
coluna (f) de controle	timon (m)	[timón]
combustível (m)	karburant (m)	[karburánt]
instruções (f pl) de segurança	udhëzime sigurie (pl)	[uðəzímɛ siguríɛ]
máscara (f) de oxigênio	maskë oksigjeni (f)	[máskə oksiɟéni]
uniforme (m)	uniformë (f)	[unifórmə]
colete (m) salva-vidas	jelek shpëtimi (m)	[jɛlék ʃpətími]
paraquedas (m)	parashutë (f)	[paraʃútə]
decolagem (f)	ngritje (f)	[ŋrítjɛ]
descolar (vi)	fluturon	[fluturón]
pista (f) de decolagem	pista e fluturimit (f)	[písta ɛ fluturímit]
visibilidade (f)	shikueshmëri (f)	[ʃikuɛʃmərí]
voo (m)	fluturim (m)	[fluturím]
altura (f)	lartësi (f)	[lartəsí]
poço (m) de ar	xhep ajri (m)	[dʒɛp ájri]
assento (m)	karrige (f)	[karígɛ]
fone (m) de ouvido	kufje (f)	[kúfjɛ]
mesa (f) retrátil	tabaka (f)	[tabaká]
janela (f)	dritare avioni (f)	[dritárɛ avióni]
corredor (m)	korridor (m)	[koridór]

170. Comboio

trem (m)	tren (m)	[trɛn]
trem (m) elétrico	tren elektrik (m)	[trɛn ɛlɛktrík]
trem (m)	tren ekspres (m)	[trɛn ɛksprés]
locomotiva (f) diesel	lokomotivë me naftë (f)	[lokomótivə mɛ náftə]
locomotiva (f) a vapor	lokomotivë me avull (f)	[lokomótivə mɛ ávuɫ]
vagão (f) de passageiros	vagon (m)	[vagón]
vagão-restaurante (m)	vagon restorant (m)	[vagón rɛstoránt]
carris (m pl)	shina (pl)	[ʃína]
estrada (f) de ferro	hekurudhë (f)	[hɛkurúðə]
travessa (f)	traversë (f)	[travérsə]
plataforma (f)	platformë (f)	[platfórmə]
linha (f)	binar (m)	[binár]
semáforo (m)	semafor (m)	[sɛmafór]
estação (f)	stacion (m)	[statsión]
maquinista (m)	makinist (m)	[makiníst]
bagageiro (m)	portier (m)	[portiér]
hospedeiro, -a (m, f)	konduktor (m)	[konduktór]
passageiro (m)	pasagjer (m)	[pasaɟér]
revisor (m)	konduktor (m)	[konduktór]
corredor (m)	korridor (m)	[koridór]
freio (m) de emergência	frena urgjence (f)	[fréna urɟéntsɛ]
compartimento (m)	ndarje (f)	[ndárjɛ]
cama (f)	kat (m)	[kat]
cama (f) de cima	kati i sipërm (m)	[káti i sípərm]
cama (f) de baixo	kati i poshtëm (m)	[káti i póʃtəm]
roupa (f) de cama	shtroje shtrati (pl)	[ʃtrójɛ ʃtráti]
passagem (f)	biletë (f)	[bilétə]
horário (m)	orar (m)	[orár]
painel (m) de informação	tabelë e informatave (f)	[tabélə ɛ informátavɛ]
partir (vt)	niset	[nísɛt]
partida (f)	nisje (f)	[nísjɛ]
chegar (vi)	arrij	[aríj]
chegada (f)	arritje (f)	[arítjɛ]
chegar de trem	arrij me tren	[aríj mɛ trɛn]
pegar o trem	hip në tren	[hip nə trén]
descer de trem	zbres nga treni	[zbrɛs ŋa tréni]
acidente (m) ferroviário	aksident hekurudhor (m)	[aksidént hɛkuruðór]
descarrilar (vi)	del nga shinat	[dɛl ŋa ʃínat]
locomotiva (f) a vapor	lokomotivë me avull (f)	[lokomótivə mɛ ávuɫ]
foguista (m)	mbikëqyrës i zjarrit (m)	[mbikəcýrəs i zjárit]
fornalha (f)	furrë (f)	[fúrə]
carvão (m)	qymyr (m)	[cymýr]

171. Barco

navio (m)	anije (f)	[aníjɛ]
embarcação (f)	mjet lundrues (m)	[mjét lundrúɛs]
barco (m) a vapor	anije me avull (f)	[aníjɛ mɛ ávuɫ]
barco (m) fluvial	anije lumi (f)	[aníjɛ lúmi]
transatlântico (m)	krocierë (f)	[krotsiérə]
cruzeiro (m)	anije luftarake (f)	[aníjɛ luftarákɛ]
iate (m)	jaht (m)	[jáht]
rebocador (m)	anije rimorkiuese (f)	[aníjɛ rimorkiúɛsɛ]
barcaça (f)	anije transportuese (f)	[aníjɛ transportúɛsɛ]
ferry (m)	traget (m)	[tragét]
veleiro (m)	anije me vela (f)	[aníjɛ mɛ véla]
bergantim (m)	brigantinë (f)	[brigantínə]
quebra-gelo (m)	akullthyese (f)	[akuɫθýɛsɛ]
submarino (m)	nëndetëse (f)	[nəndétəsɛ]
bote, barco (m)	barkë (f)	[bárkə]
baleeira (bote salva-vidas)	gomone (f)	[gomónɛ]
bote (m) salva-vidas	varkë shpëtimi (f)	[várkə ʃpətími]
lancha (f)	skaf (m)	[skaf]
capitão (m)	kapiten (m)	[kapitén]
marinheiro (m)	marinar (m)	[marinár]
marujo (m)	marinar (m)	[marinár]
tripulação (f)	ekip (m)	[ɛkíp]
contramestre (m)	kryemarinar (m)	[kryɛmarinár]
grumete (m)	djali i anijes (m)	[djáli i aníjɛs]
cozinheiro (m) de bordo	kuzhinier (m)	[kuʒiniér]
médico (m) de bordo	doktori i anijes (m)	[doktóri i aníjɛs]
convés (m)	kuverta (f)	[kuvérta]
mastro (m)	direk (m)	[dirék]
vela (f)	vela (f)	[véla]
porão (m)	bagazh (m)	[bagáʒ]
proa (f)	harku sipëror (m)	[hárku sipərór]
popa (f)	pjesa e pasme (f)	[pjésa ɛ pásmɛ]
remo (m)	rrem (m)	[rɛm]
hélice (f)	helikë (f)	[hɛlíkə]
cabine (m)	kabinë (f)	[kabínə]
sala (f) dos oficiais	zyrë e oficerëve (m)	[zýrə ɛ ofitsérəvɛ]
sala (f) das máquinas	salla e motorit (m)	[sáɫa ɛ motórit]
ponte (m) de comando	urë komanduese (f)	[úrə komandúɛsɛ]
sala (f) de comunicações	kabina radiotelegrafike (f)	[kabína radiotɛlɛgrafíkɛ]
onda (f)	valë (f)	[válə]
diário (m) de bordo	libri i shënimeve (m)	[líbri i ʃənímɛvɛ]
luneta (f)	dylbi (f)	[dylbí]
sino (m)	këmbanë (f)	[kəmbánə]

bandeira (f)	flamur (m)	[flamúr]
cabo (m)	pallamar (m)	[paɫamár]
nó (m)	nyjë (f)	[nýjə]

| corrimão (m) | parmakë (pl) | [parmákə] |
| prancha (f) de embarque | shkallë (f) | [ʃkáɫə] |

âncora (f)	spirancë (f)	[spirántsə]
recolher a âncora	ngre spirancën	[ŋré spirántsən]
jogar a âncora	hedh spirancën	[hɛð spirántsən]
amarra (corrente de âncora)	zinxhir i spirancës (m)	[zindʒír i spirántsəs]

porto (m)	port (m)	[port]
cais, amarradouro (m)	skelë (f)	[skélə]
atracar (vi)	ankoroj	[ankorój]
desatracar (vi)	niset	[nísɛt]

viagem (f)	udhëtim (m)	[uðətím]
cruzeiro (m)	udhëtim me krocierë (f)	[uðətím mɛ krotsiérə]
rumo (m)	kursi i udhëtimit (m)	[kúrsi i uðətímit]
itinerário (m)	itinerar (m)	[itinɛrár]

canal (m) de navegação	ujëra të lundrueshme (f)	[újəra tə lundrúɛʃmɛ]
banco (m) de areia	cekëtinë (f)	[tsɛkətínə]
encalhar (vt)	bllokohet në rërë	[bɫokóhɛt nə rərə]

tempestade (f)	stuhi (f)	[stuhí]
sinal (m)	sinjal (m)	[siɲál]
afundar-se (vr)	fundoset	[fundósɛt]
Homem ao mar!	Njeri në det!	[ɲɛrí nə dɛt!]
SOS	SOS (m)	[sos]
boia (f) salva-vidas	bovë shpëtuese (f)	[bóvə ʃpətúɛsɛ]

172. Aeroporto

aeroporto (m)	aeroport (m)	[aɛropórt]
avião (m)	avion (m)	[avión]
companhia (f) aérea	kompani ajrore (f)	[kompaní ajrórɛ]
controlador (m) de tráfego aéreo	kontroll i trafikut ajror (m)	[kontróɫ i trafíkut ajrór]

partida (f)	nisje (f)	[nísjɛ]
chegada (f)	arritje (f)	[arítjɛ]
chegar (vi)	arrij me avion	[aríj mɛ avión]

| hora (f) de partida | nisja (f) | [nísja] |
| hora (f) de chegada | arritja (f) | [arítja] |

| estar atrasado | vonesë | [vonésə] |
| atraso (m) de voo | vonesë avioni (f) | [vonésə avióni] |

painel (m) de informação	ekrani i informacioneve (m)	[ɛkráni i informatsiónɛvɛ]
informação (f)	informacion (m)	[informatsión]
anunciar (vt)	njoftoj	[ɲoftój]

voo (m)	fluturim (m)	[fluturím]
alfândega (f)	doganë (f)	[dogánə]
funcionário (m) da alfândega	doganier (m)	[doganiér]

declaração (f) alfandegária	deklarim doganor (m)	[dɛklarím doganór]
preencher (vt)	plotësoj	[plotəsój]
preencher a declaração	plotësoj deklaratën	[plotəsój dɛklarátən]
controle (m) de passaporte	kontroll pasaportash (m)	[kontrót pasapórtaʃ]

bagagem (f)	bagazh (m)	[bagáʒ]
bagagem (f) de mão	bagazh dore (m)	[bagáʒ dórɛ]
carrinho (m)	karrocë bagazhesh (f)	[karótsə bagáʒɛʃ]

pouso (m)	aterrim (m)	[atɛrím]
pista (f) de pouso	pistë aterrimi (f)	[pístə atɛrími]
aterrissar (vi)	aterroj	[atɛrój]
escada (f) de avião	shkallë avioni (f)	[ʃkátə avióni]

check-in (m)	regjistrim (m)	[rɛɟistrím]
balcão (m) do check-in	sportel regjistrimi (m)	[sportél rɛɟistrími]
fazer o check-in	regjistrohem	[rɛɟistróhɛm]
cartão (m) de embarque	biletë e hyrjes (f)	[bilétə ɛ hýrjɛs]
portão (m) de embarque	porta e nisjes (f)	[pórta ɛ nísjɛs]

trânsito (m)	transit (m)	[transít]
esperar (vi, vt)	pres	[prɛs]
sala (f) de espera	salla e nisjes (f)	[sáta ɛ nísjɛs]
despedir-se (acompanhar)	përcjell	[pərtsjét]
despedir-se (dizer adeus)	përshëndetem	[pərʃəndétɛm]

173. Bicicleta. Motocicleta

bicicleta (f)	biçikletë (f)	[bitʃiklétə]
lambreta (f)	skuter (m)	[skutér]
moto (f)	motoçikletë (f)	[mototʃiklétə]

ir de bicicleta	shkoj me biçikletë	[ʃkoj mɛ bitʃiklétə]
guidão (m)	timon (m)	[timón]
pedal (m)	pedale (f)	[pɛdálɛ]
freios (m pl)	frenat (pl)	[frénat]
banco, selim (m)	shalë (f)	[ʃálə]

bomba (f)	pompë (f)	[pómpə]
bagageiro (m) de teto	mbajtëse (f)	[mbájtəsɛ]
lanterna (f)	drita e përparme (f)	[dríta ɛ pərpármɛ]
capacete (m)	helmetë (f)	[hɛlmétə]

roda (f)	rrotë (f)	[rótə]
para-choque (m)	parafango (f)	[parafáŋo]
aro (m)	rreth i jashtëm i rrotës (m)	[rɛθ i jáʃtəm i rótəs]
raio (m)	telat e diskut (m)	[télat ɛ dískut]

Carros

174. Tipos de carros

carro, automóvel (m)	makinë (f)	[makínə]
carro (m) esportivo	makinë sportive (f)	[makínə sportívɛ]
limusine (f)	limuzinë (f)	[limuzínə]
todo o terreno (m)	fuoristradë (f)	[fuoristrádə]
conversível (m)	kabriolet (m)	[kabriolét]
minibus (m)	furgon (m)	[furgón]
ambulância (f)	ambulancë (f)	[ambulántsə]
limpa-neve (m)	borëpastruese (f)	[borəpastrúɛsɛ]
caminhão (m)	kamion (m)	[kamión]
caminhão-tanque (m)	autocisternë (f)	[autotsistérnə]
perua, van (f)	furgon mallrash (m)	[furgón máɬraʃ]
caminhão-trator (m)	kamionçinë (f)	[kamiontʃínə]
reboque (m)	rimorkio (f)	[rimórkio]
confortável (adj)	i rehatshëm	[i rɛhátʃəm]
usado (adj)	i përdorur	[i pərdórur]

175. Carros. Carroçaria

capô (m)	kofano (f)	[kófano]
para-choque (m)	parafango (f)	[parafáŋo]
teto (m)	çati (f)	[tʃatí]
para-brisa (m)	xham i përparmë (m)	[dʒam i pərpármə]
retrovisor (m)	pasqyrë për prapa (f)	[pascýrə pər prápa]
esguicho (m)	larëse xhami (f)	[lárəsɛ dʒámi]
limpadores (m) de para-brisas	fshirëse xhami (f)	[fʃírəsɛ dʒámi]
vidro (m) lateral	xham anësor (m)	[dʒam anəsór]
elevador (m) do vidro	levë xhami (f)	[lévə dʒámi]
antena (f)	antenë (f)	[anténə]
teto (m) solar	çati diellore (f)	[tʃatí diɛɫórɛ]
para-choque (m)	parakolp (m)	[parakólp]
porta-malas (f)	bagazh (m)	[bagáʒ]
bagageira (f)	bagazh mbi çati (m)	[bagáʒ mbi tʃatí]
porta (f)	derë (f)	[dérə]
maçaneta (f)	doreza e derës (m)	[doréza ɛ dérəs]
fechadura (f)	kyç (m)	[kytʃ]
placa (f)	targë makine (f)	[tárgə makínɛ]
silenciador (m)	silenciator (m)	[silɛntsiatór]

tanque (m) de gasolina	serbator (m)	[sɛrbatór]
tubo (m) de exaustão	tub shkarkimi (m)	[tub ʃkarkími]
acelerador (m)	gaz (m)	[gaz]
pedal (m)	këmbëz (f)	[kémbəz]
pedal (m) do acelerador	pedal i gazit (m)	[pɛdál i gázit]
freio (m)	freni (m)	[fréni]
pedal (m) do freio	pedal i frenave (m)	[pɛdál i frénavɛ]
frear (vt)	frenoj	[frɛnój]
freio (m) de mão	freni i dorës (m)	[fréni i dórəs]
embreagem (f)	friksion (m)	[friksión]
pedal (m) da embreagem	pedal i friksionit (m)	[pɛdál i friksiónit]
disco (m) de embreagem	disk i friksionit (m)	[dísk i friksiónit]
amortecedor (m)	amortizator (m)	[amortizatór]
roda (f)	rrotë (f)	[rótə]
pneu (m) estepe	gomë rezervë (f)	[gómə rɛzérvə]
pneu (m)	gomë (f)	[gómə]
calota (f)	mbulesë gome (f)	[mbulésə gómɛ]
rodas (f pl) motrizes	rrota makine (f)	[róta makínɛ]
de tração dianteira	me rrotat e përparme	[mɛ rotat ɛ pərpármɛ]
de tração traseira	me rrotat e pasme	[mɛ rótat ɛ pásmɛ]
de tração às 4 rodas	me të gjitha rrotat	[mɛ tə ɟíθa rótat]
caixa (f) de mudanças	kutia e marsheve (f)	[kutía ɛ márʃɛvɛ]
automático (adj)	automatik	[automatík]
mecânico (adj)	mekanik	[mɛkaník]
alavanca (f) de câmbio	levë e marshit (f)	[lévə ɛ márʃit]
farol (m)	dritë e përparme (f)	[drítə ɛ pərpármɛ]
faróis (m pl)	dritat e përparme (pl)	[drítat ɛ pərpármɛ]
farol (m) baixo	dritat e shkurtra (pl)	[drítat ɛ ʃkúrtra]
farol (m) alto	dritat e gjata (pl)	[drítat ɛ ɟáta]
luzes (f pl) de parada	dritat e frenave (pl)	[drítat ɛ frénavɛ]
luzes (f pl) de posição	dritat për parkim (pl)	[drítat pər parkím]
luzes (f pl) de emergência	sinjal për urgjencë (m)	[siɲál pər urɟéntsə]
faróis (m pl) de neblina	drita mjegulle (pl)	[dríta mjéguɫɛ]
pisca-pisca (m)	sinjali i kthesës (m)	[siɲáli i kθésəs]
luz (f) de marcha ré	dritat e prapme (pl)	[drítat ɛ prápmɛ]

176. Carros. Habitáculo

interior (do carro)	interier (m)	[intɛriér]
de couro	prej lëkure	[prɛj ləkúrɛ]
de veludo	kadife	[kadífɛ]
estofamento (m)	veshje (f)	[véʃjɛ]
indicador (m)	instrument (m)	[instrumént]
painel (m)	panel instrumentesh (m)	[panél instruméntɛʃ]

| velocímetro (m) | matës i shpejtësisë (m) | [mátəs i ʃpɛjtəsísə] |
| ponteiro (m) | shigjetë (f) | [ʃiɟétə] |

hodômetro, odômetro (m)	kilometrazh (m)	[kilomɛtráʒ]
indicador (m)	indikator (m)	[indikatór]
nível (m)	nivel (m)	[nivél]
luz (f) de aviso	dritë paralajmëruese (f)	[drítə paralajmərúɛsɛ]

volante (m)	timon (m)	[timón]
buzina (f)	bori (f)	[borí]
botão (m)	buton (m)	[butón]
interruptor (m)	çelës drite (m)	[tʃéləs drítɛ]

assento (m)	karrige (f)	[karígɛ]
costas (f pl) do assento	shpinore (f)	[ʃpinórɛ]
cabeceira (f)	mbështetësja e kokës (m)	[mbəʃtétəsja ɛ kókəs]
cinto (m) de segurança	rrip i sigurimit (m)	[rip i sigurímit]
apertar o cinto	lidh rripin e sigurimit	[liδ rípin ɛ sigurímit]
ajuste (m)	rregulloj (m)	[rɛguɫój]

| airbag (m) | jastëk ajri (m) | [jastək ájri] |
| ar (m) condicionado | kondicioner (m) | [konditsionér] |

rádio (m)	radio (f)	[rádio]
leitor (m) de CD	disk CD (m)	[dísk tsɛdé]
ligar (vt)	ndez	[ndɛz]
antena (f)	antenë (f)	[anténə]
porta-luvas (m)	kroskot (m)	[kroskót]
cinzeiro (m)	taketuke (f)	[takɛtúkɛ]

177. Carros. Motor

motor (m)	motor (m)	[motór]
a diesel	me naftë	[mɛ náftə]
a gasolina	me benzinë	[mɛ bɛnzínə]

cilindrada (f)	vëllim i motorit (m)	[vəɫím i motórit]
potência (f)	fuqi (f)	[fucí]
cavalo (m) de potência	kuaj-fuqi (f)	[kúaj-fucí]
pistão (m)	piston (m)	[pistón]
cilindro (m)	cilindër (m)	[tsilíndər]
válvula (f)	valvulë (f)	[valvúlə]

injetor (m)	injektor (m)	[iɲɛktór]
gerador (m)	gjenerator (m)	[ɟɛnɛratór]
carburador (m)	karburator (m)	[karburatór]
óleo (m) de motor	vaj i motorit (m)	[vaj i motórit]

radiador (m)	radiator (m)	[radiatór]
líquido (m) de arrefecimento	antifriz (m)	[antifríz]
ventilador (m)	ventilator (m)	[vɛntilatór]

| bateria (f) | bateri (f) | [batɛrí] |
| dispositivo (m) de arranque | motorino (f) | [motoríno] |

ignição (f)	kuadër ndezës (m)	[kuádər ndézəs]
vela (f) de ignição	kandelë (f)	[kandélə]
terminal (m)	morseta e baterisë (f)	[morséta ɛ batɛrísə]
terminal (m) positivo	kahu pozitiv (m)	[káhu pózitiv]
terminal (m) negativo	kahu negativ (m)	[káhu négativ]
fusível (m)	siguresë (f)	[sigurésə]
filtro (m) de ar	filtri i ajrit (m)	[fíltri i ájrit]
filtro (m) de óleo	filtri i vajit (m)	[fíltri i vájit]
filtro (m) de combustível	filtri i karburantit (m)	[fíltri i karburántit]

178. Carros. Batidas. Reparação

acidente (m) de carro	aksident (m)	[aksidént]
acidente (m) rodoviário	aksident rrugor (m)	[aksidént rúgor]
bater (~ num muro)	përplasem në mur	[pərplásɛm nə mur]
sofrer um acidente	aksident i rëndë	[aksidént i rəndə]
dano (m)	dëm (m)	[dəm]
intato	pa dëmtime	[pa dəmtímɛ]
pane (f)	avari (f)	[avarí]
avariar (vi)	prishet	[príʃɛt]
cabo (m) de reboque	kabllo rimorkimi (f)	[kábɫo rimorkími]
furo (m)	shpim (m)	[ʃpim]
estar furado	shpohet	[ʃpóhɛt]
encher (vt)	fryj	[fryj]
pressão (f)	presion (m)	[prɛsión]
verificar (vt)	kontrolloj	[kontroɫój]
reparo (m)	riparim (m)	[riparím]
oficina (f) automotiva	auto servis (m)	[áuto sɛrvís]
peça (f) de reposição	pjesë këmbimi (f)	[pjésə kəmbími]
peça (f)	pjesë (f)	[pjésə]
parafuso (com porca)	bulona (f)	[bulóna]
parafuso (m)	vida (f)	[vída]
porca (f)	dado (f)	[dádo]
arruela (f)	rondelë (f)	[rondélə]
rolamento (m)	kushineta (f)	[kuʃinéta]
tubo (m)	tub (m)	[tub]
junta, gaxeta (f)	rondelë (f)	[rondélə]
fio, cabo (m)	kabllo (f)	[kábɫo]
macaco (m)	krik (m)	[krik]
chave (f) de boca	çelës (m)	[tʃéləs]
martelo (m)	çekiç (m)	[tʃɛkítʃ]
bomba (f)	pompë (f)	[pómpə]
chave (f) de fenda	kaçavidë (f)	[katʃavídə]
extintor (m)	bombolë kundër zjarrit (f)	[bombólə kúndər zjárit]
triângulo (m) de emergência	trekëndësh paralajmërues (m)	[trékəndəʃ paralajmərúɛs]

morrer (motor)	**fiket**	[fíkɛt]
paragem, "morte" (f)	**fikje** (f)	[fíkjɛ]
estar quebrado	**prishet**	[príʃɛt]

superaquecer-se (vr)	**nxehet**	[ndzéhɛt]
entupir-se (vr)	**bllokohet**	[błokóhɛt]
congelar-se (vr)	**ngrihet**	[ŋríhɛt]
rebentar (vi)	**plas tubi**	[plas túbi]

pressão (f)	**presion** (m)	[prɛsión]
nível (m)	**nivel** (m)	[nivél]
frouxo (adj)	**i lirshëm**	[i lírʃəm]

batida (f)	**shtypje** (f)	[ʃtýpjɛ]
ruído (m)	**zhurmë motori** (f)	[ʒúrmə motóri]
fissura (f)	**çarje** (f)	[tʃárjɛ]
arranhão (m)	**gërvishtje** (f)	[gərvíʃtjɛ]

179. Carros. Estrada

estrada (f)	**rrugë** (f)	[rúgə]
autoestrada (f)	**autostradë** (f)	[autostrádə]
rodovia (f)	**autostradë** (f)	[autostrádə]
direção (f)	**drejtim** (m)	[drɛjtím]
distância (f)	**largësi** (f)	[largəsí]

ponte (f)	**urë** (f)	[úrə]
parque (m) de estacionamento	**parking** (m)	[parkíŋ]
praça (f)	**shesh** (m)	[ʃɛʃ]
nó (m) rodoviário	**kryqëzim rrugësh** (m)	[krycəzím rúgəʃ]
túnel (m)	**tunel** (m)	[tunél]

posto (m) de gasolina	**pikë karburanti** (f)	[píkə karburánti]
parque (m) de estacionamento	**parking** (m)	[parkíŋ]
bomba (f) de gasolina	**pompë karburanti** (f)	[pómpə karburánti]
oficina (f) automotiva	**auto servis** (m)	[áuto sɛrvís]
abastecer (vt)	**furnizohem me gaz**	[furnizóhɛm mɛ gáz]
combustível (m)	**karburant** (m)	[karburánt]
galão (m) de gasolina	**bidon** (m)	[bidón]

asfalto (m)	**asfalt** (m)	[asfált]
marcação (f) de estradas	**vijëzime të rrugës** (pl)	[vijəzímɛ tə rúgəs]
meio-fio (m)	**bordurë** (f)	[bordúrə]
guard-rail (m)	**parmakë të sigurisë** (pl)	[parmákə tə sigurísə]
valeta (f)	**kanal** (m)	[kanál]
acostamento (m)	**shpatull rrugore** (f)	[ʃpátuł rugórɛ]
poste (m) de luz	**shtyllë dritash** (f)	[ʃtýłə drítaʃ]

dirigir (vt)	**ngas**	[ŋas]
virar (~ para a direita)	**kthej**	[kθɛj]
dar retorno	**marr kthesë U**	[mar kθésə u]
ré (f)	**marsh prapa** (m)	[marʃ prápa]
buzinar (vi)	**i bie borisë**	[i bíɛ borísə]
buzina (f)	**tyt** (m)	[tyt]

atolar-se (vr)	ngec në baltë	[nɛts nə báltə]
patinar (na lama)	xhiroj gomat	[dʒirój gómat]
desligar (vt)	fik	[fik]

velocidade (f)	shpejtësi (f)	[ʃpɛjtəsí]
exceder a velocidade	kaloj minimumin e shpejtësisë	[kalój minimúmin ɛ ʃpɛjtəsísə]
multar (vt)	vë gjobë	[və ɉóbə]
semáforo (m)	semafor (m)	[sɛmafór]
carteira (f) de motorista	patentë shoferi (f)	[paténtə ʃoféri]

passagem (f) de nível	kalim hekurudhor (m)	[kalím hɛkuruðór]
cruzamento (m)	kryqëzim (m)	[krycəzím]
faixa (f)	kalim për këmbësorë (m)	[kalím pər kəmbəsórə]
curva (f)	kthesë (f)	[kθésə]
zona (f) de pedestres	zonë këmbësorësh (f)	[zónə kəmbəsórəʃ]

180. Sinais de trânsito

código (m) de trânsito	rregullat e trafikut rrugor (pl)	[réguɬat ɛ trafíkut rugór]
sinal (m) de trânsito	shenjë trafiku (f)	[ʃéɲə trafíku]
ultrapassagem (f)	tejkalim	[tɛjkalím]
curva (f)	kthesë	[kθésə]
retorno (m)	kthesë U	[kθésə u]
rotatória (f)	rrethrrotullim	[rɛθrotuɬím]

sentido proibido	Ndalohet hyrja	[ndalóhɛt hýrja]
trânsito proibido	Ndalohen automjetet	[ndalóhɛn automjétɛt]
proibido de ultrapassar	Ndalohet tejkalimi	[ndalóhɛt tɛjkalími]
estacionamento proibido	Ndalohet parkimi	[ndalóhɛt parkími]
paragem proibida	Ndalohet qëndrimi	[ndalóhɛt cəndrími]

curva (f) perigosa	kthesë e rrezikshme	[kθésə ɛ rɛzíkʃmɛ]
descida (f) perigosa	pjerrësi e fortë	[pjerrəsí ɛ fórtə]
trânsito de sentido único	rrugë me një drejtim	[rúgə mɛ ɲə drɛjtím]
faixa (f)	kalim për këmbësorë (m)	[kalím pər kəmbəsórə]
pavimento (m) escorregadio	rrugë e rrëshqitshme	[rúgə ɛ rəʃcítʃmɛ]
conceder passagem	HAP UDHËN	[hap úðən]

PESSOAS. EVENTOS

Eventos

181. Férias. Evento

festa (f)	festë (f)	[féstə]
feriado (m) nacional	festë kombëtare (f)	[féstə kombətárɛ]
feriado (m)	festë publike (f)	[féstə publíkɛ]
festejar (vt)	festoj	[fɛstój]

evento (festa, etc.)	ceremoni (f)	[tsɛrɛmoní]
evento (banquete, etc.)	eveniment (m)	[ɛvɛnimént]
banquete (m)	banket (m)	[bankét]
recepção (f)	pritje (f)	[prítjɛ]
festim (m)	aheng (m)	[ahéŋ]

aniversário (m)	përvjetor (m)	[pərvjɛtór]
jubileu (m)	jubile (m)	[jubilé]
celebrar (vt)	festoj	[fɛstój]

Ano (m) Novo	Viti i Ri (m)	[víti i rí]
Feliz Ano Novo!	Gëzuar Vitin e Ri!	[gəzúar vítin ɛ rí!]
Papai Noel (m)	Santa Klaus (m)	[sánta kláus]

Natal (m)	Krishtlindje (f)	[kriʃtlíndjɛ]
Feliz Natal!	Gëzuar Krishtlindjen!	[gəzúar kriʃtlíndjɛn!]
árvore (f) de Natal	péma e Krishtlindjes (f)	[péma ɛ kriʃtlíndjɛs]
fogos (m pl) de artifício	fishekzjarrë (m)	[fiʃɛkzjárə]

casamento (m)	dasmë (f)	[dásmə]
noivo (m)	dhëndër (m)	[ðéndər]
noiva (f)	nuse (f)	[núsɛ]

| convidar (vt) | ftoj | [ftoj] |
| convite (m) | ftesë (f) | [ftésə] |

convidado (m)	mysafir (m)	[mysafír]
visitar (vt)	vizitoj	[vizitój]
receber os convidados	takoj të ftuarit	[takój tə ftúarit]

presente (m)	dhuratë (f)	[ðurátə]
oferecer, dar (vt)	dhuroj	[ðurój]
receber presentes	marr dhurata	[mar ðuráta]
buquê (m) de flores	buqetë (f)	[bucétə]

felicitações (f pl)	urime (f)	[urímɛ]
felicitar (vt)	përgëzoj	[pərgəzój]
cartão (m) de parabéns	kartolinë (f)	[kartolínə]

161

enviar um cartão postal	**dërgoj kartolinë**	[dərgój kartolínə]
receber um cartão postal	**marr kartolinë**	[mar kartolínə]

brinde (m)	**dolli** (f)	[dołí]
oferecer (vt)	**qeras**	[cɛrás]
champanhe (m)	**shampanjë** (f)	[ʃampáɲə]

divertir-se (vr)	**kënaqem**	[kənácɛm]
diversão (f)	**gëzim** (m)	[gəzím]
alegria (f)	**gëzim** (m)	[gəzím]

dança (f)	**vallëzim** (m)	[vałəzím]
dançar (vi)	**vallëzoj**	[vałəzój]

valsa (f)	**vals** (m)	[vals]
tango (m)	**tango** (f)	[táŋo]

182. Funerais. Enterro

cemitério (m)	**varreza** (f)	[varéza]
sepultura (f), túmulo (m)	**varr** (m)	[var]
cruz (f)	**kryq** (m)	[kryc]
lápide (f)	**gur varri** (m)	[gur vári]
cerca (f)	**gardh** (m)	[garð]
capela (f)	**kishëz** (m)	[kíʃəz]

morte (f)	**vdekje** (f)	[vdékjɛ]
morrer (vi)	**vdes**	[vdɛs]
defunto (m)	**i vdekuri** (m)	[i vdékuri]
luto (m)	**zi** (f)	[zi]

enterrar, sepultar (vt)	**varros**	[varós]
funerária (f)	**agjenci funeralesh** (f)	[aɟɛntsí funɛrálɛʃ]
funeral (m)	**funeral** (m)	[funɛrál]

coroa (f) de flores	**kurorë** (f)	[kurórə]
caixão (m)	**arkivol** (m)	[arkivól]
carro (m) funerário	**makinë funebre** (f)	[makínə funébrɛ]
mortalha (f)	**qefin** (m)	[cɛfín]

procissão (f) funerária	**kortezh** (m)	[kortéʒ]
urna (f) funerária	**urnë** (f)	[úrnə]
crematório (m)	**kremator** (m)	[krɛmatór]

obituário (m), necrologia (f)	**përkujtim** (m)	[pərkujtím]
chorar (vi)	**qaj**	[caj]
soluçar (vi)	**qaj me dënesë**	[caj mɛ dənésə]

183. Guerra. Soldados

pelotão (m)	**togë** (f)	[tógə]
companhia (f)	**kompani** (f)	[kompaní]

regimento (m)	regjiment (m)	[rɛɟimént]
exército (m)	ushtri (f)	[uʃtrí]
divisão (f)	divizion (m)	[divizión]

| esquadrão (m) | skuadër (f) | [skuádǝr] |
| hoste (f) | armatë (f) | [armátǝ] |

| soldado (m) | ushtar (m) | [uʃtár] |
| oficial (m) | oficer (m) | [ofitsér] |

soldado (m) raso	ushtar (m)	[uʃtár]
sargento (m)	rreshter (m)	[rɛʃtér]
tenente (m)	toger (m)	[togér]
capitão (m)	kapiten (m)	[kapitén]
major (m)	major (m)	[majór]
coronel (m)	kolonel (m)	[kolonél]
general (m)	gjeneral (m)	[ɟɛnɛrál]

marujo (m)	marinar (m)	[marinár]
capitão (m)	kapiten (m)	[kapitén]
contramestre (m)	kryemarinar (m)	[kryɛmarinár]

artilheiro (m)	artiljer (m)	[artiljér]
soldado (m) paraquedista	parashutist (m)	[paraʃutíst]
piloto (m)	pilot (m)	[pilót]
navegador (m)	navigues (m)	[navigúɛs]
mecânico (m)	mekanik (m)	[mɛkaník]

sapador-mineiro (m)	xhenier (m)	[dʒɛniér]
paraquedista (m)	parashutist (m)	[paraʃutíst]
explorador (m)	agjent zbulimi (m)	[aɟént zbulími]
atirador (m) de tocaia	snajper (m)	[snajpér]

patrulha (f)	patrullë (f)	[patrúɫǝ]
patrulhar (vt)	patrulloj	[patruɫój]
sentinela (f)	rojë (f)	[rójǝ]

| guerreiro (m) | luftëtar (m) | [luftǝtár] |
| patriota (m) | patriot (m) | [patriót] |

| herói (m) | hero (m) | [hɛró] |
| heroína (f) | heroinë (f) | [hɛroínǝ] |

| traidor (m) | tradhtar (m) | [traðtár] |
| trair (vt) | tradhtoj | [traðtój] |

| desertor (m) | dezertues (m) | [dɛzɛrtúɛs] |
| desertar (vt) | dezertoj | [dɛzɛrtój] |

mercenário (m)	mercenar (m)	[mɛrtsɛnár]
recruta (m)	rekrut (m)	[rɛkrút]
voluntário (m)	vullnetar (m)	[vuɫnɛtár]

morto (m)	vdekur (m)	[vdékur]
ferido (m)	i plagosur (m)	[i plagósur]
prisioneiro (m) de guerra	rob lufte (m)	[rob lúftɛ]

184. Guerra. Ações militares. Parte 1

guerra (f)	luftë (f)	[lúftə]
guerrear (vt)	në luftë	[nə lúftə]
guerra (f) civil	luftë civile (f)	[lúftə tsivílɛ]
perfidamente	pabesisht	[pabɛsíʃt]
declaração (f) de guerra	shpallje lufte (f)	[ʃpáɬjɛ lúftɛ]
declarar guerra	shpall	[ʃpaɬ]
agressão (f)	agresion (m)	[agrɛsión]
atacar (vt)	sulmoj	[sulmój]
invadir (vt)	pushtoj	[puʃtój]
invasor (m)	pushtues (m)	[puʃtúɛs]
conquistador (m)	pushtues (m)	[puʃtúɛs]
defesa (f)	mbrojtje (f)	[mbrójtjɛ]
defender (vt)	mbroj	[mbrój]
defender-se (vr)	mbrohem	[mbróhɛm]
inimigo (m)	armik (m)	[armík]
adversário (m)	kundërshtar (m)	[kundərʃtár]
inimigo (adj)	armike	[armíkɛ]
estratégia (f)	strategji (f)	[stratɛɟí]
tática (f)	taktikë (f)	[taktíkə]
ordem (f)	urdhër (m)	[úrðər]
comando (m)	komandë (f)	[komándə]
ordenar (vt)	urdhëroj	[urðərój]
missão (f)	mision (m)	[misión]
secreto (adj)	sekret	[sɛkrét]
batalha (f)	betejë (f)	[bɛtéjə]
combate (m)	luftim (m)	[luftím]
ataque (m)	sulm (m)	[sulm]
assalto (m)	sulm (m)	[sulm]
assaltar (vt)	sulmoj	[sulmój]
assédio, sítio (m)	nën rrethim (m)	[nən rɛθím]
ofensiva (f)	sulm (m)	[sulm]
tomar à ofensiva	kaloj në sulm	[kalój nə súlm]
retirada (f)	tërheqje (f)	[tərhécjɛ]
retirar-se (vr)	tërhiqem	[tərhícɛm]
cerco (m)	rrethim (m)	[rɛθím]
cercar (vt)	rrethoj	[rɛθój]
bombardeio (m)	bombardim (m)	[bombardím]
lançar uma bomba	hedh bombë	[hɛð bómbə]
bombardear (vt)	bombardoj	[bombardój]
explosão (f)	shpërthim (m)	[ʃpərθím]
tiro (m)	e shtënë (f)	[ɛ ʃténə]

| dar um tiro | qëlloj | [cəłój] |
| tiroteio (m) | të shtëna (pl) | [tə ʃténa] |

apontar para ...	vë në shënjestër	[və nə ʃəŋéstər]
apontar (vt)	drejtoj armën	[drɛjtój ármən]
acertar (vt)	qëlloj	[cəłój]

afundar (~ um navio, etc.)	fundos	[fundós]
brecha (f)	vrimë (f)	[vrímə]
afundar-se (vr)	fundoset	[fundósɛt]

frente (m)	front (m)	[front]
evacuação (f)	evakuim (m)	[ɛvakuím]
evacuar (vt)	evakuoj	[ɛvakuój]

trincheira (f)	llogore (f)	[łogórɛ]
arame (m) enfarpado	tel me gjemba (m)	[tɛl mɛ ɟémba]
barreira (f) anti-tanque	pengesë (f)	[pɛŋésə]
torre (f) de vigia	kullë vrojtuese (f)	[kúłə vrojtúɛsɛ]

hospital (m) militar	spital ushtarak (m)	[spitál uʃtarák]
ferir (vt)	plagos	[plagós]
ferida (f)	plagë (f)	[plágə]
ferido (m)	i plagosur (m)	[i plagósur]
ficar ferido	jam i plagosur	[jam i plagósur]
grave (ferida ~)	rëndë	[rə́ndə]

185. Guerra. Ações militares. Parte 2

cativeiro (m)	burgosje (f)	[burgósjɛ]
capturar (vt)	zë rob	[zə rob]
estar em cativeiro	mbahem rob	[mbáhɛm rób]
ser aprisionado	zihem rob	[zíhɛm rob]

campo (m) de concentração	kamp përqendrimi (m)	[kamp pərcɛndrími]
prisioneiro (m) de guerra	rob lufte (m)	[rob lúftɛ]
escapar (vi)	arratisem	[aratísɛm]

trair (vt)	tradhtoj	[traðtój]
traidor (m)	tradhtar (m)	[traðtár]
traição (f)	tradhti (f)	[traðtí]

| fuzilar, executar (vt) | ekzekutoj | [ɛkzɛkutój] |
| fuzilamento (m) | ekzekutim (m) | [ɛkzɛkutím] |

equipamento (m)	armatim (m)	[armatím]
insígnia (f) de ombro	spaletë (f)	[spalétə]
máscara (f) de gás	maskë antigaz (f)	[máskə antigáz]

rádio (m)	radiomarrëse (f)	[radiomárəsɛ]
cifra (f), código (m)	kod sekret (m)	[kód sɛkrét]
conspiração (f)	komplot (m)	[komplót]
senha (f)	fjalëkalim (m)	[fjaləkalím]
mina (f)	minë tokësore (f)	[mínə tokəsórɛ]

| minar (vt) | minoj | [minój] |
| campo (m) minado | fushë e minuar (f) | [fúʃə ɛ minúar] |

alarme (m) aéreo	alarm sulmi ajror (m)	[alárm súlmi ajrór]
alarme (m)	alarm (m)	[alárm]
sinal (m)	sinjal (m)	[siɲál]
sinalizador (m)	sinjalizues (m)	[siɲalizúɛs]

quartel-general (m)	selia qendrore (f)	[sɛlía cɛndrórɛ]
reconhecimento (m)	zbulim (m)	[zbulím]
situação (f)	gjendje (f)	[ɉéndjɛ]
relatório (m)	raport (m)	[rapórt]
emboscada (f)	pritë (f)	[prítə]
reforço (m)	përforcim (m)	[pərfortsím]

alvo (m)	shënjestër (f)	[ʃəɲéstər]
campo (m) de tiro	poligon (m)	[poligón]
manobras (f pl)	manovra ushtarake (f)	[manóvra uʃtarákɛ]

pânico (m)	panik (m)	[paník]
devastação (f)	shkatërrim (m)	[ʃkatərím]
ruínas (f pl)	gërmadha (pl)	[gərmáða]
destruir (vt)	shkatërroj	[ʃkatərój]

sobreviver (vi)	mbijetoj	[mbijɛtój]
desarmar (vt)	çarmatos	[tʃarmatós]
manusear (vt)	manovroj	[manovrój]

| Sentido! | Gatitu! | [gatitú!] |
| Descansar! | Qetësohu! | [cɛtəsóhu!] |

façanha (f)	akt heroik (m)	[ákt hɛroík]
juramento (m)	betim (m)	[bɛtím]
jurar (vi)	betohem	[bɛtóhɛm]

condecoração (f)	dekoratë (f)	[dɛkorátə]
condecorar (vt)	dekoroj	[dɛkorój]
medalha (f)	medalje (f)	[mɛdáljɛ]
ordem (f)	urdhër medalje (m)	[úrðər mɛdáljɛ]

vitória (f)	fitore (f)	[fitórɛ]
derrota (f)	humbje (f)	[húmbjɛ]
armistício (m)	armëpushim (m)	[armɛpuʃím]

bandeira (f)	flamur beteje (m)	[flamúr bɛtéjɛ]
glória (f)	famë (f)	[fámə]
parada (f)	paradë (f)	[parádə]
marchar (vi)	marshoj	[marʃój]

186. Armas

arma (f)	armë (f)	[ármə]
arma (f) de fogo	armë zjarri (f)	[ármə zjári]
arma (f) branca	armë të ftohta (pl)	[ármə tə ftóhta]

arma (f) química	armë kimike (f)	[ármə kimíkɛ]
nuclear (adj)	nukleare	[nuklɛárɛ]
arma (f) nuclear	armë nukleare (f)	[ármə nuklɛárɛ]

| bomba (f) | bombë (f) | [bómbə] |
| bomba (f) atômica | bombë atomike (f) | [bómbə atomíkɛ] |

pistola (f)	pistoletë (f)	[pistolétə]
rifle (m)	pushkë (f)	[púʃkə]
semi-automática (f)	mitraloz (m)	[mitralóz]
metralhadora (f)	mitraloz (m)	[mitralóz]

boca (f)	grykë (f)	[grýkə]
cano (m)	tytë pushke (f)	[týtə púʃkɛ]
calibre (m)	kalibër (m)	[kalíbər]

gatilho (m)	këmbëz (f)	[kémbəz]
mira (f)	shënjestër (f)	[ʃəɲéstər]
carregador (m)	karikator (m)	[karikatór]
coronha (f)	qytë (f)	[cýtə]

| granada (f) de mão | bombë dore (f) | [bómbə dórɛ] |
| explosivo (m) | eksploziv (m) | [ɛksplozív] |

bala (f)	plumb (m)	[plúmb]
cartucho (m)	fishek (m)	[fiʃék]
carga (f)	karikim (m)	[karikím]
munições (f pl)	municion (m)	[munitsión]

bombardeiro (m)	avion bombardues (m)	[avión bombardúɛs]
avião (m) de caça	avion luftarak (m)	[avión luftarák]
helicóptero (m)	helikopter (m)	[hɛlikoptér]

canhão (m) antiaéreo	armë anti-ajrore (f)	[ármə ánti-ajrórɛ]
tanque (m)	tank (m)	[tank]
canhão (de um tanque)	top tanku (m)	[top tánku]

artilharia (f)	artileri (f)	[artilɛrí]
canhão (m)	top (m)	[top]
fazer a pontaria	vë në shënjestër	[və nə ʃəɲéstər]

projétil (m)	mortajë (f)	[mortájə]
granada (f) de morteiro	bombë mortaje (f)	[bómbə mortájɛ]
morteiro (m)	mortajë (f)	[mortájə]
estilhaço (m)	copëz mortaje (f)	[tsópəz mortájɛ]

submarino (m)	nëndetëse (f)	[nəndétəsɛ]
torpedo (m)	silurë (f)	[silúrə]
míssil (m)	raketë (f)	[rakétə]

carregar (uma arma)	mbush	[mbúʃ]
disparar, atirar (vi)	qëlloj	[cəłój]
apontar para ...	drejtoj	[drɛjtój]
baioneta (f)	bajonetë (f)	[bajonétə]
espada (f)	shpatë (f)	[ʃpátə]
sabre (m)	shpatë (f)	[ʃpátə]

lança (f)	shtizë (f)	[ʃtízə]
arco (m)	hark (m)	[hárk]
flecha (f)	shigjetë (f)	[ʃɟétə]
mosquete (m)	musketë (f)	[muskétə]
besta (f)	pushkë-shigjetë (f)	[púʃkə-ʃɟétə]

187. Povos da antiguidade

primitivo (adj)	prehistorik	[prɛhistorík]
pré-histórico (adj)	prehistorike	[prɛhistoríkɛ]
antigo (adj)	i lashtë	[i láʃtə]

Idade (f) da Pedra	Epoka e Gurit (f)	[ɛpóka ɛ gúrit]
Idade (f) do Bronze	Epoka e Bronzit (f)	[ɛpóka ɛ brónzit]
Era (f) do Gelo	Epoka e akullit (f)	[ɛpóka ɛ ákuɫit]

tribo (f)	klan (m)	[klan]
canibal (m)	kanibal (m)	[kanibál]
caçador (m)	gjahtar (m)	[ɟahtár]
caçar (vi)	dal për gjah	[dál pər ɟáh]
mamute (m)	mamut (m)	[mamút]

caverna (f)	shpellë (f)	[ʃpéɫə]
fogo (m)	zjarr (m)	[zjar]
fogueira (f)	zjarr kampingu (m)	[zjar kampíŋu]
pintura (f) rupestre	vizatim në shpella (m)	[vizatím nə ʃpéɫa]

ferramenta (f)	vegël (f)	[végəl]
lança (f)	shtizë (f)	[ʃtízə]
machado (m) de pedra	sëpatë guri (f)	[səpátə gúri]

| guerrear (vt) | në luftë | [nə lúftə] |
| domesticar (vt) | zbus | [zbus] |

| ídolo (m) | idhull (m) | [íðuɫ] |
| adorar, venerar (vt) | adhuroj | [aðurój] |

| superstição (f) | besëtytni (f) | [bɛsətytní] |
| ritual (m) | rit (m) | [rit] |

| evolução (f) | evolucion (m) | [ɛvolutsión] |
| desenvolvimento (m) | zhvillim (m) | [ʒviɫím] |

| extinção (f) | zhdukje (f) | [ʒdúkjɛ] |
| adaptar-se (vr) | përshtatem | [pərʃtátɛm] |

arqueologia (f)	arkeologji (f)	[arkɛoloɟí]
arqueólogo (m)	arkeolog (m)	[arkɛológ]
arqueológico (adj)	arkeologjike	[arkɛoloɟíkɛ]

escavação (sítio)	vendi i gërmimeve (m)	[véndi i gərmímɛvɛ]
escavações (f pl)	gërmime (pl)	[gərmímɛ]
achado (m)	zbulim (m)	[zbulím]
fragmento (m)	fragment (m)	[fragmént]

188. Idade média

povo (m)	popull (f)	[pópuł]
povos (m pl)	popuj (pl)	[pópuj]
tribo (f)	klan (m)	[klan]
tribos (f pl)	klane (pl)	[kláne]

bárbaros (pl)	barbarë (pl)	[barbárə]
galeses (pl)	Galët (pl)	[gálət]
godos (pl)	Gotët (pl)	[gótət]
eslavos (pl)	Sllavët (pl)	[słávət]
viquingues (pl)	Vikingët (pl)	[vikíŋət]

| romanos (pl) | Romakët (pl) | [romákət] |
| romano (adj) | romak | [romák] |

bizantinos (pl)	Bizantinët (pl)	[bizantínət]
Bizâncio	Bizanti (m)	[bizánti]
bizantino (adj)	bizantine	[bizantínɛ]

imperador (m)	perandor (m)	[pɛrandór]
líder (m)	prijës (m)	[príjəs]
poderoso (adj)	i fuqishëm	[i fucíʃəm]
rei (m)	mbret (m)	[mbrét]
governante (m)	sundimtar (m)	[sundimtár]

cavaleiro (m)	kalorës (m)	[kalórəs]
senhor feudal (m)	lord feudal (m)	[lórd fɛudál]
feudal (adj)	feudal	[fɛudál]
vassalo (m)	vasal (m)	[vasál]

duque (m)	dukë (f)	[dúkə]
conde (m)	kont (m)	[kont]
barão (m)	baron (m)	[barón]
bispo (m)	peshkop (m)	[pɛʃkóp]

armadura (f)	parzmore (f)	[parzmórɛ]
escudo (m)	mburojë (f)	[mburójə]
espada (f)	shpatë (f)	[ʃpátə]
viseira (f)	ballnik (m)	[bałník]
cota (f) de malha	thurak (m)	[θurák]

| cruzada (f) | Kryqëzata (f) | [krycəzáta] |
| cruzado (m) | kryqtar (m) | [kryctár] |

território (m)	territor (m)	[tɛritór]
atacar (vt)	sulmoj	[sulmój]
conquistar (vt)	mposht	[mpóʃt]
ocupar, invadir (vt)	pushtoj	[puʃtój]

assédio, sítio (m)	nën rrethim (m)	[nən rɛθím]
sitiado (adj)	i rrethuar	[i rɛθúar]
assediar, sitiar (vt)	rrethoj	[rɛθój]
inquisição (f)	inkuizicion (m)	[inkuizitsión]
inquisidor (m)	inkuizitor (m)	[inkuizitór]

tortura (f)	torturë (f)	[tortúrə]
cruel (adj)	mizor	[mizór]
herege (m)	heretik (m)	[hɛrɛtík]
heresia (f)	herezi (f)	[hɛrɛzí]

navegação (f) marítima	lundrim (m)	[lundrím]
pirata (m)	pirat (m)	[pirát]
pirataria (f)	pirateri (f)	[piratɛrí]
abordagem (f)	sulm me anije (m)	[sulm mɛ aníjɛ]
presa (f), butim (m)	plaçkë (f)	[plátʃkə]
tesouros (m pl)	thesare (pl)	[θɛsárɛ]

descobrimento (m)	zbulim (m)	[zbulím]
descobrir (novas terras)	zbuloj	[zbulój]
expedição (f)	ekspeditë (f)	[ɛkspɛdítə]

mosqueteiro (m)	musketar (m)	[muskɛtár]
cardeal (m)	kardinal (m)	[kardinál]
heráldica (f)	heraldikë (f)	[hɛraldíkə]
heráldico (adj)	heraldik	[hɛraldík]

189. Líder. Chefe. Autoridades

rei (m)	mbret (m)	[mbrét]
rainha (f)	mbretëreshë (f)	[mbrɛtəréʃə]
real (adj)	mbretërore	[mbrɛtərórɛ]
reino (m)	mbretëri (f)	[mbrɛtərí]

príncipe (m)	princ (m)	[prints]
princesa (f)	princeshë (f)	[printséʃə]

presidente (m)	president (m)	[prɛsidént]
vice-presidente (m)	zëvendës president (m)	[zəvéndəs prɛsidént]
senador (m)	senator (m)	[sɛnatór]

monarca (m)	monark (m)	[monárk]
governante (m)	sundimtar (m)	[sundimtár]
ditador (m)	diktator (m)	[diktatór]
tirano (m)	tiran (m)	[tirán]
magnata (m)	manjat (m)	[maɲát]

diretor (m)	drejtor (m)	[drɛjtór]
chefe (m)	udhëheqës (m)	[uðəhécəs]
gerente (m)	drejtor (m)	[drɛjtór]
patrão (m)	bos (m)	[bos]
dono (m)	pronar (m)	[pronár]

líder (m)	lider (m)	[lidér]
chefe (m)	kryetar (m)	[kryɛtár]
autoridades (f pl)	autoritetet (pl)	[autoritétɛt]
superiores (m pl)	eprorët (pl)	[ɛprórət]

governador (m)	guvernator (m)	[guvɛrnatór]
cônsul (m)	konsull (m)	[kónsuɫ]

diplomata (m)	diplomat (m)	[diplomát]
Presidente (m) da Câmara	kryetar komune (m)	[kryɛtár komúnɛ]
xerife (m)	sherif (m)	[ʃɛríf]

imperador (m)	perandor (m)	[pɛrandór]
czar (m)	car (m)	[tsár]
faraó (m)	faraon (m)	[faraón]
cã, khan (m)	khan (m)	[khán]

190. Estrada. Caminho. Direções

| estrada (f) | rrugë (f) | [rúgə] |
| via (f) | drejtim (m) | [drɛjtím] |

rodovia (f)	autostradë (f)	[autostrádə]
autoestrada (f)	autostradë (f)	[autostrádə]
estrada (f) nacional	rrugë nacionale (f)	[rúgə natsionálɛ]

| estrada (f) principal | rrugë kryesore (f) | [rúgə kryɛsórɛ] |
| estrada (f) de terra | rrugë fushe (f) | [rúgə fúʃɛ] |

| trilha (f) | shteg (m) | [ʃtɛg] |
| pequena trilha (f) | shteg (m) | [ʃtɛg] |

Onde?	Ku?	[ku?]
Para onde?	Për ku?	[pər ku?]
De onde?	Nga ku?	[ŋa ku?]

| direção (f) | drejtim (m) | [drɛjtím] |
| indicar (~ o caminho) | tregoj | [trɛgój] |

para a esquerda	në të majtë	[nə tə májtə]
para a direita	në të djathtë	[nə tə djáθtə]
em frente	drejt	[dréjt]
para trás	pas	[pas]

curva (f)	kthesë (f)	[kθésə]
virar (~ para a direita)	kthej	[kθɛj]
dar retorno	marr kthesë U	[mar kθésə u]

| estar visível | të dukshme | [tə dúkʃmɛ] |
| aparecer (vi) | shfaq | [ʃfac] |

paragem (pausa)	ndalesë (f)	[ndalésə]
descansar (vi)	pushoj	[puʃój]
descanso, repouso (m)	pushim (m)	[puʃím]

perder-se (vr)	humb rrugën	[húmb rúgən]
conduzir a ... (caminho)	të çon	[tə tʃon]
chegar a ...	dal	[dal]
trecho (m)	copëz (m)	[tsópəz]

| asfalto (m) | asfalt (m) | [asfált] |
| meio-fio (m) | bordurë (f) | [bordúrə] |

valeta (f)	kanal (m)	[kanál]
tampa (f) de esgoto	pusetë (f)	[pusétə]
acostamento (m)	shpatull rrugore (f)	[ʃpátuɫ rugórɛ]
buraco (m)	gropë (f)	[grópə]

ir (a pé)	ec në këmbë	[ɛts nə kémbə]
ultrapassar (vt)	tejkaloj	[tɛjkalój]

passo (m)	hap (m)	[hap]
a pé	në këmbë	[nə kémbə]

bloquear (vt)	bllokoj	[bɫokój]
cancela (f)	postbllok (m)	[postbɫók]
beco (m) sem saída	rrugë pa krye (f)	[rúgə pa krýɛ]

191. Violação da lei. Criminosos. Parte 1

bandido (m)	bandit (m)	[bandít]
crime (m)	krim (m)	[krim]
criminoso (m)	kriminel (m)	[kriminél]

ladrão (m)	hajdut (m)	[hajdút]
roubar (vt)	vjedh	[vjɛð]
furto, roubo (m)	vjedhje (f)	[vjéðjɛ]

raptar, sequestrar (vt)	rrëmbej	[rəmbéj]
sequestro (m)	rrëmbim (m)	[rəmbím]
sequestrador (m)	rrëmbyes (m)	[rəmbýɛs]

resgate (m)	shpërblesë (f)	[ʃpərblésə]
pedir resgate	kërkoj shpërblesë	[kərkój ʃpərblésə]

roubar (vt)	grabis	[grabís]
assalto, roubo (m)	grabitje (f)	[grabítjɛ]
assaltante (m)	grabitës (m)	[grabítəs]

extorquir (vt)	zhvat	[ʒvat]
extorsionário (m)	zhvatës (m)	[ʒvátəs]
extorsão (f)	zhvatje (f)	[ʒvátjɛ]

matar, assassinar (vt)	vras	[vras]
homicídio (m)	vrasje (f)	[vrásjɛ]
homicida, assassino (m)	vrasës (m)	[vrásəs]

tiro (m)	e shtënë (f)	[ɛ ʃténə]
dar um tiro	qëlloj	[cətój]
matar a tiro	qëlloj për vdekje	[cətój pər vdékjɛ]
disparar, atirar (vi)	qëlloj	[cətój]
tiroteio (m)	të shtëna (pl)	[tə ʃténa]

incidente (m)	incident (m)	[intsidént]
briga (~ de rua)	përleshje (f)	[pərléʃjɛ]
Socorro!	Ndihmë!	[ndíhmə!]
vítima (f)	viktimë (f)	[viktímə]

danificar (vt)	dëmtoj	[dəmtój]
dano (m)	dëm (m)	[dəm]
cadáver (m)	kufomë (f)	[kufómə]
grave (adj)	i rëndë	[i réndə]

atacar (vt)	sulmoj	[sulmój]
bater (espancar)	rrah	[rah]
espancar (vt)	sakatoj	[sakatój]
tirar, roubar (dinheiro)	rrëmbej	[rəmbéj]
esfaquear (vt)	ther për vdekje	[θεr pər vdékjɛ]
mutilar (vt)	gjymtoj	[ɟymtój]
ferir (vt)	plagos	[plagós]

chantagem (f)	shantazh (m)	[ʃantáʒ]
chantagear (vt)	bëj shantazh	[bəj ʃantáʒ]
chantagista (m)	shantazhist (m)	[ʃantaʒíst]

extorsão (f)	rrjet mashtrimi (m)	[rjét maʃtrími]
extorsionário (m)	mashtrues (m)	[maʃtrúɛs]
gângster (m)	gangster (m)	[gaŋstér]
máfia (f)	mafia (f)	[máfia]

punguista (m)	vjedhës xhepash (m)	[vjéðəs dʒépaʃ]
assaltante, ladrão (m)	hajdut (m)	[hajdút]
contrabando (m)	trafikim (m)	[trafikím]
contrabandista (m)	trafikues (m)	[trafikúɛs]

falsificação (f)	falsifikim (m)	[falsifikím]
falsificar (vt)	falsifikoj	[falsifikój]
falsificado (adj)	fals	[fáls]

192. Violação da lei. Criminosos. Parte 2

estupro (m)	përdhunim (m)	[pərðuním]
estuprar (vt)	përdhunoj	[pərðunój]
estuprador (m)	përdhunues (m)	[pərðunúɛs]
maníaco (m)	maniak (m)	[maniák]

prostituta (f)	prostitutë (f)	[prostitútə]
prostituição (f)	prostitucion (m)	[prostitutsión]
cafetão (m)	tutor (m)	[tutór]

drogado (m)	narkoman (m)	[narkomán]
traficante (m)	trafikant droge (m)	[trafikánt drógɛ]

explodir (vt)	shpërthej	[ʃpərθéj]
explosão (f)	shpërthim (m)	[ʃpərθím]
incendiar (vt)	vë flakën	[və flákən]
incendiário (m)	zjarrvënës (m)	[zjarvénəs]

terrorismo (m)	terrorizëm (m)	[tɛrorízəm]
terrorista (m)	terrorist (m)	[tɛroríst]
refém (m)	peng (m)	[pɛŋ]
enganar (vt)	mashtroj	[maʃtrój]

| engano (m) | mashtrim (m) | [maʃtrím] |
| vigarista (m) | mashtrues (m) | [maʃtrúɛs] |

subornar (vt)	jap ryshfet	[jap ryʃfét]
suborno (atividade)	ryshfet (m)	[ryʃfét]
suborno (dinheiro)	ryshfet (m)	[ryʃfét]

veneno (m)	helm (m)	[hɛlm]
envenenar (vt)	helmoj	[hɛlmój]
envenenar-se (vr)	helmohem	[hɛlmóhɛm]

| suicídio (m) | vetëvrasje (f) | [vɛtəvrásjɛ] |
| suicida (m) | vetëvrasës (m) | [vɛtəvrásəs] |

ameaçar (vt)	kërcënoj	[kərtsənój]
ameaça (f)	kërcënim (m)	[kərtsəním]
atentar contra a vida de ...	tentoj	[tɛntój]
atentado (m)	atentat (m)	[atɛntát]

| roubar (um carro) | vjedh | [vjɛð] |
| sequestrar (um avião) | rrëmbej | [rəmbéj] |

| vingança (f) | hakmarrje (f) | [hakmárjɛ] |
| vingar (vt) | hakmerrem | [hakmérɛm] |

torturar (vt)	torturoj	[torturój]
tortura (f)	torturë (f)	[tortúrə]
atormentar (vt)	torturoj	[torturój]

pirata (m)	pirat (m)	[pirát]
desordeiro (m)	huligan (m)	[huligán]
armado (adj)	i armatosur	[i armatósur]
violência (f)	dhunë (f)	[ðúnə]
ilegal (adj)	ilegal	[ilɛgál]

| espionagem (f) | spiunazh (m) | [spiunáʒ] |
| espionar (vi) | spiunoj | [spiunój] |

193. Polícia. Lei. Parte 1

| justiça (sistema de ~) | drejtësi (f) | [drɛjtəsí] |
| tribunal (m) | gjykatë (f) | [ɟykátə] |

juiz (m)	gjykatës (m)	[ɟykátəs]
jurados (m pl)	anëtar jurie (m)	[anətár juríɛ]
tribunal (m) do júri	gjyq me juri (m)	[ɟyc mɛ jurí]
julgar (vt)	gjykoj	[ɟykój]

advogado (m)	avokat (m)	[avokát]
réu (m)	pandehur (m)	[pandéhur]
banco (m) dos réus	bankë e të pandehurit (f)	[bánkə ɛ tə pandéhurit]

| acusação (f) | akuzë (f) | [akúzə] |
| acusado (m) | i akuzuar (m) | [i akuzúar] |

sentença (f)	**vendim** (m)	[vɛndím]
sentenciar (vt)	**dënoj**	[dənój]

culpado (m)	**fajtor** (m)	[fajtór]
punir (vt)	**ndëshkoj**	[ndəʃkój]
punição (f)	**ndëshkim** (m)	[ndəʃkím]

multa (f)	**gjobë** (f)	[ɟóbə]
prisão (f) perpétua	**burgim i përjetshëm** (m)	[burgím i pərjétʃəm]
pena (f) de morte	**dënim me vdekje** (m)	[dəním mɛ vdékjɛ]
cadeira (f) elétrica	**karrige elektrike** (f)	[karígɛ ɛlɛktríkɛ]
forca (f)	**varje** (f)	[várjɛ]

executar (vt)	**ekzekutoj**	[ɛkzɛkutój]
execução (f)	**ekzekutim** (m)	[ɛkzɛkutím]

prisão (f)	**burg** (m)	[búrg]
cela (f) de prisão	**qeli** (f)	[cɛlí]

escolta (f)	**eskortë** (f)	[ɛskórtə]
guarda (m) prisional	**gardian burgu** (m)	[gardián búrgu]
preso, prisioneiro (m)	**i burgosur** (m)	[i burgósur]

algemas (f pl)	**pranga** (f)	[práŋa]
algemar (vt)	**vë prangat**	[və práŋat]

fuga, evasão (f)	**arratisje nga burgu** (f)	[aratísjɛ ŋa búrgu]
fugir (vi)	**arratisem**	[aratísɛm]
desaparecer (vi)	**zhduk**	[ʒduk]
soltar, libertar (vt)	**dal nga burgu**	[dál ŋa búrgu]
anistia (f)	**amnisti** (f)	[amnistí]

polícia (instituição)	**polici** (f)	[politsí]
polícia (m)	**polic** (m)	[políts]
delegacia (f) de polícia	**komisariat** (m)	[komisariát]
cassetete (m)	**shkop gome** (m)	[ʃkop gómɛ]
megafone (m)	**altoparlant** (m)	[altoparlánt]

carro (m) de patrulha	**makinë patrullimi** (f)	[makínə patruɫími]
sirene (f)	**alarm** (m)	[alárm]
ligar a sirene	**ndez sirenën**	[ndɛz sirénən]
toque (m) da sirene	**zhurmë alarmi** (f)	[ʒúrmə alármi]

cena (f) do crime	**skenë krimi** (f)	[skénə krími]
testemunha (f)	**dëshmitar** (m)	[dəʃmitár]
liberdade (f)	**liri** (f)	[lirí]
cúmplice (m)	**bashkëpunëtor** (m)	[baʃkəpunətór]
escapar (vi)	**zhdukem**	[ʒdúkɛm]
traço (não deixar ~s)	**gjurmë** (f)	[ɟúrmə]

194. Polícia. Lei. Parte 2

procura (f)	**kërkim** (m)	[kərkím]
procurar (vt)	**kërkoj ...**	[kərkój ...]

suspeita (f)	dyshim (m)	[dyʃím]
suspeito (adj)	i dyshuar	[i dyʃúar]
parar (veículo, etc.)	ndaloj	[ndalój]
deter (fazer parar)	mbaj të ndaluar	[mbáj tə ndalúar]
caso (~ criminal)	padi (f)	[padí]
investigação (f)	hetim (m)	[hɛtím]
detetive (m)	detektiv (m)	[dɛtɛktív]
investigador (m)	hetues (m)	[hɛtúɛs]
versão (f)	hipotezë (f)	[hipotézə]
motivo (m)	motiv (m)	[motív]
interrogatório (m)	marrje në pyetje (f)	[márjɛ nə pýɛtjɛ]
interrogar (vt)	marr në pyetje	[mar nə pýɛtjɛ]
questionar (vt)	pyes	[pýɛs]
verificação (f)	verifikim (m)	[vɛrifikím]
batida (f) policial	kontroll në grup (m)	[kontróɫ nə grúp]
busca (f)	bastisje (f)	[bastísjɛ]
perseguição (f)	ndjekje (f)	[ndjékjɛ]
perseguir (vt)	ndjek	[ndjék]
seguir, rastrear (vt)	ndjek	[ndjék]
prisão (f)	arrestim (m)	[arɛstím]
prender (vt)	arrestoj	[arɛstój]
pegar, capturar (vt)	kap	[kap]
captura (f)	kapje (f)	[kápjɛ]
documento (m)	dokument (m)	[dokumént]
prova (f)	provë (f)	[próvə]
provar (vt)	dëshmoj	[dəʃmój]
pegada (f)	gjurmë (f)	[ɟúrmə]
impressões (f pl) digitais	shenja gishtash (pl)	[ʃéɲa gíʃtaʃ]
prova (f)	provë (f)	[próvə]
álibi (m)	alibi (f)	[alibí]
inocente (adj)	i pafajshëm	[i pafájʃəm]
injustiça (f)	padrejtësi (f)	[padrɛjtəsí]
injusto (adj)	i padrejtë	[i padréjtə]
criminal (adj)	kriminale	[kriminálɛ]
confiscar (vt)	konfiskoj	[konfiskój]
droga (f)	drogë (f)	[drógə]
arma (f)	armë (f)	[ármə]
desarmar (vt)	çarmatos	[tʃarmatós]
ordenar (vt)	urdhëroj	[urðərój]
desaparecer (vi)	zhduk	[ʒduk]
lei (f)	ligj (m)	[liɟ]
legal (adj)	ligjor	[liɟór]
ilegal (adj)	i paligjshëm	[i palíɟʃəm]
responsabilidade (f)	përgjegjësi (f)	[pərɟɛɟəsí]
responsável (adj)	përgjegjës	[pərɟéɟəs]

NATUREZA

A Terra. Parte 1

195. Espaço sideral

espaço, cosmo (m)	hapësirë (f)	[hapəsírə]
espacial, cósmico (adj)	hapësinor	[hapəsinór]
espaço (m) cósmico	kozmos (m)	[kozmós]
mundo (m)	botë (f)	[bótə]
universo (m)	univers	[univérs]
galáxia (f)	galaksi (f)	[galaksí]
estrela (f)	yll (m)	[yɬ]
constelação (f)	yllësi (f)	[yɬəsí]
planeta (m)	planet (m)	[planét]
satélite (m)	satelit (m)	[satɛlít]
meteorito (m)	meteor (m)	[mɛtɛór]
cometa (m)	kometë (f)	[kométə]
asteroide (m)	asteroid (m)	[astɛroíd]
órbita (f)	orbitë (f)	[orbítə]
girar (vi)	rrotullohet	[rotuɬóhɛt]
atmosfera (f)	atmosferë (f)	[atmosférə]
Sol (m)	Dielli (m)	[diéɬi]
Sistema (m) Solar	sistemi diellor (m)	[sistémi diɛɬór]
eclipse (m) solar	eklips diellor (m)	[ɛklíps diɛɬór]
Terra (f)	Toka (f)	[tóka]
Lua (f)	Hëna (f)	[hə́na]
Marte (m)	Marsi (m)	[mársi]
Vênus (f)	Venera (f)	[vɛnéra]
Júpiter (m)	Jupiteri (m)	[jupitéri]
Saturno (m)	Saturni (m)	[satúrni]
Mercúrio (m)	Merkuri (m)	[mɛrkúri]
Urano (m)	Urani (m)	[uráni]
Netuno (m)	Neptuni (m)	[nɛptúni]
Plutão (m)	Pluto (f)	[plúto]
Via Láctea (f)	Rruga e Qumështit (f)	[rúga ɛ cúməʃtit]
Ursa Maior (f)	Arusha e Madhe (f)	[arúʃa ɛ máðɛ]
Estrela Polar (f)	ylli i Veriut (m)	[ýɬi i vériut]
marciano (m)	Marsian (m)	[marsián]
extraterrestre (m)	jashtëtokësor (m)	[jaʃtətokəsór]

alienígena (m)	alien (m)	[alién]
disco (m) voador	disk fluturues (m)	[dísk fluturúɛs]
espaçonave (f)	anije kozmike (f)	[aníjɛ kozmíkɛ]
estação (f) orbital	stacion kozmik (m)	[statsión kozmík]
lançamento (m)	ngritje (f)	[ŋrítjɛ]
motor (m)	motor (m)	[motór]
bocal (m)	dizë (f)	[dízə]
combustível (m)	karburant (m)	[karburánt]
cabine (f)	kabinë pilotimi (f)	[kabínə pilotími]
antena (f)	antenë (f)	[anténə]
vigia (f)	dritare anësore (f)	[dritárɛ anəsórɛ]
bateria (f) solar	panel solar (m)	[panél solár]
traje (m) espacial	veshje astronauti (f)	[véʃjɛ astronáuti]
imponderabilidade (f)	mungesë graviteti (f)	[muŋésə gravitéti]
oxigênio (m)	oksigjen (m)	[oksiɟén]
acoplagem (f)	ndërlidhje në hapësirë (f)	[ndərlíðjɛ nə hapəsírə]
fazer uma acoplagem	stacionohem	[statsionóhɛm]
observatório (m)	observator (m)	[obsɛrvatór]
telescópio (m)	teleskop (m)	[tɛlɛskóp]
observar (vt)	vëzhgoj	[vəʒgój]
explorar (vt)	eksploroj	[ɛksplorój]

196. A Terra

Terra (f)	Toka (f)	[tóka]
globo terrestre (Terra)	globi (f)	[glóbi]
planeta (m)	planet (m)	[planét]
atmosfera (f)	atmosferë (f)	[atmosférə]
geografia (f)	gjeografi (f)	[ɟɛografí]
natureza (f)	natyrë (f)	[natýrə]
globo (mapa esférico)	glob (m)	[glob]
mapa (m)	hartë (f)	[hártə]
atlas (m)	atlas (m)	[atlás]
Europa (f)	Evropa (f)	[ɛvrópa]
Ásia (f)	Azia (f)	[azía]
África (f)	Afrika (f)	[afríka]
Austrália (f)	Australia (f)	[australía]
América (f)	Amerika (f)	[amɛríka]
América (f) do Norte	Amerika Veriore (f)	[amɛríka vɛriórɛ]
América (f) do Sul	Amerika Jugore (f)	[amɛríka jugórɛ]
Antártida (f)	Antarktika (f)	[antarktíka]
Ártico (m)	Arktiku (m)	[arktíku]

197. Pontos cardeais

norte (m)	veri (m)	[vɛrí]
para norte	drejt veriut	[dréjt vériut]
no norte	në veri	[nə vɛrí]
do norte (adj)	verior	[vɛriór]

sul (m)	jug (m)	[jug]
para sul	drejt jugut	[dréjt júgut]
no sul	në jug	[nə jug]
do sul (adj)	jugor	[jugór]

oeste, ocidente (m)	perëndim (m)	[pɛrəndím]
para oeste	drejt perëndimit	[dréjt pɛrəndímit]
no oeste	në perëndim	[nə pɛrəndím]
ocidental (adj)	perëndimor	[pɛrəndimór]

leste, oriente (m)	lindje (f)	[líndjɛ]
para leste	drejt lindjes	[dréjt líndjɛs]
no leste	në lindje	[nə líndjɛ]
oriental (adj)	lindor	[lindór]

198. Mar. Oceano

mar (m)	det (m)	[dét]
oceano (m)	oqean (m)	[ocɛán]
golfo (m)	gji (m)	[ɟi]
estreito (m)	ngushticë (f)	[ŋuʃtítsə]

| terra (f) firme | tokë (f) | [tókə] |
| continente (m) | kontinent (m) | [kontinént] |

ilha (f)	ishull (m)	[íʃuɫ]
península (f)	gadishull (m)	[gadíʃuɫ]
arquipélago (m)	arkipelag (m)	[arkipɛlág]

baía (f)	gji (m)	[ɟi]
porto (m)	port (m)	[port]
lagoa (f)	lagunë (f)	[lagúnə]
cabo (m)	kep (m)	[kɛp]

atol (m)	atol (m)	[atól]
recife (m)	shkëmb nënujor (m)	[ʃkəmb nənujór]
coral (m)	koral (m)	[korál]
recife (m) de coral	korale nënujorë (f)	[korálɛ nənujórə]

profundo (adj)	i thellë	[i θéɫə]
profundidade (f)	thellësi (f)	[θɛɫəsí]
abismo (m)	humnerë (f)	[humnérə]
fossa (f) oceânica	hendek (m)	[hɛndék]

| corrente (f) | rrymë (f) | [rýmə] |
| banhar (vt) | rrethohet | [rɛθóhɛt] |

| litoral (m) | breg (m) | [brɛg] |
| costa (f) | bregdet (m) | [brɛgdét] |

maré (f) alta	batica (f)	[batítsa]
refluxo (m)	zbaticë (f)	[zbatítsə]
restinga (f)	cekëtinë (f)	[tsɛkətínə]
fundo (m)	fund i detit (m)	[fúnd i détit]

onda (f)	dallgë (f)	[dáɫgə]
crista (f) da onda	kreshtë (f)	[kréʃtə]
espuma (f)	shkumë (f)	[ʃkúmə]

tempestade (f)	stuhi (f)	[stuhí]
furacão (m)	uragan (m)	[uragán]
tsunami (m)	cunam (m)	[tsunám]
calmaria (f)	qetësi (f)	[cɛtəsí]
calmo (adj)	i qetë	[i cétə]

| polo (m) | pol (m) | [pol] |
| polar (adj) | polar | [polár] |

latitude (f)	gjerësi (f)	[ɟɛrəsí]
longitude (f)	gjatësi (f)	[ɟatəsí]
paralela (f)	paralele (f)	[paralélɛ]
equador (m)	ekuator (m)	[ɛkuatór]

céu (m)	qiell (m)	[cíɛɫ]
horizonte (m)	horizont (m)	[horizónt]
ar (m)	ajër (m)	[ájər]

farol (m)	fanar (m)	[fanár]
mergulhar (vi)	zhytem	[ʒýtɛm]
afundar-se (vr)	fundosje	[fundósjɛ]
tesouros (m pl)	thesare (pl)	[θɛsárɛ]

199. Nomes de Mares e Oceanos

Oceano (m) Atlântico	Oqeani Atlantik (m)	[ocɛáni atlantík]
Oceano (m) Índico	Oqeani Indian (m)	[ocɛáni indián]
Oceano (m) Pacífico	Oqeani Paqësor (m)	[ocɛáni pacəsór]
Oceano (m) Ártico	Oqeani Arktik (m)	[ocɛáni arktík]

Mar (m) Negro	Deti i Zi (m)	[déti i zí]
Mar (m) Vermelho	Deti i Kuq (m)	[déti i kúc]
Mar (m) Amarelo	Deti i Verdhë (m)	[déti i vérðə]
Mar (m) Branco	Deti i Bardhë (m)	[déti i bárðə]

Mar (m) Cáspio	Deti Kaspik (m)	[déti kaspík]
Mar (m) Morto	Deti i Vdekur (m)	[déti i vdékur]
Mar (m) Mediterrâneo	Deti Mesdhe (m)	[déti mɛsðé]

Mar (m) Egeu	Deti Egje (m)	[déti ɛɟé]
Mar (m) Adriático	Deti Adriatik (m)	[déti adriatík]
Mar (m) Arábico	Deti Arab (m)	[déti aráb]

Mar (m) do Japão	Deti i Japonisë (m)	[déti i japonísə]
Mar (m) de Bering	Deti Bering (m)	[déti bériŋ]
Mar (m) da China Meridional	Deti i Kinës Jugore (m)	[déti i kínəs jugóɾɛ]

Mar (m) de Coral	Deti Koral (m)	[déti korál]
Mar (m) de Tasman	Deti Tasman (m)	[déti tasmán]
Mar (m) do Caribe	Deti i Karaibeve (m)	[déti i karaíbɛvɛ]

Mar (m) de Barents	Deti Barents (m)	[déti barénts]
Mar (m) de Kara	Deti Kara (m)	[déti kára]

Mar (m) do Norte	Deti i Veriut (m)	[déti i vériut]
Mar (m) Báltico	Deti Baltik (m)	[déti baltík]
Mar (m) da Noruega	Deti Norvegjez (m)	[déti norvɛɟéz]

200. Montanhas

montanha (f)	mal (m)	[mal]
cordilheira (f)	vargmal (m)	[vargmál]
serra (f)	kresht malor (m)	[kréʃt malóɾ]

cume (m)	majë (f)	[májə]
pico (m)	maja më e lartë (f)	[mája mə ɛ lártə]
pé (m)	rrëza e malit (f)	[rəza ɛ málit]
declive (m)	shpat (m)	[ʃpat]

vulcão (m)	vullkan (m)	[vuɫkán]
vulcão (m) ativo	vullkan aktiv (m)	[vuɫkán aktív]
vulcão (m) extinto	vullkan i fjetur (m)	[vuɫkán i fjétuɾ]

erupção (f)	shpërthim (m)	[ʃpərθím]
cratera (f)	krater (m)	[kratéɾ]
magma (m)	magmë (f)	[mágmə]
lava (f)	llavë (f)	[ɫávə]
fundido (lava ~a)	i shkrirë	[i ʃkrírə]

cânion, desfiladeiro (m)	kanion (m)	[kanión]
garganta (f)	grykë (f)	[grýkə]
fenda (f)	çarje (f)	[tʃárjɛ]
precipício (m)	humnerë (f)	[humnérə]

passo, colo (m)	kalim (m)	[kalím]
planalto (m)	pllajë (f)	[pɫájə]
falésia (f)	shkëmb (m)	[ʃkəmb]
colina (f)	kodër (f)	[kódəɾ]

geleira (f)	akullnajë (f)	[akuɫnájə]
cachoeira (f)	ujëvarë (f)	[ujəvárə]
gêiser (m)	gejzer (m)	[gɛjzéɾ]
lago (m)	liqen (m)	[licén]

planície (f)	fushë (f)	[fúʃə]
paisagem (f)	peizazh (m)	[pɛizáʒ]
eco (m)	jehonë (f)	[jɛhónə]

alpinista (m)	alpinist (m)	[alpiníst]
escalador (m)	alpinist shkëmbßinjsh (m)	[alpiníst ʃkəmbiɲʃ]
conquistar (vt)	pushtoj majën	[puʃtój májən]
subida, escalada (f)	ngjitje (f)	[nɟítjɛ]

201. Nomes de montanhas

Alpes (m pl)	Alpet (pl)	[alpét]
Monte Branco (m)	Montblanc (m)	[montblánk]
Pirineus (m pl)	Pirenejet (pl)	[pirɛnéjɛt]

Cárpatos (m pl)	Karpatet (m)	[karpátɛt]
Urais (m pl)	Malet Urale (pl)	[málɛt urálɛ]
Cáucaso (m)	Malet Kaukaze (pl)	[málɛt kaukázɛ]
Elbrus (m)	Mali Elbrus (m)	[máli ɛlbrús]

Altai (m)	Malet Altai (pl)	[málɛt altái]
Tian Shan (m)	Tian Shani (m)	[tían ʃáni]
Pamir (m)	Malet e Pamirit (m)	[málɛt ɛ pamírit]
Himalaia (m)	Himalajet (pl)	[himalájɛt]
monte Everest (m)	Mali Everest (m)	[máli ɛvɛrést]

| Cordilheira (f) dos Andes | andet (pl) | [ándɛt] |
| Kilimanjaro (m) | Mali Kilimanxharo (m) | [máli kilimandʒáro] |

202. Rios

rio (m)	lum (m)	[lum]
fonte, nascente (f)	burim (m)	[burím]
leito (m) de rio	shtrat lumi (m)	[ʃtrat lúmi]
bacia (f)	basen (m)	[basén]
desaguar no ...	rrjedh ...	[rjéð ...]

| afluente (m) | derdhje (f) | [dérðjɛ] |
| margem (do rio) | breg (m) | [brɛg] |

corrente (f)	rrymë (f)	[rýmə]
rio abaixo	rrjedhje e poshtme	[rjéðjɛ ɛ póʃtmɛ]
rio acima	rrjedhje e sipërme	[rjéðjɛ ɛ sípərmɛ]

inundação (f)	vërshim (m)	[vərʃím]
cheia (f)	përmbytje (f)	[pərmbýtjɛ]
transbordar (vi)	vërshon	[vərʃón]
inundar (vt)	përmbytet	[pərmbýtɛt]

| banco (m) de areia | cekëtinë (f) | [tsɛkətínə] |
| corredeira (f) | rrjedhë (f) | [rjéðə] |

barragem (f)	digë (f)	[dígə]
canal (m)	kanal (m)	[kanál]
reservatório (m) de água	rezervuar (m)	[rɛzɛrvuár]
eclusa (f)	pendë ujore (f)	[péndə ujórɛ]

corpo (m) de água	plan hidrik (m)	[plan hidrík]
pântano (m)	kënetë (f)	[kənétə]
lamaçal (m)	moçal (m)	[motʃ ál]
redemoinho (m)	vorbull (f)	[vórbuɫ]
riacho (m)	përrua (f)	[pərúa]
potável (adj)	i pijshëm	[i píjʃəm]
doce (água)	i freskët	[i fréskət]
gelo (m)	akull (m)	[ákuɫ]
congelar-se (vr)	ngrihet	[ŋríhɛt]

203. Nomes de rios

rio Sena (m)	Sena (f)	[séna]
rio Loire (m)	Loire (f)	[luar]
rio Tâmisa (m)	Temza (f)	[témza]
rio Reno (m)	Rajnë (m)	[rájnə]
rio Danúbio (m)	Danubi (m)	[danúbi]
rio Volga (m)	Volga (f)	[vólga]
rio Don (m)	Doni (m)	[dóni]
rio Lena (m)	Lena (f)	[léna]
rio Amarelo (m)	Lumi i Verdhë (m)	[lúmi i vérðə]
rio Yangtzé (m)	Jangce (f)	[jaɳtsé]
rio Mekong (m)	Mekong (m)	[mɛkóŋ]
rio Ganges (m)	Gang (m)	[gaŋ]
rio Nilo (m)	Lumi Nil (m)	[lúmi nil]
rio Congo (m)	Lumi Kongo (m)	[lúmi kóɳo]
rio Cubango (m)	Lumi Okavango (m)	[lúmi okaváɳo]
rio Zambeze (m)	Lumi Zambezi (m)	[lúmi zambézi]
rio Limpopo (m)	Lumi Limpopo (m)	[lúmi limpópo]
rio Mississippi (m)	Lumi Misisipi (m)	[lúmi misisípi]

204. Floresta

floresta (f), bosque (m)	pyll (m)	[pyɫ]
florestal (adj)	pyjor	[pyjór]
mata (f) fechada	pyll i ngjeshur (m)	[pyɫ i ɲéʃur]
arvoredo (m)	zabel (m)	[zabél]
clareira (f)	lëndinë (f)	[ləndínə]
matagal (m)	pyllëz (m)	[pýɫəz]
mato (m), caatinga (f)	shkurre (f)	[ʃkúrɛ]
pequena trilha (f)	shteg (m)	[ʃtɛg]
ravina (f)	hon (m)	[hon]
árvore (f)	pemë (f)	[pémə]

| folha (f) | gjeth (m) | [ɟεθ] |
| folhagem (f) | gjethe (pl) | [ɟéθε] |

queda (f) das folhas	rënie e gjetheve (f)	[rəníε ε ɟéθεvε]
cair (vi)	bien	[bíεn]
topo (m)	maje (f)	[májε]

ramo (m)	degë (f)	[dégə]
galho (m)	degë (f)	[dégə]
botão (m)	syth (m)	[syθ]
agulha (f)	shtiza pishe (f)	[ʃtíza píʃε]
pinha (f)	lule pishe (f)	[lúlε píʃε]

buraco (m) de árvore	zgavër (f)	[zgávər]
ninho (m)	fole (f)	[folé]
toca (f)	strofull (f)	[strófuɫ]

tronco (m)	trung (m)	[truŋ]
raiz (f)	rrënjë (f)	[réɲə]
casca (f) de árvore	lëvore (f)	[ləvórε]
musgo (m)	myshk (m)	[myʃk]

arrancar pela raiz	shkul	[ʃkul]
cortar (vt)	pres	[prεs]
desflorestar (vt)	shpyllëzoj	[ʃpyɫəzój]
toco, cepo (m)	cung (m)	[tsúŋ]

fogueira (f)	zjarr kampingu (m)	[zjar kampíɲu]
incêndio (m) florestal	zjarr në pyll (m)	[zjar nə pyɫ]
apagar (vt)	shuaj	[ʃúaj]

guarda-parque (m)	roje pyjore (f)	[rójε pyjórε]
proteção (f)	mbrojtje (f)	[mbrójtjε]
proteger (a natureza)	mbroj	[mbrój]
caçador (m) furtivo	gjahtar i jashtëligjshëm (m)	[ɟahtár i jaʃtəlíɟʃəm]
armadilha (f)	grackë (f)	[grátskə]

| colher (cogumelos, bagas) | mbledh | [mbléð] |
| perder-se (vr) | humb rrugën | [húmb rúgən] |

205. Recursos naturais

recursos (m pl) naturais	burime natyrore (pl)	[burímε natyrórε]
minerais (m pl)	minerale (pl)	[minεrálε]
depósitos (m pl)	depozita (pl)	[dεpozíta]
jazida (f)	fushë (f)	[fúʃə]

extrair (vt)	nxjerr	[ndzjér]
extração (f)	nxjerrje mineralesh (f)	[ndzjérjε minεrálεʃ]
minério (m)	xehe (f)	[dzéhε]
mina (f)	minierë (f)	[miniérə]
poço (m) de mina	nivel (m)	[nivél]
mineiro (m)	minator (m)	[minatór]
gás (m)	gaz (m)	[gaz]

gasoduto (m)	gazsjellës (m)	[gazsjétəs]
petróleo (m)	naftë (f)	[náftə]
oleoduto (m)	naftësjellës (f)	[naftəsjétəs]
poço (m) de petróleo	pus nafte (m)	[pus náftɛ]
torre (f) petrolífera	burim nafte (m)	[burím náftɛ]
petroleiro (m)	anije-cisternë (f)	[aníjɛ-tsistérnə]
areia (f)	rërë (f)	[rérə]
calcário (m)	gur gëlqeror (m)	[gur gəlcɛrór]
cascalho (m)	zhavorr (m)	[ʒavór]
turfa (f)	torfë (f)	[tórfə]
argila (f)	argjilë (f)	[aɲílə]
carvão (m)	qymyr (m)	[cymýr]
ferro (m)	hekur (m)	[hékur]
ouro (m)	ar (m)	[ár]
prata (f)	argjend (m)	[aɲénd]
níquel (m)	nikel (m)	[nikél]
cobre (m)	bakër (m)	[bákər]
zinco (m)	zink (m)	[zink]
manganês (m)	mangan (m)	[maŋán]
mercúrio (m)	merkur (m)	[mɛrkúr]
chumbo (m)	plumb (m)	[plúmb]
mineral (m)	mineral (m)	[minɛrál]
cristal (m)	kristal (m)	[kristál]
mármore (m)	mermer (m)	[mɛrmér]
urânio (m)	uranium (m)	[uraniúm]

A Terra. Parte 2

206. Tempo

tempo (m)	moti (m)	[móti]
previsão (f) do tempo	parashikimi i motit (m)	[paraʃikími i mótit]
temperatura (f)	temperaturë (f)	[tɛmpɛratúrə]
termômetro (m)	termometër (m)	[tɛrmométər]
barômetro (m)	barometër (m)	[barométər]

úmido (adj)	i lagësht	[i lágəʃt]
umidade (f)	lagështi (f)	[lagəʃtí]

calor (m)	vapë (f)	[vápə]
tórrido (adj)	shumë nxehtë	[ʃúmə ndzéhtə]
está muito calor	është nxehtë	[éʃtə ndzéhtə]

está calor	është ngrohtë	[éʃtə ŋróhtə]
quente (morno)	ngrohtë	[ŋróhtə]

está frio	bën ftohtë	[bən ftóhtə]
frio (adj)	i ftohtë	[i ftóhtə]

sol (m)	diell (m)	[díɛɫ]
brilhar (vi)	ndriçon	[ndritʃón]
de sol, ensolarado	me diell	[mɛ díɛɫ]
nascer (vi)	agon	[agón]
pôr-se (vr)	perëndon	[pɛrəndón]

nuvem (f)	re (f)	[rɛ]
nublado (adj)	vranët	[vránət]
nuvem (f) preta	re shiu (f)	[rɛ ʃíu]
escuro, cinzento (adj)	vranët	[vránət]

chuva (f)	shi (m)	[ʃi]
está a chover	bie shi	[bíɛ ʃi]
chuvoso (adj)	me shi	[mɛ ʃi]
chuviscar (vi)	shi i imët	[ʃi i ímət]

chuva (f) torrencial	shi litar (m)	[ʃi litár]
aguaceiro (m)	stuhi shiu (f)	[stuhí ʃíu]
forte (chuva, etc.)	i fortë	[i fórtə]

poça (f)	brakë (f)	[brákə]
molhar-se (vr)	lagem	[lágɛm]

nevoeiro (m)	mjegull (f)	[mjéguɫ]
de nevoeiro	e mjegullt	[ɛ mjéguɫt]
neve (f)	borë (f)	[bórə]
está nevando	bie borë	[bíɛ bórə]

207. Tempo extremo. Catástrofes naturais

trovoada (f)	stuhi (f)	[stuhí]
relâmpago (m)	vetëtimë (f)	[vɛtətímə]
relampejar (vi)	vetëton	[vɛtətón]
trovão (m)	bubullimë (f)	[bubułímə]
trovejar (vi)	bubullon	[bubułón]
está trovejando	bubullon	[bubułón]
granizo (m)	breshër (m)	[bréʃər]
está caindo granizo	po bie breshër	[po biɛ bréʃər]
inundar (vt)	përmbytet	[pərmbýtɛt]
inundação (f)	përmbytje (f)	[pərmbýtjɛ]
terremoto (m)	tërmet (m)	[tərmét]
abalo, tremor (m)	lëkundje (f)	[ləkúndjɛ]
epicentro (m)	epiqendër (f)	[ɛpiqéndər]
erupção (f)	shpërthim (m)	[ʃpərθím]
lava (f)	llavë (f)	[łávə]
tornado (m)	vorbull (f)	[vórbuł]
tornado (m)	tornado (f)	[tornádo]
tufão (m)	tajfun (m)	[tajfún]
furacão (m)	uragan (m)	[uragán]
tempestade (f)	stuhi (f)	[stuhí]
tsunami (m)	cunam (m)	[tsunám]
ciclone (m)	ciklon (m)	[tsiklón]
mau tempo (m)	mot i keq (m)	[mot i kɛc]
incêndio (m)	zjarr (m)	[zjar]
catástrofe (f)	fatkeqësi (f)	[fatkɛcəsí]
meteorito (m)	meteor (m)	[mɛtɛór]
avalanche (f)	ortek (m)	[orték]
deslizamento (m) de neve	rrëshqitje bore (f)	[rəʃcítjɛ bórɛ]
nevasca (f)	stuhi bore (f)	[stuhí bórɛ]
tempestade (f) de neve	stuhi bore (f)	[stuhí bórɛ]

208. Ruídos. Sons

silêncio (m)	qetësi (f)	[cɛtəsí]
som (m)	tingull (m)	[tíɲuł]
ruído, barulho (m)	zhurmë (f)	[ʒúrmə]
fazer barulho	bëj zhurmë	[bəj ʒúrmə]
ruidoso, barulhento (adj)	i zhurmshëm	[i ʒúrmʃem]
alto	me zë të lartë	[mɛ zə tə lártə]
alto (ex. voz ~a)	i lartë	[i lártə]
constante (ruído, etc.)	e përhershme	[ɛ pərhérʃmɛ]

grito (m)	britmë (f)	[brítmə]
gritar (vi)	bërtas	[bərtás]
sussurro (m)	pështpërimë (f)	[pəʃpərímə]
sussurrar (vi, vt)	pështpëris	[pəʃpərís]

| latido (m) | lehje (f) | [léhjɛ] |
| latir (vi) | leh | [lɛh] |

gemido (m)	rënkim (m)	[rənkím]
gemer (vi)	rënkoj	[rənkój]
tosse (f)	kollë (f)	[kótə]
tossir (vi)	kollitem	[kotítɛm]

assobio (m)	fishkëllimë (f)	[fiʃkətímə]
assobiar (vi)	fishkëlloj	[fiʃkətój]
batida (f)	trokitje (f)	[trokítjɛ]
bater (à porta)	trokas	[trokás]

| estalar (vi) | çahet | [tʃáhɛt] |
| estalido (m) | krisje (f) | [krísjɛ] |

sirene (f)	alarm (m)	[alárm]
apito (m)	fishkëllimë (f)	[fiʃkətímə]
apitar (vi)	fishkëllen	[fiʃkətén]
buzina (f)	bori (f)	[borí]
buzinar (vi)	i bie borisë	[i bíɛ borísə]

209. Inverno

inverno (m)	dimër (m)	[dímər]
de inverno	dimëror	[dimərór]
no inverno	në dimër	[nə dímər]

neve (f)	borë (f)	[bórə]
está nevando	bie borë	[bíɛ bórə]
queda (f) de neve	reshje bore (f)	[réʃjɛ bórɛ]
amontoado (m) de neve	mal dëbore (m)	[mal dəbórɛ]

floco (m) de neve	flok bore (m)	[flók bórɛ]
bola (f) de neve	top bore (m)	[top bórɛ]
boneco (m) de neve	dordolec (m)	[dordoléts]
sincelo (m)	akull (m)	[ákut]

dezembro (m)	Dhjetor (m)	[ðjɛtór]
janeiro (m)	Janar (m)	[janár]
fevereiro (m)	Shkurt (m)	[ʃkurt]

| gelo (m) | ngricë (f) | [ŋrítsə] |
| gelado (tempo ~) | me ngrica | [mɛ ŋrítsa] |

abaixo de zero	nën zero	[nən zéro]
primeira geada (f)	ngrica e parë (f)	[ŋrítsa ɛ párə]
geada (f) branca	brymë (f)	[brýmə]
frio (m)	ftohtë (f)	[ftóhtə]

está frio	bën ftohtë	[bən ftóhtə]
casaco (m) de pele	gëzof (m)	[gəzóf]
mitenes (f pl)	doreza (f)	[doréza]

adoecer (vi)	sëmurem	[səmúrɛm]
resfriado (m)	ftohje (f)	[ftóhjɛ]
ficar resfriado	ftohem	[ftóhɛm]

gelo (m)	akull (m)	[ákuɫ]
gelo (m) na estrada	akull transparent (m)	[ákuɫ transparént]
congelar-se (vr)	ngrihet	[ŋríhɛt]
bloco (m) de gelo	bllok akulli (m)	[bɫók ákuɫi]

esqui (m)	ski (pl)	[ski]
esquiador (m)	skiator (m)	[skiatór]
esquiar (vi)	bëj ski	[bəj skí]
patinar (vi)	bëj patinazh	[bəj patináʒ]

Fauna

210. Mamíferos. Predadores

predador (m)	grabitqar (m)	[grabitcár]
tigre (m)	tigër (m)	[tígər]
leão (m)	luan (m)	[luán]
lobo (m)	ujk (m)	[ujk]
raposa (f)	dhelpër (f)	[ðélpər]
jaguar (m)	jaguar (m)	[jaguár]
leopardo (m)	leopard (m)	[lɛopárd]
chita (f)	gepard (m)	[gɛpárd]
pantera (f)	panterë e zezë (f)	[pantérə ɛ zézə]
puma (m)	puma (f)	[púma]
leopardo-das-neves (m)	leopard i borës (m)	[lɛopárd i bórəs]
lince (m)	rrëqebull (m)	[rəcébuɫ]
coiote (m)	kojotë (f)	[kojótə]
chacal (m)	çakall (m)	[tʃakáɫ]
hiena (f)	hienë (f)	[hiénə]

211. Animais selvagens

animal (m)	kafshë (f)	[káfʃə]
besta (f)	bishë (f)	[bíʃə]
esquilo (m)	ketër (m)	[kétər]
ouriço (m)	iriq (m)	[iríc]
lebre (f)	lepur i egër (m)	[lépur i égər]
coelho (m)	lepur (m)	[lépur]
texugo (m)	vjedull (f)	[vjéduɫ]
guaxinim (m)	rakun (m)	[rakún]
hamster (m)	hamster (m)	[hamstér]
marmota (f)	marmot (m)	[marmót]
toupeira (f)	urith (m)	[uríθ]
rato (m)	mi (m)	[mi]
ratazana (f)	mi (m)	[mi]
morcego (m)	lakuriq (m)	[lakuríc]
arminho (m)	herminë (f)	[hɛrmínə]
zibelina (f)	kunadhe (f)	[kunáðɛ]
marta (f)	shqarth (m)	[ʃcarθ]
doninha (f)	nuselalë (f)	[nusɛlálə]
visom (m)	vizon (m)	[vizón]

| castor (m) | kastor (m) | [kastór] |
| lontra (f) | vidër (f) | [vídər] |

cavalo (m)	kali (m)	[káli]
alce (m)	dre brilopatë (m)	[drɛ brilopátə]
veado (m)	dre (f)	[drɛ]
camelo (m)	deve (f)	[dévɛ]

bisão (m)	bizon (m)	[bizón]
auroque (m)	bizon evropian (m)	[bizón ɛvropián]
búfalo (m)	buall (m)	[búaɫ]

zebra (f)	zebër (f)	[zébər]
antílope (m)	antilopë (f)	[antilópə]
corça (f)	dre (f)	[drɛ]
gamo (m)	dre ugar (m)	[drɛ ugár]
camurça (f)	kamosh (m)	[kamóʃ]
javali (m)	derr i egër (m)	[dér i égər]

baleia (f)	balenë (f)	[balénə]
foca (f)	fokë (f)	[fókə]
morsa (f)	lopë deti (f)	[lópə déti]
urso-marinho (m)	fokë (f)	[fókə]
golfinho (m)	delfin (m)	[dɛlfín]

urso (m)	ari (m)	[arí]
urso (m) polar	ari polar (m)	[arí polár]
panda (m)	panda (f)	[pánda]

macaco (m)	majmun (m)	[majmún]
chimpanzé (m)	shimpanze (f)	[ʃimpánzɛ]
orangotango (m)	orangutan (m)	[oraŋután]
gorila (m)	gorillë (f)	[goríɫə]
macaco (m)	majmun makao (m)	[majmún makáo]
gibão (m)	gibon (m)	[gibón]

elefante (m)	elefant (m)	[ɛlɛfánt]
rinoceronte (m)	rinoqeront (m)	[rinocɛrónt]
girafa (f)	gjirafë (f)	[ɟiráfə]
hipopótamo (m)	hipopotam (m)	[hipopotám]

| canguru (m) | kangur (m) | [kaŋúr] |
| coala (m) | koala (f) | [koála] |

mangusto (m)	mangustë (f)	[maŋústə]
chinchila (f)	çinçila (f)	[tʃintʃíla]
cangambá (f)	qelbës (m)	[célbəs]
porco-espinho (m)	ferrëgjatë (m)	[fɛrəɟátə]

212. Animais domésticos

gata (f)	mace (f)	[mátsɛ]
gato (m) macho	maçok (m)	[matʃók]
cão (m)	qen (m)	[cɛn]

cavalo (m)	kali (m)	[káli]
garanhão (m)	hamshor (m)	[hamʃór]
égua (f)	pelë (f)	[pélə]

vaca (f)	lopë (f)	[lópə]
touro (m)	dem (m)	[dém]
boi (m)	ka (m)	[ka]

ovelha (f)	dele (f)	[délɛ]
carneiro (m)	dash (m)	[daʃ]
cabra (f)	dhi (f)	[ði]
bode (m)	cjap (m)	[tsjáp]

| burro (m) | gomar (m) | [gomár] |
| mula (f) | mushkë (f) | [múʃkə] |

porco (m)	derr (m)	[dɛr]
leitão (m)	derrkuc (m)	[dɛrkúts]
coelho (m)	lepur (m)	[lépur]

| galinha (f) | pulë (f) | [púlə] |
| galo (m) | gjel (m) | [ʝél] |

pata (f), pato (m)	rosë (f)	[rósə]
pato (m)	rosak (m)	[rosák]
ganso (m)	patë (f)	[pátə]

| peru (m) | gjel deti i egër (m) | [ʝél déti i égər] |
| perua (f) | gjel deti (m) | [ʝél déti] |

animais (m pl) domésticos	kafshë shtëpiake (f)	[káfʃə ʃtəpiákɛ]
domesticado (adj)	i zbutur	[i zbútur]
domesticar (vt)	zbus	[zbus]
criar (vt)	rrit	[rit]

fazenda (f)	fermë (f)	[férmə]
aves (f pl) domésticas	pulari (f)	[pularí]
gado (m)	bagëti (f)	[bagətí]
rebanho (m), manada (f)	kope (f)	[kopé]

estábulo (m)	stallë (f)	[stáłə]
chiqueiro (m)	stallë e derrave (f)	[stáłə ɛ déravɛ]
estábulo (m)	stallë e lopëve (f)	[stáłə ɛ lópəvɛ]
coelheira (f)	kolibe lepujsh (f)	[kolíbɛ lépujʃ]
galinheiro (m)	kotec (m)	[kotéts]

213. Cães. Raças de cães

cão (m)	qen (m)	[cɛn]
cão pastor (m)	qen dhensh (m)	[cɛn ðɛnʃ]
pastor-alemão (m)	pastor gjerman (m)	[pastór ɟɛrmán]
poodle (m)	pudël (f)	[púdəl]
linguicinha (m)	dakshund (m)	[dákshund]
buldogue (m)	bulldog (m)	[bułdóg]

boxer (m)	bokser (m)	[boksér]
mastim (m)	mastif (m)	[mastíf]
rottweiler (m)	rotvailer (m)	[rotvailér]
dóberman (m)	doberman (m)	[dobɛrmán]

basset (m)	baset (m)	[basét]
pastor inglês (m)	bishtshkurtër (m)	[biʃtʃkúrtər]
dálmata (m)	dalmat (m)	[dalmát]
cocker spaniel (m)	koker spaniel (m)	[kokér spaniél]

| terra-nova (m) | terranova (f) | [tɛranóva] |
| são-bernardo (m) | Seint-Bernard (m) | [séint-bɛrnárd] |

husky (m) siberiano	haski (m)	[háski]
Chow-chow (m)	çau çau (m)	[tʃáu tʃáu]
spitz alemão (m)	dhelpërush (m)	[ðɛlpərúʃ]
pug (m)	karlino (m)	[karlíno]

214. Sons produzidos pelos animais

latido (m)	lehje (f)	[léhjɛ]
latir (vi)	leh	[lɛh]
miar (vi)	mjaullin	[mjauʈín]
ronronar (vi)	gërhimë	[gərhímə]

mugir (vaca)	bën mu	[bən mú]
bramir (touro)	pëllet	[pəʈét]
rosnar (vi)	hungërin	[huŋərín]

uivo (m)	hungërimë (f)	[huŋərímə]
uivar (vi)	hungëroj	[huŋərój]
ganir (vi)	angullin	[aŋuʈín]

balir (vi)	blegërin	[blɛgərín]
grunhir (vi)	hungërin	[huŋərín]
guinchar (vi)	klith	[kliθ]

coaxar (sapo)	bën kuak	[bən kuák]
zumbir (inseto)	zukat	[zukát]
ziziar (vi)	gumëzhin	[guməʒín]

215. Animais jovens

cria (f), filhote (m)	këlysh (m)	[kəlýʃ]
gatinho (m)	kotele (f)	[kotélɛ]
ratinho (m)	miush (m)	[miúʃ]
cachorro (m)	këlysh qeni (m)	[kəlýʃ céni]

filhote (m) de lebre	lepurush (m)	[lɛpurúʃ]
coelhinho (m)	lepurush i butë (m)	[lɛpurúʃ i bútə]
lobinho (m)	këlysh ujku (m)	[kəlýʃ újku]
filhote (m) de raposa	këlysh dhelpre (m)	[kəlýʃ ðélprɛ]

filhote (m) de urso	këlysh ariu (m)	[kəlýʃ aríu]
filhote (m) de leão	këlysh luani (m)	[kəlýʃ luáni]
filhote (m) de tigre	këlysh tigri (m)	[kəlýʃ tígri]
filhote (m) de elefante	këlysh elefanti (m)	[kəlýʃ ɛlɛfánti]

leitão (m)	derrkuc (m)	[dɛrkúts]
bezerro (m)	viç (m)	[vitʃ]
cabrito (m)	kec (m)	[kéts]
cordeiro (m)	qengj (m)	[cɛnɟ]
filhote (m) de veado	kaproll (m)	[kaprółˑ]
cria (f) de camelo	këlysh deveje (m)	[kəlýʃ dɛvéjɛ]

| filhote (m) de serpente | gjarpër i vogël (m) | [ɟárpər i vógəl] |
| filhote (m) de rã | këlysh bretkose (m) | [kəlýʃ brɛtkósɛ] |

cria (f) de ave	zog i vogël (m)	[zog i vógəl]
pinto (m)	zog pule (m)	[zog púlɛ]
patinho (m)	zog rose (m)	[zog rósɛ]

216. Pássaros

pássaro (m), ave (f)	zog (m)	[zog]
pombo (m)	pëllumb (m)	[pəłúmb]
pardal (m)	harabel (m)	[harabél]
chapim-real (m)	xhixhimës (m)	[dʒidʒimés]
pega-rabuda (f)	laraskë (f)	[laráskə]

corvo (m)	korb (m)	[korb]
gralha-cinzenta (f)	sorrë (f)	[sórə]
gralha-de-nuca-cinzenta (f)	galë (f)	[gálə]
gralha-calva (f)	sorrë (f)	[sórə]

pato (m)	rosë (f)	[rósə]
ganso (m)	patë (f)	[pátə]
faisão (m)	fazan (m)	[fazán]

águia (f)	shqiponjë (f)	[ʃcipóɲə]
açor (m)	gjeraqinë (f)	[ɟɛracínə]
falcão (m)	fajkua (f)	[fajkúa]
abutre (m)	hutë (f)	[hútə]
condor (m)	kondor (m)	[kondór]

cisne (m)	mjellmë (f)	[mjéłmə]
grou (m)	lejlek (m)	[lɛjlék]
cegonha (f)	lejlek (m)	[lɛjlék]

papagaio (m)	papagall (m)	[papagáł]
beija-flor (m)	kolibri (m)	[kolíbri]
pavão (m)	pallua (m)	[pałúa]

avestruz (m)	struc (m)	[struts]
garça (f)	çafkë (f)	[tʃáfkə]
flamingo (m)	flamingo (m)	[flamíɲo]
pelicano (m)	pelikan (m)	[pɛlikán]

| rouxinol (m) | bilbil (m) | [bilbíl] |
| andorinha (f) | dallëndyshe (f) | [datəndýʃɛ] |

tordo-zornal (m)	mëllenjë (f)	[məɬéɲə]
tordo-músico (m)	grifsha (f)	[grífʃa]
melro-preto (m)	mëllenjë (f)	[məɬéɲə]

andorinhão (m)	dallëndyshe (f)	[datəndýʃɛ]
cotovia (f)	thëllëzë (f)	[θəɬézə]
codorna (f)	trumcak (m)	[trumtsák]

pica-pau (m)	qukapik (m)	[cukapík]
cuco (m)	kukuvajkë (f)	[kukuvájkə]
coruja (f)	buf (m)	[buf]
bufo-real (m)	buf mbretëror (m)	[buf mbrɛtərór]
tetraz-grande (m)	fazan i pyllit (m)	[fazán i pýɬit]
tetraz-lira (m)	fazan i zi (m)	[fazán i zí]
perdiz-cinzenta (f)	thëllëzë (f)	[θəɬézə]

estorninho (m)	gargull (m)	[gárguɬ]
canário (m)	kanarinë (f)	[kanarínə]
galinha-do-mato (f)	fazan mali (m)	[fazán máli]
tentilhão (m)	trishtil (m)	[triʃtíl]
dom-fafe (m)	trishtil dimri (m)	[triʃtíl dímri]

gaivota (f)	pulëbardhë (f)	[puləbárðə]
albatroz (m)	albatros (m)	[albatrós]
pinguim (m)	penguin (m)	[pɛɲuín]

217. Pássaros. Canto e sons

cantar (vi)	këndoj	[kəndój]
gritar, chamar (vi)	thërras	[θərás]
cantar (o galo)	kakaris	[kakarís]
cocorocó (m)	kikiriku	[kikiríku]

cacarejar (vi)	kakaris	[kakarís]
crocitar (vi)	krokas	[krokás]
grasnar (vi)	bën kuak kuak	[bən kuák kuák]
piar (vi)	pisket	[piskét]
chilrear, gorjear (vi)	cicëroj	[tsitsərój]

218. Peixes. Animais marinhos

brema (f)	krapuliq (m)	[krapulíc]
carpa (f)	krap (m)	[krap]
perca (f)	perç (m)	[pɛrtʃ]
siluro (m)	mustak (m)	[musták]
lúcio (m)	mlysh (m)	[mlýʃ]

| salmão (m) | salmon (m) | [salmón] |
| esturjão (m) | bli (m) | [blí] |

arenque (m)	harengë (f)	[haréŋə]
salmão (m) do Atlântico	salmon Atlantiku (m)	[salmón atlantíku]
cavala, sarda (f)	skumbri (m)	[skúmbri]
solha (f), linguado (m)	shojzë (f)	[ʃójzə]

lúcio perca (m)	troftë (f)	[tróftə]
bacalhau (m)	merluc (m)	[mɛrlúts]
atum (m)	tunë (f)	[túnə]
truta (f)	troftë (f)	[tróftə]

enguia (f)	ngjalë (f)	[ɲálə]
raia (f) elétrica	peshk elektrik (m)	[pɛʃk ɛlɛktrík]
moreia (f)	ngjalë morel (f)	[ɲálə morél]
piranha (f)	piranja (f)	[piráɲa]

tubarão (m)	peshkaqen (m)	[pɛʃkacén]
golfinho (m)	delfin (m)	[dɛlfín]
baleia (f)	balenë (f)	[balénə]

caranguejo (m)	gaforre (f)	[gafórɛ]
água-viva (f)	kandil deti (m)	[kandíl déti]
polvo (m)	oktapod (m)	[oktapód]

estrela-do-mar (f)	yll deti (m)	[yɫ déti]
ouriço-do-mar (m)	iriq deti (m)	[iríc déti]
cavalo-marinho (m)	kalë deti (m)	[kálə déti]

ostra (f)	midhje (f)	[míðjɛ]
camarão (m)	karkalec (m)	[karkaléts]
lagosta (f)	karavidhe (f)	[karavíðɛ]
lagosta (f)	karavidhe (f)	[karavíðɛ]

219. Anfíbios. Répteis

| cobra (f) | gjarpër (m) | [ɟárpər] |
| venenoso (adj) | helmues | [hɛlmúɛs] |

víbora (f)	nepërka (f)	[nɛpérka]
naja (f)	kobra (f)	[kóbra]
píton (m)	piton (m)	[pitón]
jiboia (f)	boa (f)	[bóa]

cobra-de-água (f)	kular (m)	[kulár]
cascavel (f)	gjarpër me zile (m)	[ɟárpər mɛ zílɛ]
anaconda (f)	anakonda (f)	[anakónda]

lagarto (m)	hardhucë (f)	[harðútsə]
iguana (f)	iguana (f)	[iguána]
varano (m)	varan (m)	[varán]
salamandra (f)	salamandër (f)	[salamándər]
camaleão (m)	kameleon (m)	[kamɛlɛón]
escorpião (m)	akrep (m)	[akrép]
tartaruga (f)	breshkë (f)	[bréʃkə]
rã (f)	bretkosë (f)	[brɛtkósə]

| sapo (m) | zhabë (f) | [ʒábə] |
| crocodilo (m) | krokodil (m) | [krokodíl] |

220. Insetos

inseto (m)	insekt (m)	[insékt]
borboleta (f)	flutur (f)	[flútur]
formiga (f)	milingonë (f)	[miliŋónə]
mosca (f)	mizë (f)	[mízə]
mosquito (m)	mushkonjë (f)	[muʃkóɲə]
escaravelho (m)	brumbull (m)	[brúmbuɫ]

vespa (f)	grerëz (f)	[grérəz]
abelha (f)	bletë (f)	[blétə]
mamangaba (f)	greth (m)	[grɛθ]
moscardo (m)	zekth (m)	[zɛkθ]

| aranha (f) | merimangë (f) | [mɛrimáɲə] |
| teia (f) de aranha | rrjetë merimange (f) | [rjétə mɛrimáɲɛ] |

libélula (f)	pilivesë (f)	[pilivésə]
gafanhoto (m)	karkalec (m)	[karkaléts]
traça (f)	molë (f)	[mólə]

barata (f)	kacabu (f)	[katsabú]
carrapato (m)	rriqër (m)	[rícər]
pulga (f)	plesht (m)	[plɛʃt]
borrachudo (m)	mushicë (f)	[muʃítsə]

gafanhoto (m)	gjinkallë (f)	[ɟinkáɫə]
caracol (m)	kërmill (m)	[kərmíɫ]
grilo (m)	bulkth (m)	[búlkθ]
pirilampo, vaga-lume (m)	xixëllonjë (f)	[dzidzəɫóɲə]
joaninha (f)	mollëkuqe (f)	[moɫəkúcɛ]
besouro (m)	vizhë (f)	[víʒə]

sanguessuga (f)	shushunjë (f)	[ʃuʃúɲə]
lagarta (f)	vemje (f)	[vémjɛ]
minhoca (f)	krimb toke (m)	[krímb tókɛ]
larva (f)	larvë (f)	[lárvə]

221. Animais. Partes do corpo

bico (m)	sqep (m)	[scɛp]
asas (f pl)	flatra (pl)	[flátra]
pata (f)	këmbë (f)	[kémbə]
plumagem (f)	pupla (pl)	[púpla]
pena, pluma (f)	pupël (f)	[púpəl]
crista (f)	kreshtë (f)	[kréʃtə]

| brânquias, guelras (f pl) | velëz (f) | [véləz] |
| ovas (f pl) | vezë peshku (f) | [vézə péʃku] |

larva (f)	**larvë** (f)	[lárvə]
barbatana (f)	**krah** (m)	[krah]
escama (f)	**luspë** (f)	[lúspə]

presa (f)	**dhëmb prerës** (m)	[ðəmb prérəs]
pata (f)	**shputë** (f)	[ʃpútə]
focinho (m)	**turi** (m)	[turí]
boca (f)	**gojë** (f)	[gójə]
cauda (f), rabo (m)	**bisht** (m)	[biʃt]
bigodes (m pl)	**mustaqe** (f)	[mustácɛ]

casco (m)	**thundër** (f)	[θúndər]
corno (m)	**bri** (m)	[brí]

carapaça (f)	**karapaks** (m)	[karapáks]
concha (f)	**guaskë** (f)	[guáskə]
casca (f) de ovo	**lëvozhgë veze** (f)	[ləvóʒgə vézɛ]

pelo (m)	**qime** (f)	[címɛ]
pele (f), couro (m)	**lëkurë kafshe** (f)	[ləkúrə káfʃɛ]

222. Ações dos animais

voar (vi)	**fluturoj**	[fluturój]
dar voltas	**fluturoj përreth**	[fluturój pəréθ]

voar (para longe)	**fluturoj tutje**	[fluturój tútjɛ]
bater as asas	**rrah**	[rah]

bicar (vi)	**qukas**	[cukás]
incubar (vt)	**ngroh vezët**	[ŋróh vézət]

sair do ovo	**çelin vezët**	[tʃélin vézət]
fazer o ninho	**ngre fole**	[ŋré folé]

rastejar (vi)	**gjarpëroj**	[ɟarpərój]
picar (vt)	**pickoj**	[pitskój]
morder (cachorro, etc.)	**kafshoj**	[kafʃój]

cheirar (vt)	**nuhas**	[nuhás]
latir (vi)	**leh**	[lɛh]
silvar (vi)	**fërshëllej**	[fərʃətéj]

assustar (vt)	**tremb**	[trɛmb]
atacar (vt)	**sulmoj**	[sulmój]

roer (vt)	**brej**	[brɛj]
arranhar (vt)	**gërvisht**	[gərvíʃt]
esconder-se (vr)	**fsheh**	[fʃéh]

brincar (vi)	**luaj**	[lúaj]
caçar (vi)	**dal për gjah**	[dál pər ɟáh]
hibernar (vi)	**fle gjumë letargjik**	[flɛ ɟúmə lɛtaɲík]
extinguir-se (vr)	**zhdukem**	[ʒdúkɛm]

223. Animais. Habitats

| hábitat (m) | banesë (f) | [banésə] |
| migração (f) | migrim (m) | [migrím] |

montanha (f)	mal (m)	[mal]
recife (m)	shkëmb nënujor (m)	[ʃkəmb nənujór]
falésia (f)	shkëmb (m)	[ʃkəmb]

floresta (f)	pyll (m)	[pyɫ]
selva (f)	xhungël (f)	[dʒúŋəl]
savana (f)	savana (f)	[savána]
tundra (f)	tundra (f)	[túndra]

estepe (f)	stepa (f)	[stépa]
deserto (m)	shkretëtirë (f)	[ʃkrɛtətírə]
oásis (m)	oazë (f)	[oázə]

mar (m)	det (m)	[dét]
lago (m)	liqen (m)	[licén]
oceano (m)	oqean (m)	[ocɛán]

pântano (m)	kënetë (f)	[kənétə]
de água doce	ujëra të ëmbla	[újəra tə əmbla]
lagoa (f)	pellg (m)	[pɛɫg]
rio (m)	lum (m)	[lum]

toca (f) do urso	strofull (f)	[strófuɫ]
ninho (m)	fole (f)	[folé]
buraco (m) de árvore	zgavër (f)	[zgávər]
toca (f)	strofull (f)	[strófuɫ]
formigueiro (m)	mal milingonash (m)	[mal miliŋónaʃ]

224. Cuidados com os animais

| jardim (m) zoológico | kopsht zoologjik (m) | [kópʃt zooloɟík] |
| reserva (f) natural | rezervat natyror (m) | [rɛzɛrvát natyrór] |

viveiro (m)	mbarështues (m)	[mbarəʃtúɛs]
jaula (f) de ar livre	kafaz i hapur (m)	[kafáz i hápur]
jaula, gaiola (f)	kafaz (m)	[kafáz]
casinha (f) de cachorro	kolibe qeni (f)	[kolíbɛ céni]

pombal (m)	kafaz pëllumbash (m)	[kafáz pəɫúmbaʃ]
aquário (m)	akuarium (m)	[akuariúm]
delfinário (m)	akuarium për delfinë (m)	[akuariúm pər dɛlfínə]

criar (vt)	mbarështoj	[mbarəʃtój]
cria (f)	këlysh (m)	[kəlýʃ]
domesticar (vt)	zbus	[zbus]
adestrar (vt)	stërvit	[stərvít]
ração (f)	ushqim (m)	[uʃcím]
alimentar (vt)	ushqej	[uʃcéj]

loja (f) de animais	dyqan kafshësh (m)	[dycán káfʃəʃ]
focinheira (m)	maskë turiri (f)	[máskə turíri]
coleira (f)	kollare (f)	[koɫárɛ]
nome (do animal)	emri (m)	[émri]
pedigree (m)	raca (f)	[rátsa]

225. Animais. Diversos

alcateia (f)	tufë (f)	[túfə]
bando (pássaros)	tufë (f)	[túfə]
cardume (peixes)	grup (m)	[grup]
manada (cavalos)	tufë (f)	[túfə]

macho (m)	mashkull (m)	[máʃkuɫ]
fêmea (f)	femër (f)	[fémər]

faminto (adj)	i uritur	[i urítur]
selvagem (adj)	i egër	[i égər]
perigoso (adj)	i rrezikshëm	[i rɛzíkʃəm]

226. Cavalos

cavalo (m)	kali (m)	[káli]
raça (f)	raca (f)	[rátsa]

potro (m)	mëzi (m)	[mézi]
égua (f)	pelë (f)	[pélə]

mustangue (m)	kalë mustang (m)	[kálə mustáŋ]
pônei (m)	poni (m)	[póni]
cavalo (m) de tiro	kalë pune (f)	[kálə púnɛ]

crina (f)	kreshtë (f)	[kréʃtə]
rabo (m)	bisht (m)	[biʃt]

casco (m)	thundër (f)	[θúndər]
ferradura (f)	patkua (f)	[patkúa]
ferrar (vt)	mbath	[mbáθ]
ferreiro (m)	farkëtar (m)	[farkətár]

sela (f)	shalë (f)	[ʃálə]
estribo (m)	yzengji (f)	[yzɛɲʃí]
brida (f)	gojëz (f)	[gójəz]
rédeas (f pl)	frenat (pl)	[frénat]
chicote (m)	kamxhik (m)	[kamdʒík]

cavaleiro (m)	kalorës (m)	[kalórəs]
colocar sela	shaloj	[ʃalój]
montar no cavalo	hip në kalë	[hip nə kálə]

galope (m)	galop (m)	[galóp]
galopar (vi)	ec me galop	[ɛts mɛ galóp]

trote (m)	**trok** (m)	[trok]
a trote	**me trok**	[mɛ trók]
ir a trote	**ec me trok**	[ɛts mɛ trók]
cavalo (m) de corrida	**kalë garash** (m)	[kálə gáraʃ]
corridas (f pl)	**garë kuajsh** (f)	[gárə kúajʃ]
estábulo (m)	**stallë** (f)	[stáɫə]
alimentar (vt)	**ushqej**	[uʃcéj]
feno (m)	**kashtë** (f)	[káʃtə]
dar água	**i jap ujë**	[i jap újə]
limpar (vt)	**laj**	[laj]
carroça (f)	**karrocë me kalë** (f)	[karótsə mɛ kálə]
pastar (vi)	**kullos**	[kuɫós]
relinchar (vi)	**hingëlloj**	[hiŋəɫój]
dar um coice	**gjuaj me shkelma**	[ɟúaj mɛ ʃkélma]

Flora

227. Árvores

árvore (f)	pemë (f)	[pémə]
decídua (adj)	gjethor	[ɟɛθór]
conífera (adj)	halor	[halór]
perene (adj)	përherë të gjelbra	[pərhérə tə ɟélbra]

macieira (f)	pemë molle (f)	[pémə móɫɛ]
pereira (f)	pemë dardhe (f)	[pémə dárðɛ]
cerejeira (f)	pemë qershie (f)	[pémə cɛrʃíɛ]
ginjeira (f)	pemë qershi vishnje (f)	[pémə cɛrʃí víʃɲɛ]
ameixeira (f)	pemë kumbulle (f)	[pémə kúmbuɫɛ]

bétula (f)	mështekna (f)	[məʃtékna]
carvalho (m)	lis (m)	[lis]
tília (f)	bli (m)	[blí]
choupo-tremedor (m)	plep i egër (m)	[plɛp i égər]
bordo (m)	panjë (f)	[páɲə]
espruce (m)	bredh (m)	[brɛð]
pinheiro (m)	pishë (f)	[píʃə]
alerce, lariço (m)	larsh (m)	[lárʃ]
abeto (m)	bredh i bardhë (m)	[brɛð i bárðə]
cedro (m)	kedër (m)	[kédər]

choupo, álamo (m)	plep (m)	[plɛp]
tramazeira (f)	vadhë (f)	[váðə]
salgueiro (m)	shelg (m)	[ʃɛlg]
amieiro (m)	verr (m)	[vɛr]
faia (f)	ah (m)	[ah]
ulmeiro, olmo (m)	elm (m)	[élm]
freixo (m)	shelg (m)	[ʃɛlg]
castanheiro (m)	gështenjë (f)	[gəʃtéɲə]

magnólia (f)	manjolia (f)	[maɲólia]
palmeira (f)	palma (f)	[pálma]
cipreste (m)	qiparis (m)	[ciparís]

mangue (m)	rizoforë (f)	[rizofórə]
embondeiro, baobá (m)	baobab (m)	[baobáb]
eucalipto (m)	eukalipt (m)	[ɛukalípt]
sequoia (f)	sekuojë (f)	[sɛkuójə]

228. Arbustos

arbusto (m)	shkurre (f)	[ʃkúrɛ]
arbusto (m), moita (f)	kaçube (f)	[katʃúbɛ]

videira (f)	hardhi (f)	[harðí]
vinhedo (m)	vreshtë (f)	[vréʃtə]

framboeseira (f)	mjedër (f)	[mjédər]
groselheira-negra (f)	kaliboba e zezë (f)	[kalibóba ɛ zézə]
groselheira-vermelha (f)	kaliboba e kuqe (f)	[kalibóba ɛ kúcɛ]
groselheira (f) espinhosa	shkurre kulumbrie (f)	[ʃkúrɛ kulumbríɛ]

acácia (f)	akacie (f)	[akátsiɛ]
bérberis (f)	krespinë (f)	[krɛspínə]
jasmim (m)	jasemin (m)	[jasɛmín]

junípero (m)	dëllinjë (f)	[dəɬíɲə]
roseira (f)	trëndafil (m)	[trəndafíl]
roseira (f) brava	trëndafil i egër (m)	[trəndafíl i égər]

229. Cogumelos

cogumelo (m)	kërpudhë (f)	[kərpúðə]
cogumelo (m) comestível	kërpudhë ushqyese (f)	[kərpúðə uʃcýɛsɛ]
cogumelo (m) venenoso	kërpudhë helmuese (f)	[kərpúðə hɛlmúɛsɛ]
chapéu (m)	koka e kërpudhës (f)	[kóka ɛ kərpúðəs]
pé, caule (m)	bishti i kërpudhës (m)	[bíʃti i kərpúðəs]

boleto, porcino (m)	porcini (m)	[portsíni]
boleto (m) alaranjado	kërpudhë kapuç-verdhë (f)	[kərpúðə kapútʃ-vérðə]
boleto (m) de bétula	porcinela (f)	[portsinéla]
cantarelo (m)	shanterele (f)	[ʃantɛrélɛ]
rússula (f)	rusula (f)	[rúsula]

morchella (f)	morele (f)	[morélɛ]
agário-das-moscas (m)	kësulkuqe (f)	[kəsulkúcɛ]
cicuta (f) verde	kërpudha e vdekjes (f)	[kərpúða ɛ vdékjɛs]

230. Frutos. Bagas

fruta (f)	frut (m)	[frut]
frutas (f pl)	fruta (pl)	[frúta]

maçã (f)	mollë (f)	[móɬə]
pera (f)	dardhë (f)	[dárðə]
ameixa (f)	kumbull (f)	[kúmbuɬ]

morango (m)	luleshtrydhe (f)	[lulɛʃtrýðɛ]
ginja (f)	qershi vishnje (f)	[cɛrʃí víʃɲɛ]
cereja (f)	qershi (f)	[cɛrʃí]
uva (f)	rrush (m)	[ruʃ]

framboesa (f)	mjedër (f)	[mjédər]
groselha (f) negra	kaliboba e zezë (f)	[kalibóba ɛ zézə]
groselha (f) vermelha	kaliboba e kuqe (f)	[kalibóba ɛ kúcɛ]
groselha (f) espinhosa	kulumbri (f)	[kulumbrí]

oxicoco (m)	boronica (f)	[boronítsa]
laranja (f)	portokall (m)	[portokáɫ]
tangerina (f)	mandarinë (f)	[mandarínə]
abacaxi (m)	ananas (m)	[ananás]
banana (f)	banane (f)	[banánɛ]
tâmara (f)	hurmë (f)	[húrmə]

limão (m)	limon (m)	[limón]
damasco (m)	kajsi (f)	[kajsí]
pêssego (m)	pjeshkë (f)	[pjéʃkə]
quiuí (m)	kivi (m)	[kívi]
toranja (f)	grejpfrut (m)	[grɛjpfrút]

baga (f)	manë (f)	[mánə]
bagas (f pl)	mana (f)	[mána]
arando (m) vermelho	boronicë mirtile (f)	[boronítsə mirtílɛ]
morango-silvestre (m)	luleshtrydhe e egër (f)	[luleʃtrýðɛ ɛ égər]
mirtilo (m)	boronicë (f)	[boronítsə]

231. Flores. Plantas

flor (f)	lule (f)	[lúlɛ]
buquê (m) de flores	buqetë (f)	[bucétə]

rosa (f)	trëndafil (m)	[trəndafíl]
tulipa (f)	tulipan (m)	[tulipán]
cravo (m)	karafil (m)	[karafíl]
gladíolo (m)	gladiolë (f)	[gladiólə]

centáurea (f)	lule misri (f)	[lúlɛ mísri]
campainha (f)	lule këmborë (f)	[lúlɛ kəmbórə]
dente-de-leão (m)	luleradhiqe (f)	[lulɛraðícɛ]
camomila (f)	kamomil (m)	[kamomíl]

aloé (m)	aloe (f)	[alóɛ]
cacto (m)	kaktus (m)	[kaktús]
fícus (m)	fikus (m)	[fíkus]

lírio (m)	zambak (m)	[zambák]
gerânio (m)	barbarozë (f)	[barbarózə]
jacinto (m)	zymbyl (m)	[zymbýl]

mimosa (f)	mimoza (f)	[mimóza]
narciso (m)	narcis (m)	[nartsís]
capuchinha (f)	lule këmbore (f)	[lúlɛ kəmbórɛ]

orquídea (f)	orkide (f)	[orkidé]
peônia (f)	bozhure (f)	[boʒúrɛ]
violeta (f)	vjollcë (f)	[vjóɫtsə]

amor-perfeito (m)	lule vjollca (f)	[lúlɛ vjóɫtsa]
não-me-esqueças (m)	mosmëharro (f)	[mosməharó]
margarida (f)	margaritë (f)	[margarítə]
papoula (f)	lulëkuqe (f)	[luləkúcɛ]

cânhamo (m)	kërp (m)	[kérp]
hortelã, menta (f)	mendër (f)	[méndər]
lírio-do-vale (m)	zambak i fushës (m)	[zambák i fúʃəs]
campânula-branca (f)	luleborë (f)	[lulɛbórə]
urtiga (f)	hithra (f)	[híθra]
azedinha (f)	lëpjeta (f)	[ləpjéta]
nenúfar (m)	zambak uji (m)	[zambák úji]
samambaia (f)	fier (m)	[fíɛr]
líquen (m)	likene (f)	[likénɛ]
estufa (f)	serrë (f)	[sérə]
gramado (m)	lëndinë (f)	[ləndínə]
canteiro (m) de flores	kënd lulishteje (m)	[kənd lulíʃtɛjɛ]
planta (f)	bimë (f)	[bímə]
grama (f)	bar (m)	[bar]
folha (f) de grama	fije bari (f)	[fíjɛ bári]
folha (f)	gjeth (m)	[ɟɛθ]
pétala (f)	petale (f)	[pɛtálɛ]
talo (m)	bisht (m)	[biʃt]
tubérculo (m)	zhardhok (m)	[ʒarðók]
broto, rebento (m)	filiz (m)	[filíz]
espinho (m)	gjemb (m)	[ɟémb]
florescer (vi)	lulëzoj	[luləzój]
murchar (vi)	vyshket	[výʃkɛt]
cheiro (m)	aromë (f)	[arómə]
cortar (flores)	pres lulet	[prɛs lúlɛt]
colher (uma flor)	mbledh lule	[mbléð lúlɛ]

232. Cereais, grãos

grão (m)	drithë (m)	[dríθə]
cereais (plantas)	drithëra (pl)	[dríθera]
espiga (f)	kaush (m)	[kaúʃ]
trigo (m)	grurë (f)	[grúrə]
centeio (m)	thekër (f)	[θékər]
aveia (f)	tërshërë (f)	[tərʃérə]
painço (m)	mel (m)	[mɛl]
cevada (f)	elb (m)	[ɛlb]
milho (m)	misër (m)	[mísər]
arroz (m)	oriz (m)	[oríz]
trigo-sarraceno (m)	hikërr (m)	[híkər]
ervilha (f)	bizele (f)	[bizélɛ]
feijão (m) roxo	groshë (f)	[gróʃə]
soja (f)	sojë (f)	[sójə]
lentilha (f)	thjerrëz (f)	[θjérəz]
feijão (m)	fasule (f)	[fasúlɛ]

233. Vegetais. Verduras

vegetais (m pl)	perime (pl)	[pɛrímɛ]
verdura (f)	zarzavate (pl)	[zarzavátɛ]

tomate (m)	domate (f)	[domátɛ]
pepino (m)	kastravec (m)	[kastravéts]
cenoura (f)	karotë (f)	[karótə]
batata (f)	patate (f)	[patátɛ]
cebola (f)	qepë (f)	[cépə]
alho (m)	hudhër (f)	[húðər]

couve (f)	lakër (f)	[lákər]
couve-flor (f)	lulelakër (f)	[lulɛlákər]
couve-de-bruxelas (f)	lakër Brukseli (f)	[lákər brukséli]
brócolis (m pl)	brokoli (m)	[brókoli]

beterraba (f)	panxhar (m)	[pandʒár]
berinjela (f)	patëllxhan (m)	[patəɫdʒán]
abobrinha (f)	kungulleshë (m)	[kuŋuɫéʃə]
abóbora (f)	kungull (m)	[kúŋuɫ]
nabo (m)	rrepë (f)	[répə]

salsa (f)	majdanoz (m)	[majdanóz]
endro, aneto (m)	kopër (f)	[kópər]
alface (f)	sallatë jeshile (f)	[saɫátə jɛʃílɛ]
aipo (m)	selino (f)	[sɛlíno]
aspargo (m)	asparagus (m)	[asparágus]
espinafre (m)	spinaq (m)	[spinác]

ervilha (f)	bizele (f)	[bizélɛ]
feijão (~ soja, etc.)	fasule (f)	[fasúlɛ]
milho (m)	misër (m)	[mísər]
feijão (m) roxo	groshë (f)	[gróʃə]

pimentão (m)	spec (m)	[spɛts]
rabanete (m)	rrepkë (f)	[répkə]
alcachofra (f)	angjinare (f)	[aɲɟinárɛ]

GEOGRAFIA REGIONAL

Países. Nacionalidades

234. Europa Ocidental

Europa (f)	Evropa (f)	[ɛvrópa]
União (f) Europeia	Bashkimi Evropian (m)	[baʃkími ɛvropián]
europeu (m)	Evropian (m)	[ɛvropián]
europeu (adj)	evropian	[ɛvropián]
Áustria (f)	Austri (f)	[austrí]
austríaco (m)	Austriak (m)	[austriák]
austríaca (f)	Austriake (f)	[austriákɛ]
austríaco (adj)	austriak	[austriák]
Grã-Bretanha (f)	Britani e Madhe (f)	[brítani ɛ máðɛ]
Inglaterra (f)	Angli (f)	[aŋlí]
inglês (m)	Britanik (m)	[britaník]
inglesa (f)	Britanike (f)	[britaníkɛ]
inglês (adj)	anglez	[aŋléz]
Bélgica (f)	Belgjikë (f)	[bɛʎíkə]
belga (m)	Belg (m)	[bɛlg]
belga (f)	Belge (f)	[bélgɛ]
belga (adj)	belg	[bɛlg]
Alemanha (f)	Gjermani (f)	[ɟɛrmaní]
alemão (m)	Gjerman (m)	[ɟɛrmán]
alemã (f)	Gjermane (f)	[ɟɛrmánɛ]
alemão (adj)	gjerman	[ɟɛrmán]
Países Baixos (m pl)	Holandë (f)	[holándə]
Holanda (f)	Holandë (f)	[holándə]
holandês (m)	Holandez (m)	[holandéz]
holandesa (f)	Holandeze (f)	[holandézɛ]
holandês (adj)	holandez	[holandéz]
Grécia (f)	Greqi (f)	[grɛcí]
grego (m)	Grek (m)	[grɛk]
grega (f)	Greke (f)	[grékɛ]
grego (adj)	grek	[grɛk]
Dinamarca (f)	Danimarkë (f)	[danimárkə]
dinamarquês (m)	Danez (m)	[danéz]
dinamarquesa (f)	Daneze (f)	[danézɛ]
dinamarquês (adj)	danez	[danéz]
Irlanda (f)	Irlandë (f)	[irlándə]
irlandês (m)	Irlandez (m)	[irlandéz]

| irlandesa (f) | Irlandeze (f) | [irlandézɛ] |
| irlandês (adj) | irlandez | [irlandéz] |

Islândia (f)	Islandë (f)	[islándə]
islandês (m)	Islandez (m)	[islandéz]
islandesa (f)	Islandeze (f)	[islandézɛ]
islandês (adj)	islandez	[islandéz]

Espanha (f)	Spanjë (f)	[spáɲə]
espanhol (m)	Spanjoll (m)	[spaɲóɫ]
espanhola (f)	Spanjolle (f)	[spaɲóɫɛ]
espanhol (adj)	spanjoll	[spaɲóɫ]

Itália (f)	Itali (f)	[italí]
italiano (m)	Italian (m)	[italián]
italiana (f)	Italiane (f)	[italiánɛ]
italiano (adj)	italian	[italián]

Chipre (m)	Qipro (f)	[cípro]
cipriota (m)	Qipriot (m)	[cipriót]
cipriota (f)	Qipriote (f)	[cipriótɛ]
cipriota (adj)	qipriot	[cipriót]

Malta (f)	Maltë (f)	[máltə]
maltês (m)	Maltez (m)	[maltéz]
maltesa (f)	Malteze (f)	[maltézɛ]
maltês (adj)	maltez	[maltéz]

Noruega (f)	Norvegji (f)	[norvɛɟí]
norueguês (m)	Norvegjez (m)	[norvɛɟéz]
norueguesa (f)	Norvegjeze (f)	[norvɛɟézɛ]
norueguês (adj)	norvegjez	[norvɛɟéz]

Portugal (m)	Portugali (f)	[portugalí]
português (m)	Portugez (m)	[portugéz]
portuguesa (f)	Portugeze (f)	[portugézɛ]
português (adj)	portugez	[portugéz]

Finlândia (f)	Finlandë (f)	[finlándə]
finlandês (m)	Finlandez (m)	[finlandéz]
finlandesa (f)	Finlandeze (f)	[finlandézɛ]
finlandês (adj)	finlandez	[finlandéz]

França (f)	Francë (f)	[frántsə]
francês (m)	Francez (m)	[frantséz]
francesa (f)	Franceze (f)	[frantsézɛ]
francês (adj)	francez	[frantséz]

Suécia (f)	Suedi (f)	[suɛdí]
sueco (m)	Suedez (m)	[suɛdéz]
sueca (f)	Suedeze (f)	[suɛdézɛ]
sueco (adj)	suedez	[suɛdéz]

Suíça (f)	Zvicër (f)	[zvítsər]
suíço (m)	Zviceran (m)	[zvitsɛrán]
suíça (f)	Zvicerane (f)	[zvitsɛránɛ]

suíço (adj)	**zviceran**	[zvitsɛrán]
Escócia (f)	**Skoci** (f)	[skotsí]
escocês (m)	**Skocez** (m)	[skotséz]
escocesa (f)	**Skoceze** (f)	[skotsézɛ]
escocês (adj)	**skocez**	[skotséz]
Vaticano (m)	**Vatikan** (m)	[vatikán]
Liechtenstein (m)	**Lichtenstein** (m)	[litshtɛnstéin]
Luxemburgo (m)	**Luksemburg** (m)	[luksɛmbúrg]
Mônaco (m)	**Monako** (f)	[monáko]

235. Europa Central e de Leste

Albânia (f)	**Shqipëri** (f)	[ʃcipərí]
albanês (m)	**Shqiptar** (m)	[ʃciptár]
albanesa (f)	**Shqiptare** (f)	[ʃciptárɛ]
albanês (adj)	**shqiptar**	[ʃciptár]
Bulgária (f)	**Bullgari** (f)	[buɫgarí]
búlgaro (m)	**Bullgar** (m)	[buɫgár]
búlgara (f)	**Bullgare** (f)	[buɫgárɛ]
búlgaro (adj)	**bullgar**	[buɫgár]
Hungria (f)	**Hungari** (f)	[huŋarí]
húngaro (m)	**Hungarez** (m)	[huŋaréz]
húngara (f)	**Hungareze** (f)	[huŋarézɛ]
húngaro (adj)	**hungarez**	[huŋaréz]
Letônia (f)	**Letoni** (f)	[lɛtoní]
letão (m)	**Letonez** (m)	[lɛtonéz]
letã (f)	**Letoneze** (f)	[lɛtonézɛ]
letão (adj)	**letonez**	[lɛtonéz]
Lituânia (f)	**Lituani** (f)	[lituaní]
lituano (m)	**Lituanez** (m)	[lituanéz]
lituana (f)	**Lituaneze** (f)	[lituanézɛ]
lituano (adj)	**lituanez**	[lituanéz]
Polônia (f)	**Poloni** (f)	[poloní]
polonês (m)	**Polak** (m)	[polák]
polonesa (f)	**Polake** (f)	[polákɛ]
polonês (adj)	**polak**	[polák]
Romênia (f)	**Rumani** (f)	[rumaní]
romeno (m)	**Rumun** (m)	[rumún]
romena (f)	**Rumune** (f)	[rumúnɛ]
romeno (adj)	**rumun**	[rumún]
Sérvia (f)	**Serbi** (f)	[sɛrbí]
sérvio (m)	**Serb** (m)	[sɛrb]
sérvia (f)	**Serbe** (f)	[sérbɛ]
sérvio (adj)	**serb**	[sɛrb]
Eslováquia (f)	**Sllovaki** (f)	[sɫovakí]
eslovaco (m)	**Sllovak** (m)	[sɫovák]

eslovaca (f)	Sllovake (f)	[sɫovákɛ]
eslovaco (adj)	sllovak	[sɫovák]

Croácia (f)	Kroaci (f)	[kroatsí]
croata (m)	Kroat (m)	[kroát]
croata (f)	Kroate (f)	[kroátɛ]
croata (adj)	kroat	[kroát]

República (f) Checa	Republika Çeke (f)	[rɛpublíka tʃékɛ]
checo (m)	Çek (m)	[tʃɛk]
checa (f)	Çeke (f)	[tʃékɛ]
checo (adj)	çek	[tʃɛk]

Estônia (f)	Estoni (f)	[ɛstoní]
estônio (m)	Estonez (m)	[ɛstonéz]
estônia (f)	Estoneze (f)	[ɛstonézɛ]
estônio (adj)	estonez	[ɛstonéz]

Bósnia e Herzegovina (f)	Bosnje Herzegovina (f)	[bósɲɛ hɛrzɛgovína]
Macedônia (f)	Maqedonia (f)	[macɛdonía]
Eslovênia (f)	Sllovenia (f)	[sɫovɛnía]
Montenegro (m)	Mali i Zi (m)	[máli i zí]

236. Países da ex-URSS

Azerbaijão (m)	Azerbajxhan (m)	[azɛrbajdʒán]
azeri (m)	Azerbajxhanas (m)	[azɛrbajdʒánas]
azeri (f)	Azerbajxhanase (f)	[azɛrbajdʒánasɛ]
azeri, azerbaijano (adj)	azerbajxhanas	[azɛrbajdʒánas]

Armênia (f)	Armeni (f)	[armɛní]
armênio (m)	Armen (m)	[armén]
armênia (f)	Armene (f)	[arménɛ]
armênio (adj)	armen	[armén]

Belarus	Bjellorusi (f)	[bjɛɫorusí]
bielorrusso (m)	Bjellorus (m)	[bjɛɫorús]
bielorrussa (f)	Bjelloruse (f)	[bjɛɫorúsɛ]
bielorrusso (adj)	bjellorus	[bjɛɫorús]

Geórgia (f)	Gjeorgji (f)	[ɟɛorɟí]
georgiano (m)	Gjeorgjian (m)	[ɟɛorɟián]
georgiana (f)	Gjeorgjiane (f)	[ɟɛorɟiánɛ]
georgiano (adj)	gjeorgjian	[ɟɛorɟián]

Cazaquistão (m)	Kazakistan (m)	[kazakistán]
cazaque (m)	Kazakistanez (m)	[kazakistanéz]
cazaque (f)	Kazakistaneze (f)	[kazakistanézɛ]
cazaque (adj)	kazakistanez	[kazakistanéz]

Quirguistão (m)	Kirgistan (m)	[kirgistán]
quirguiz (m)	Kirgistanez (m)	[kirgistanéz]
quirguiz (f)	Kirgistaneze (f)	[kirgistanézɛ]
quirguiz (adj)	kirgistanez	[kirgistanéz]

Moldávia (f)	Moldavi (f)	[moldaví]
moldavo (m)	Moldav (m)	[moldáv]
moldava (f)	Moldave (f)	[moldávɛ]
moldavo (adj)	moldav	[moldáv]

Rússia (f)	Rusi (f)	[rusí]
russo (m)	Rus (m)	[rus]
russa (f)	Ruse (f)	[rúsɛ]
russo (adj)	rus	[rus]

Tajiquistão (m)	Taxhikistan (m)	[tadʒikistán]
tajique (m)	Taxhikistanez (m)	[tadʒikistanéz]
tajique (f)	Taxhikistaneze (f)	[tadʒikistanézɛ]
tajique (adj)	taxhikistanez	[tadʒikistanéz]

Turquemenistão (m)	Turkmenistan (m)	[turkmɛnistán]
turcomeno (m)	Turkmen (m)	[turkmén]
turcomena (f)	Turkmene (f)	[turkménɛ]
turcomeno (adj)	Turkmen	[turkmén]

Uzbequistão (f)	Uzbekistan (m)	[uzbɛkistán]
uzbeque (m)	Uzbek (m)	[uzbék]
uzbeque (f)	Uzbeke (f)	[uzbékɛ]
uzbeque (adj)	uzbek	[uzbék]

Ucrânia (f)	Ukrainë (f)	[ukraínə]
ucraniano (m)	Ukrainas (m)	[ukraínas]
ucraniana (f)	Ukrainase (f)	[ukraínasɛ]
ucraniano (adj)	ukrainas	[ukraínas]

237. Asia

Ásia (f)	Azia (f)	[azía]
asiático (adj)	Aziatik	[aziatík]

Vietnã (m)	Vietnam (m)	[viɛtnám]
vietnamita (m)	Vietnamez (m)	[viɛtnaméz]
vietnamita (f)	Vietnameze (f)	[viɛtnamézɛ]
vietnamita (adj)	vietnamez	[viɛtnaméz]

Índia (f)	Indi (f)	[indí]
indiano (m)	Indian (m)	[indián]
indiana (f)	Indiane (f)	[indiánɛ]
indiano (adj)	indian	[indián]

Israel (m)	Izrael (m)	[izraél]
israelense (m)	Izaelit (m)	[izaɛlít]
israelita (f)	Izraelite (f)	[izraɛlítɛ]
israelense (adj)	izraelit	[izraɛlít]

judeu (m)	hebre (m)	[hɛbré]
judia (f)	hebre (f)	[hɛbré]
judeu (adj)	hebraike	[hɛbraíkɛ]
China (f)	Kinë (f)	[kínə]

chinês (m)	Kinez (m)	[kinéz]
chinesa (f)	Kineze (f)	[kinézɛ]
chinês (adj)	kinez	[kinéz]
coreano (m)	Korean (m)	[korɛán]
coreana (f)	Koreane (f)	[korɛánɛ]
coreano (adj)	korean	[korɛán]
Líbano (m)	Liban (m)	[libán]
libanês (m)	Libanez (m)	[libanéz]
libanesa (f)	Libaneze (f)	[libanézɛ]
libanês (adj)	libanez	[libanéz]
Mongólia (f)	Mongoli (f)	[moŋolí]
mongol (m)	Mongol (m)	[moŋól]
mongol (f)	Mongole (f)	[moŋólɛ]
mongol (adj)	mongol	[moŋól]
Malásia (f)	Malajzi (f)	[malajzí]
malaio (m)	Malajzian (m)	[malajzián]
malaia (f)	Malajziane (f)	[malajziánɛ]
malaio (adj)	malajzian	[malajzián]
Paquistão (m)	Pakistan (m)	[pakistán]
paquistanês (m)	Pakistanez (m)	[pakistanéz]
paquistanesa (f)	Pakistaneze (f)	[pakistanézɛ]
paquistanês (adj)	pakistanez	[pakistanéz]
Arábia (f) Saudita	Arabia Saudite (f)	[arabía saudítɛ]
árabe (m)	Arab (m)	[aráb]
árabe (f)	Arabe (f)	[arábɛ]
árabe (adj)	arabik	[arabík]
Tailândia (f)	Tajlandë (f)	[tajlándə]
tailandês (m)	Tajlandez (m)	[tajlandéz]
tailandesa (f)	Tajlandeze (f)	[tajlandézɛ]
tailandês (adj)	tajlandez	[tajlandéz]
Taiwan (m)	Tajvan (m)	[tajván]
taiwanês (m)	Tajvanez (m)	[tajvanéz]
taiwanesa (f)	Tajvaneze (f)	[tajvanézɛ]
taiwanês (adj)	tajvanez	[tajvanéz]
Turquia (f)	Turqi (f)	[turcí]
turco (m)	Turk (m)	[turk]
turca (f)	Turke (f)	[túrkɛ]
turco (adj)	turk	[turk]
Japão (m)	Japoni (f)	[japoní]
japonês (m)	Japonez (m)	[japonéz]
japonesa (f)	Japoneze (f)	[japonézɛ]
japonês (adj)	japonez	[japonéz]
Afeganistão (m)	Afganistan (m)	[afganistán]
Bangladesh (m)	Bangladesh (m)	[baŋladéʃ]
Indonésia (f)	Indonezi (f)	[indonɛzí]

Jordânia (f)	Jordani (f)	[jordaní]
Iraque (m)	Irak (m)	[irak]
Irã (m)	Iran (m)	[irán]
Camboja (f)	Kamboxhia (f)	[kambódʒia]
Kuwait (m)	Kuvajt (m)	[kuvájt]
Laos (m)	Laos (m)	[láos]
Birmânia (f)	Mianmar (m)	[mianmár]
Nepal (m)	Nepal (m)	[nɛpál]
Emirados Árabes Unidos	Emiratet e Bashkuara Arabe (pl)	[ɛmirátɛt ɛ baʃkúara arábɛ]
Síria (f)	Siri (f)	[sirí]
Palestina (f)	Palestinë (f)	[palɛstínə]
Coreia (f) do Sul	Korea e Jugut (f)	[koréa ɛ júgut]
Coreia (f) do Norte	Korea e Veriut (f)	[koréa ɛ vériut]

238. América do Norte

Estados Unidos da América	Shtetet e Bashkuara të Amerikës	[ʃtétɛt ɛ baʃkúara tə amɛríkəs]
americano (m)	Amerikan (m)	[amɛrikán]
americana (f)	Amerikane (f)	[amɛrikánɛ]
americano (adj)	amerikan	[amɛrikán]
Canadá (m)	Kanada (f)	[kanadá]
canadense (m)	Kanadez (m)	[kanadéz]
canadense (f)	Kanadeze (f)	[kanadézɛ]
canadense (adj)	kanadez	[kanadéz]
México (m)	Meksikë (f)	[mɛksíkə]
mexicano (m)	Meksikan (m)	[mɛksikán]
mexicana (f)	Meksikane (f)	[mɛksikánɛ]
mexicano (adj)	meksikan	[mɛksikán]

239. América Central do Sul

Argentina (f)	Argjentinë (f)	[arɟɛntínə]
argentino (m)	Argjentinas (m)	[arɟɛntínas]
argentina (f)	Argjentinase (f)	[arɟɛntínasɛ]
argentino (adj)	argjentinas	[arɟɛntínas]
Brasil (m)	Brazil (m)	[brazíl]
brasileiro (m)	Brazilian (m)	[brazilián]
brasileira (f)	Braziliane (f)	[braziliánɛ]
brasileiro (adj)	brazilian	[brazilián]
Colômbia (f)	Kolumbi (f)	[kolumbí]
colombiano (m)	Kolumbian (m)	[kolumbián]
colombiana (f)	Kolumbiane (f)	[kolumbiánɛ]
colombiano (adj)	kolumbian	[kolumbián]
Cuba (f)	Kuba (f)	[kúba]

cubano (m)	Kuban (m)	[kubán]
cubana (f)	Kubane (f)	[kubánɛ]
cubano (adj)	kuban	[kubán]

Chile (m)	Kili (m)	[kíli]
chileno (m)	Kilian (m)	[kilián]
chilena (f)	Kiliane (f)	[kiliánɛ]
chileno (adj)	kilian	[kilián]

Bolívia (f)	Bolivi (f)	[bolivî]
Venezuela (f)	Venezuelë (f)	[vɛnɛzuélə]
Paraguai (m)	Paraguai (m)	[paraguái]
Peru (m)	Peru (f)	[pɛrú]
Suriname (m)	Surinam (m)	[surinám]
Uruguai (m)	Uruguai (m)	[uruguái]
Equador (m)	Ekuador (m)	[ɛkuadór]

Bahamas (f pl)	Bahamas (m)	[bahámas]
Haiti (m)	Haiti (m)	[haíti]
República Dominicana	Republika Dominikane (f)	[rɛpublíka dominikánɛ]
Panamá (m)	Panama (f)	[panamá]
Jamaica (f)	Xhamajka (f)	[dʒamájka]

240. Africa

Egito (m)	Egjipt (m)	[ɛɟípt]
egípcio (m)	Egjiptian (m)	[ɛɟiptián]
egípcia (f)	Egjiptiane (f)	[ɛɟiptiánɛ]
egípcio (adj)	egjiptian	[ɛɟiptián]

Marrocos	Marok (m)	[marók]
marroquino (m)	Maroken (m)	[marokén]
marroquina (f)	Marokene (f)	[marokénɛ]
marroquino (adj)	maroken	[marokén]

Tunísia (f)	Tunizi (f)	[tunizí]
tunisiano (m)	Tunizian (m)	[tunizián]
tunisiana (f)	Tuniziane (f)	[tuniziánɛ]
tunisiano (adj)	tunizian	[tunizián]

Gana (f)	Gana (f)	[gána]
Zanzibar (m)	Zanzibar (m)	[zanzibár]
Quênia (f)	Kenia (f)	[kénia]
Líbia (f)	Libia (f)	[libía]
Madagascar (m)	Madagaskar (m)	[madagaskár]

Namíbia (f)	Namibia (f)	[namíbia]
Senegal (m)	Senegal (m)	[sɛnɛgál]
Tanzânia (f)	Tanzani (f)	[tanzaní]
África (f) do Sul	Afrika e Jugut (f)	[afríka ɛ júgut]

africano (m)	Afrikan (m)	[afrikán]
africana (f)	Afrikane (f)	[afrikánɛ]
africano (adj)	Afrikan	[afrikán]

241. Austrália. Oceania

Austrália (f)	Australia (f)	[australía]
australiano (m)	Australian (m)	[australián]
australiana (f)	Australiane (f)	[australiánɛ]
australiano (adj)	australian	[australián]
Nova Zelândia (f)	Zelandë e Re (f)	[zɛlándǝ ɛ ré]
neozelandês (m)	Zelandez (m)	[zɛlandéz]
neozelandesa (f)	Zelandeze (f)	[zɛlandézɛ]
neozelandês (adj)	zelandez	[zɛlandéz]
Tasmânia (f)	Tasmani (f)	[tasmaní]
Polinésia (f) Francesa	Polinezia Franceze (f)	[polinɛzía frantsézɛ]

242. Cidades

Amesterdã, Amsterdã	Amsterdam (m)	[amstɛrdám]
Ancara	Ankara (f)	[ankará]
Atenas	Athinë (f)	[aθínǝ]
Bagdade	Bagdad (m)	[bagdád]
Bancoque	Bangkok (m)	[baŋkók]
Barcelona	Barcelonë (f)	[bartsɛlónǝ]
Beirute	Bejrut (m)	[bɛjrút]
Berlim	Berlin (m)	[bɛrlín]
Bonn	Bon (m)	[bon]
Bordéus	Bordo (f)	[bordó]
Bratislava	Bratislavë (f)	[bratislávǝ]
Bruxelas	Bruksel (m)	[bruksél]
Bucareste	Bukuresht (m)	[bukuréʃt]
Budapeste	Budapest (m)	[budapést]
Cairo	Kajro (f)	[kájro]
Calcutá	Kalkutë (f)	[kalkútǝ]
Chicago	Çikago (f)	[tʃikágo]
Cidade do México	Meksiko Siti (m)	[méksiko síti]
Copenhague	Kopenhagen (m)	[kopɛnhágɛn]
Dar es Salaam	Dar es Salam (m)	[dar ɛs salám]
Deli	Delhi (f)	[délhi]
Dubai	Dubai (m)	[dubái]
Dublim	Dublin (m)	[dúblin]
Düsseldorf	Dyseldorf (m)	[dysɛldórf]
Estocolmo	Stokholm (m)	[stokhólm]
Florença	Firence (f)	[firéntsɛ]
Frankfurt	Frankfurt (m)	[frankfúrt]
Genebra	Gjenevë (f)	[ɟɛnévǝ]
Haia	Hagë (f)	[hágǝ]
Hamburgo	Hamburg (m)	[hambúrg]
Hanói	Hanoi (m)	[hanói]

Havana	Havana (f)	[havána]
Helsinque	Helsinki (m)	[hɛlsínki]
Hiroshima	Hiroshimë (f)	[hiroʃímə]
Hong Kong	Hong Kong (m)	[hoŋ kóŋ]
Istambul	Stamboll (m)	[stambóɫ]

Jerusalém	Jerusalem (m)	[jɛrusalém]
Kiev, Quieve	Kiev (m)	[kíɛv]
Kuala Lumpur	Kuala Lumpur (m)	[kuála lumpúr]
Lion	Lion (m)	[lión]
Lisboa	Lisbonë (f)	[lisbónə]

Londres	Londër (f)	[lóndər]
Los Angeles	Los Anxhelos (m)	[lós andʒɛlós]
Madrid	Madrid (m)	[madríd]
Marselha	Marsejë (f)	[marséjə]
Miami	Majami (m)	[majámi]

Montreal	Montreal (m)	[montrɛái]
Moscou	Moskë (f)	[móskə]
Mumbai	Mumbai (m)	[mumbái]
Munique	Munih (m)	[muníh]
Nairóbi	Najrobi (m)	[najróbi]
Nápoles	Napoli (m)	[nápoli]

Nice	Nisë (m)	[nísə]
Nova York	Nju Jork (m)	[ɲu jork]
Oslo	oslo (f)	[óslo]
Ottawa	Otava (f)	[otáva]
Paris	Paris (m)	[parís]

Pequim	Pekin (m)	[pɛkín]
Praga	Pragë (f)	[prágə]
Rio de Janeiro	Rio de Zhaneiro (m)	[río dɛ ʒanéiro]
Roma	Romë (f)	[rómə]
São Petersburgo	Shën Petersburg (m)	[ʃən pɛtɛrsbúrg]
Seul	Seul (m)	[sɛúl]

Singapura	Singapor (m)	[siŋapór]
Sydney	Sidney (m)	[sidnéy]
Taipé	Taipei (m)	[taipéi]
Tóquio	Tokio (f)	[tókio]
Toronto	Toronto (f)	[torónto]

Varsóvia	Varshavë (f)	[varʃávə]
Veneza	Venecia (f)	[vɛnétsia]
Viena	Vjenë (f)	[vjénə]
Washington	Uashington (m)	[vaʃiɳtón]
Xangai	Shangai (m)	[ʃaɳái]

243. Política. Governo. Parte 1

| política (f) | politikë (f) | [politíkə] |
| político (adj) | politike | [politíkɛ] |

político (m)	politikan (m)	[politikán]
estado (m)	shtet (m)	[ʃtɛt]
cidadão (m)	nënshtetas (m)	[nənʃtétas]
cidadania (f)	nënshtetësi (f)	[nənʃtɛtəsí]

| brasão (m) de armas | simbol kombëtar (m) | [simból kombətár] |
| hino (m) nacional | himni kombëtar (m) | [hímni kombətár] |

governo (m)	qeveri (f)	[cɛvɛrí]
Chefe (m) de Estado	kreu i shtetit (m)	[kréu i ʃtétit]
parlamento (m)	parlament (m)	[parlamént]
partido (m)	parti (f)	[partí]

| capitalismo (m) | kapitalizëm (m) | [kapitalízəm] |
| capitalista (adj) | kapitalist | [kapitalíst] |

| socialismo (m) | socializëm (m) | [sotsialízəm] |
| socialista (adj) | socialist | [sotsialíst] |

comunismo (m)	komunizëm (m)	[komunízəm]
comunista (adj)	komunist	[komuníst]
comunista (m)	komunist (m)	[komuníst]

democracia (f)	demokraci (f)	[dɛmokratsí]
democrata (m)	demokrat (m)	[dɛmokrát]
democrático (adj)	demokratik	[dɛmokratík]
Partido (m) Democrático	parti demokratike (f)	[partí dɛmokratíkɛ]

| liberal (m) | liberal (m) | [libɛrál] |
| liberal (adj) | liberal | [libɛrál] |

| conservador (m) | konservativ (m) | [konsɛrvatív] |
| conservador (adj) | konservativ | [konsɛrvatív] |

república (f)	republikë (f)	[rɛpublíkə]
republicano (m)	republikan (m)	[rɛpublikán]
Partido (m) Republicano	parti republikane (f)	[partí rɛpublikánɛ]

eleições (f pl)	zgjedhje (f)	[zɟéðjɛ]
eleger (vt)	zgjedh	[zɟɛð]
eleitor (m)	zgjedhës (m)	[zɟéðəs]
campanha (f) eleitoral	fushatë zgjedhore (f)	[fuʃátə zɟɛðórɛ]

votação (f)	votim (m)	[votím]
votar (vi)	votoj	[votój]
sufrágio (m)	e drejta e votës (f)	[ɛ dréjta ɛ vótəs]

candidato (m)	kandidat (m)	[kandidát]
candidatar-se (vi)	jam kandidat	[jam kandidát]
campanha (f)	fushatë (f)	[fuʃátə]

| da oposição | opozitar | [opozitár] |
| oposição (f) | opozitë (f) | [opozítə] |

| visita (f) | vizitë (f) | [vizítə] |
| visita (f) oficial | vizitë zyrtare (f) | [vizítə zyrtárɛ] |

internacional (adj)	ndërkombëtar	[ndərkombətár]
negociações (f pl)	negociata (f)	[nɛgotsiáta]
negociar (vi)	negocioj	[nɛgotsiój]

244. Política. Governo. Parte 2

sociedade (f)	shoqëri (f)	[ʃocərí]
constituição (f)	kushtetutë (f)	[kuʃtɛtútə]
poder (ir para o ~)	pushtet (m)	[puʃtét]
corrupção (f)	korrupsion (m)	[korupsión]

lei (f)	ligj (m)	[liɟ]
legal (adj)	ligjor	[liɟór]

justeza (f)	drejtësi (f)	[drɛjtəsí]
justo (adj)	e drejtë	[ɛ dréjtə]

comitê (m)	komitet (m)	[komitét]
projeto-lei (m)	projektligj (m)	[projɛktlíɟ]
orçamento (m)	buxhet (m)	[budʒét]
política (f)	politikë (f)	[politíkə]
reforma (f)	reformë (f)	[rɛfórmə]
radical (adj)	radikal	[radikál]

força (f)	fuqi (f)	[fucí]
poderoso (adj)	i fuqishëm	[i fucíʃəm]
partidário (m)	mbështetës (m)	[mbəʃtétəs]
influência (f)	ndikim (m)	[ndikím]

regime (m)	regjim (m)	[rɛɟím]
conflito (m)	konflikt (m)	[konflíkt]
conspiração (f)	komplot (m)	[komplót]
provocação (f)	provokim (m)	[provokím]

derrubar (vt)	rrëzoj	[rəzój]
derrube (m), queda (f)	rrëzim (m)	[rɛzím]
revolução (f)	revolucion (m)	[rɛvolutsión]

golpe (m) de Estado	grusht shteti (m)	[grúʃt ʃtéti]
golpe (m) militar	puç ushtarak (m)	[putʃ uʃtarák]

crise (f)	krizë (f)	[krízə]
recessão (f) econômica	recesion ekonomik (m)	[rɛtsɛsión ɛkonomík]
manifestante (m)	protestues (m)	[protɛstúɛs]
manifestação (f)	protestë (f)	[protéstə]
lei (f) marcial	ligj ushtarak (m)	[liɟ uʃtarák]
base (f) militar	bazë ushtarake (f)	[bázə uʃtarákɛ]

estabilidade (f)	stabilitet (m)	[stabilitét]
estável (adj)	stabil	[stabíl]

exploração (f)	shfrytëzim (m)	[ʃfrytəzím]
explorar (vt)	shfrytëzoj	[ʃfrytəzój]
racismo (m)	racizëm (m)	[ratsízəm]

racista (m)	racist (m)	[ratsíst]
fascismo (m)	fashizëm (m)	[faʃízəm]
fascista (m)	fashist (m)	[faʃíst]

245. Países. Diversos

estrangeiro (m)	i huaj (m)	[i húaj]
estrangeiro (adj)	huaj	[húaj]
no estrangeiro	jashtë shteti	[jáʃtə ʃtéti]
emigrante (m)	emigrant (m)	[ɛmigránt]
emigração (f)	emigracion (m)	[ɛmigratsión]
emigrar (vi)	emigroj	[ɛmigrój]
Ocidente (m)	Perëndimi (m)	[pɛrəndími]
Oriente (m)	Lindja (f)	[líndja]
Extremo Oriente (m)	Lindja e Largët (f)	[líndja ɛ lárgət]
civilização (f)	civilizim (m)	[tsivilizím]
humanidade (f)	njerëzia (f)	[ɲɛrəzía]
mundo (m)	bota (f)	[bóta]
paz (f)	paqe (f)	[pácɛ]
mundial (adj)	botëror	[botərór]
pátria (f)	atdhe (f)	[atðé]
povo (população)	njerëz (m)	[ɲérəz]
população (f)	popullsi (f)	[popuɫsí]
gente (f)	njerëz (m)	[ɲérəz]
nação (f)	komb (m)	[komb]
geração (f)	brez (m)	[brɛz]
território (m)	zonë (f)	[zónə]
região (f)	rajon (m)	[rajón]
estado (m)	shtet (m)	[ʃtɛt]
tradição (f)	traditë (f)	[tradítə]
costume (m)	zakon (m)	[zakón]
ecologia (f)	ekologjia (f)	[ɛkoloɟía]
índio (m)	Indian të Amerikës (m)	[indián tə amɛríkəs]
cigano (m)	jevg (m)	[jɛvg]
cigana (f)	jevge (f)	[jévgɛ]
cigano (adj)	jevg	[jɛvg]
império (m)	perandori (f)	[pɛrandorí]
colônia (f)	koloni (f)	[koloní]
escravidão (f)	skllevëri (m)	[skɫɛvərí]
invasão (f)	pushtim (m)	[puʃtím]
fome (f)	uria (f)	[uría]

246. Grupos religiosos mais importantes. Confissões

religião (f)	religjion (m)	[rɛliɟión]
religioso (adj)	religjioz	[rɛliɟióz]

crença (f)	fe, besim (m)	[fé], [bɛsím]
crer (vt)	besoj	[bɛsój]
crente (m)	besimtar (m)	[bɛsimtár]
ateísmo (m)	ateizëm (m)	[atɛízəm]
ateu (m)	ateist (m)	[atɛíst]
cristianismo (m)	Krishterimi (m)	[kriʃtɛrími]
cristão (m)	i krishterë (m)	[i kriʃtérə]
cristão (adj)	krishterë	[kriʃtérə]
catolicismo (m)	Katolicizëm (m)	[katolitsízəm]
católico (m)	Katolik (m)	[katolík]
católico (adj)	katolik	[katolík]
protestantismo (m)	Protestantizëm (m)	[protɛstantízəm]
Igreja (f) Protestante	Kishë Protestante (f)	[kíʃə protɛstántɛ]
protestante (m)	Protestant (m)	[protɛstánt]
ortodoxia (f)	Ortodoksia (f)	[ortodoksía]
Igreja (f) Ortodoxa	Kishë Ortodokse (f)	[kíʃə ortodóksɛ]
ortodoxo (m)	Ortodoks (m)	[ortodóks]
presbiterianismo (m)	Presbiterian (m)	[prɛsbitɛrián]
Igreja (f) Presbiteriana	Kishë Presbiteriane (f)	[kíʃə prɛsbitɛriánɛ]
presbiteriano (m)	Presbiterian (m)	[prɛsbitɛrián]
luteranismo (m)	Luterianizëm (m)	[lutɛrianízəm]
luterano (m)	Luterian (m)	[lutɛrián]
Igreja (f) Batista	Kishë Baptiste (f)	[kíʃə baptístɛ]
batista (m)	Baptist (m)	[baptíst]
Igreja (f) Anglicana	Kishë Anglikane (f)	[kíʃə aŋlikánɛ]
anglicano (m)	Anglikan (m)	[aŋlikán]
mormonismo (m)	Mormonizëm (m)	[mormonízəm]
mórmon (m)	Mormon (m)	[mormón]
Judaísmo (m)	Judaizëm (m)	[judaízəm]
judeu (m)	çifut (m)	[tʃifút]
budismo (m)	Budizëm (m)	[budízəm]
budista (m)	Budist (m)	[budíst]
hinduísmo (m)	Hinduizëm (m)	[hinduízəm]
hindu (m)	Hindu (m)	[híndu]
Islã (m)	Islam (m)	[islám]
muçulmano (m)	Mysliman (m)	[myslimán]
muçulmano (adj)	Mysliman	[myslimán]
xiismo (m)	Islami Shia (m)	[islámi ʃía]
xiita (m)	Shiitë (f)	[ʃíitə]
sunismo (m)	Islami Suni (m)	[islámi súni]
sunita (m)	Sunit (m)	[sunít]

247. Religiões. Padres

| padre (m) | prift (m) | [prift] |
| Papa (m) | Papa (f) | [pápa] |

monge (m)	murg, frat (m)	[murg], [frat]
freira (f)	murgeshë (f)	[murgéʃə]
pastor (m)	pastor (m)	[pastór]

abade (m)	abat (m)	[abát]
vigário (m)	famullitar (m)	[famuɫitár]
bispo (m)	peshkop (m)	[pɛʃkóp]
cardeal (m)	kardinal (m)	[kardinál]

pregador (m)	predikues (m)	[prɛdikúɛs]
sermão (m)	predikim (m)	[prɛdikím]
paroquianos (pl)	faullistë (f)	[fauɫístə]

| crente (m) | besimtar (m) | [bɛsimtár] |
| ateu (m) | ateist (m) | [atɛíst] |

248. Fé. Cristianismo. Islão

| Adão | Adam (m) | [adám] |
| Eva | eva (f) | [éva] |

Deus (m)	Zot (m)	[zot]
Senhor (m)	Zoti (m)	[zóti]
Todo Poderoso (m)	i Plotfuqishmi (m)	[i plotfucíʃmi]

pecado (m)	mëkat (m)	[məkát]
pecar (vi)	mëkatoj	[məkatój]
pecador (m)	mëkatar (m)	[məkatár]
pecadora (f)	mëkatare (f)	[məkatárɛ]

| inferno (m) | ferr (m) | [fɛr] |
| paraíso (m) | parajsë (f) | [parájsə] |

| Jesus | Jezus (m) | [jézus] |
| Jesus Cristo | Jezu Krishti (m) | [jézu kríʃti] |

Espírito (m) Santo	Shpirti i Shenjtë (m)	[ʃpírti i ʃéɲtə]
Salvador (m)	Shpëtimtar (m)	[ʃpətimtár]
Virgem Maria (f)	e Virgjëra Meri (f)	[ɛ vírɟəra méri]

Diabo (m)	Djalli (m)	[djáɫi]
diabólico (adj)	i djallit	[i djáɫit]
Satanás (m)	Satani (m)	[satáni]
satânico (adj)	satanik	[sataník]

anjo (m)	engjëll (m)	[éɲɟəɫ]
anjo (m) da guarda	engjëlli mbrojtës (m)	[éɲɟəɫi mbrójtəs]
angelical	engjëllor	[ɛɲɟəɫór]

apóstolo (m)	apostull (m)	[apóstuɬ]
arcanjo (m)	kryeengjëll (m)	[kryɛénɟəɬ]
anticristo (m)	Antikrishti (m)	[antikríʃti]

Igreja (f)	Kishë (f)	[kíʃə]
Bíblia (f)	Bibla (f)	[bíbla]
bíblico (adj)	biblik	[biblík]

Velho Testamento (m)	Dhiata e Vjetër (f)	[ðiáta ɛ vjétər]
Novo Testamento (m)	Dhiata e Re (f)	[ðiáta ɛ ré]
Evangelho (m)	ungjill (m)	[unɟíɬ]
Sagradas Escrituras (f pl)	Libri i Shenjtë (m)	[líbri i ʃéɲtə]
Céu (sete céus)	parajsa (f)	[parájsa]

mandamento (m)	urdhëresë (f)	[urðərésə]
profeta (m)	profet (m)	[profét]
profecia (f)	profeci (f)	[profɛtsí]

Alá (m)	Allah (m)	[aɬáh]
Maomé (m)	Muhamed (m)	[muhaméd]
Alcorão (m)	Kurani (m)	[kuráni]

mesquita (f)	xhami (f)	[dʒamí]
mulá (m)	hoxhë (m)	[hódʒə]
oração (f)	lutje (f)	[lútjɛ]
rezar, orar (vi)	lutem	[lútɛm]

peregrinação (f)	pelegrinazh (m)	[pɛlɛgrináʒ]
peregrino (m)	pelegrin (m)	[pɛlɛgrín]
Meca (f)	Mekë (f)	[mékə]

igreja (f)	kishë (f)	[kíʃə]
templo (m)	tempull (m)	[témpuɬ]
catedral (f)	katedrale (f)	[katɛdrálɛ]
gótico (adj)	Gotik	[gotík]
sinagoga (f)	sinagogë (f)	[sinagógə]
mesquita (f)	xhami (f)	[dʒamí]

capela (f)	kishëz (m)	[kíʃəz]
abadia (f)	abaci (f)	[ábatsi]
convento, monastério (m)	manastir (m)	[manastír]

sino (m)	kambanë (f)	[kambánə]
campanário (m)	kulla e kambanës (f)	[kúɬa ɛ kambánəs]
repicar (vi)	bien	[bíɛn]

cruz (f)	kryq (m)	[kryc]
cúpula (f)	kupola (f)	[kupóla]
ícone (m)	ikona (f)	[ikóna]

alma (f)	shpirt (m)	[ʃpirt]
destino (m)	fat (m)	[fat]
mal (m)	e keqe (f)	[ɛ kécɛ]
bem (m)	e mirë (f)	[ɛ mírə]
vampiro (m)	vampir (m)	[vampír]
bruxa (f)	shtrigë (f)	[ʃtrígə]

| demônio (m) | djall (m) | [djáł] |
| espírito (m) | shpirt (m) | [ʃpirt] |

| redenção (f) | shëlbim (m) | [ʃəlbím] |
| redimir (vt) | shëlbej | [ʃəlbéj] |

missa (f)	meshë (f)	[méʃə]
celebrar a missa	lus meshë	[lús méʃə]
confissão (f)	rrëfim (m)	[rəfím]
confessar-se (vr)	rrëfej	[rəféj]

santo (m)	shenjt (m)	[ʃɛɲt]
sagrado (adj)	i shenjtë	[i ʃéɲtə]
água (f) benta	ujë i bekuar (m)	[újə i bɛkúar]

ritual (m)	ritual (m)	[rituál]
ritual (adj)	ritual	[rituál]
sacrifício (m)	sakrificë (f)	[sakrifítsə]

superstição (f)	besëtytni (f)	[bɛsətytní]
supersticioso (adj)	supersticioz	[supɛrstitsióz]
vida (f) após a morte	jeta e përtejme (f)	[jéta ɛ pərtéjmɛ]
vida (f) eterna	përjetësia (f)	[pərjɛtəsía]

TEMAS DIVERSOS

249. Várias palavras úteis

ajuda (f)	ndihmë (f)	[ndíhmə]
barreira (f)	pengesë (f)	[pɛŋésə]
base (f)	bazë (f)	[bázə]
categoria (f)	kategori (f)	[katɛgorí]
causa (f)	shkak (m)	[ʃkak]
coincidência (f)	rastësi (f)	[rastəsí]
coisa (f)	gjë (f)	[ɟə]
começo, início (m)	fillim (m)	[fiɫím]
cômodo (ex. poltrona ~a)	i rehatshëm	[i rɛhátʃəm]
comparação (f)	krahasim (m)	[krahasím]
compensação (f)	shpërblim (m)	[ʃpərblím]
crescimento (m)	rritje (f)	[rítjɛ]
desenvolvimento (m)	zhvillim (m)	[ʒviɫím]
diferença (f)	ndryshim (m)	[ndryʃím]
efeito (m)	efekt (m)	[ɛfékt]
elemento (m)	element (m)	[ɛlɛmént]
equilíbrio (m)	ekuilibër (m)	[ɛkuilíbər]
erro (m)	gabim (m)	[gabím]
esforço (m)	përpjekje (f)	[pərpjékjɛ]
estilo (m)	stil (m)	[stil]
exemplo (m)	shembull (m)	[ʃémbuɫ]
fato (m)	fakt (m)	[fakt]
fim (m)	fund (m)	[fund]
forma (f)	formë (f)	[fórmə]
frequente (adj)	i shpeshtë	[i ʃpéʃtə]
fundo (ex. ~ verde)	sfond (m)	[sfónd]
gênero (tipo)	lloj (m)	[ɫoj]
grau (m)	nivel (m)	[nivél]
ideal (m)	ideal (m)	[idɛál]
labirinto (m)	labirint (m)	[labirínt]
modo (m)	rrugëzgjidhje (f)	[rugəzɟíðjɛ]
momento (m)	moment (m)	[momént]
objeto (m)	objekt (m)	[objékt]
obstáculo (m)	pengesë (f)	[pɛŋésə]
original (m)	origjinal (m)	[oriɟinál]
padrão (adj)	standard	[standárd]
padrão (m)	standard (m)	[standárd]
paragem (pausa)	pauzë (f)	[paúzə]
parte (f)	pjesë (f)	[pjésə]

partícula (f)	grimcë (f)	[grímtsə]
pausa (f)	pushim (m)	[puʃím]
posição (f)	pozicion (m)	[pozitsión]
princípio (m)	parim (m)	[parím]

problema (m)	problem (m)	[problém]
processo (m)	proces (m)	[protsés]
progresso (m)	ecje përpara (f)	[étsjɛ pərpára]
propriedade (qualidade)	cilësi (f)	[tsiləsí]

reação (f)	reagim (m)	[rɛagím]
risco (m)	rrezik (m)	[rɛzík]
ritmo (m)	ritëm (m)	[rítəm]
segredo (m)	sekret (m)	[sɛkrét]
série (f)	seri (f)	[sɛrí]

sistema (m)	sistem (m)	[sistém]
situação (f)	situatë (f)	[situátə]
solução (f)	zgjidhje (f)	[zɟíðjɛ]
tabela (f)	tabelë (f)	[tabélə]
termo (ex. ~ técnico)	term (m)	[tɛrm]

tipo (m)	tip (m)	[tip]
urgente (adj)	urgjent	[urɟént]
urgentemente	urgjentisht	[urɟɛntíʃt]
utilidade (f)	vegël (f)	[végəl]

variante (f)	variant (m)	[variánt]
variedade (f)	zgjedhje (f)	[zɟéðjɛ]
verdade (f)	e vërtetë (f)	[ɛ vərtétə]
vez (f)	kthesë (f)	[kθésə]
zona (f)	zonë (f)	[zónə]

250. Modificadores. Adjetivos. Parte 1

aberto (adj)	i hapur	[i hápur]
afetuoso (adj)	i ndjeshëm	[i ndjéʃəm]
afiado (adj)	i mprehtë	[i mpréhtə]
agradável (adj)	i bukur	[i búkur]
agradecido (adj)	mirënjohës	[mirəɲóhəs]

alegre (adj)	i gëzuar	[i gəzúar]
alto (ex. voz ~a)	i lartë	[i lártə]
amargo (adj)	i hidhur	[i híður]
amplo (adj)	i bollshëm	[i bótʃəm]
antigo (adj)	i lashtë	[i láʃtə]

apertado (sapatos ~s)	ngushtë	[ɲúʃtə]
apropriado (adj)	i përshtatshëm	[i pərʃtátʃəm]
arriscado (adj)	i rrezikshëm	[i rɛzíkʃəm]
artificial (adj)	artificial	[artifitsiál]

| azedo (adj) | i hidhur | [i híður] |
| baixo (voz ~a) | i ulët | [i úlət] |

barato (adj)	i lirë	[i lírə]
belo (adj)	i bukur	[i búkur]
bom (adj)	i mirë	[i mírə]
bondoso (adj)	i mirë	[i mírə]
bonito (adj)	i bukur	[i búkur]
bronzeado (adj)	i nxirë	[i ndzírə]
burro, estúpido (adj)	budalla	[budałá]
calmo (adj)	i qetë	[i cétə]
cansado (adj)	i lodhur	[i lóður]
cansativo (adj)	i mundimshëm	[i mundímʃəm]
carinhoso (adj)	i dashur	[i dáʃur]
caro (adj)	i shtrenjtë	[i ʃtréɲtə]
cego (adj)	i verbër	[i vérbər]
central (adj)	qendror	[cɛndrór]
cerrado (ex. nevoeiro ~)	i trashë	[i tráʃə]
cheio (xícara ~a)	i mbushur	[i mbúʃur]
civil (adj)	civil	[tsivíl]
clandestino (adj)	klandestin	[klandɛstín]
claro (explicação ~a)	i qartë	[i cártə]
claro (pálido)	i çelët	[i tʃélət]
compatível (adj)	i përshtatshëm	[i pərʃtátʃəm]
comum, normal (adj)	i zakonshëm	[i zakónʃəm]
congelado (adj)	i ngrirë	[i ɲrírə]
conjunto (adj)	i përbashkët	[i pərbáʃkət]
considerável (adj)	i rëndësishëm	[i rəndəsíʃəm]
contente (adj)	i kënaqur	[i kənácur]
contínuo (adj)	i zgjatur	[i zɟátur]
contrário (ex. o efeito ~)	i kundërt	[i kúndərt]
correto (resposta ~a)	i saktë	[i sáktə]
cru (não cozinhado)	i gjallë	[i ɟáłə]
curto (adj)	i shkurtër	[i ʃkúrtər]
de curta duração	jetëshkurtër	[jɛtəʃkúrtər]
de sol, ensolarado	me diell	[mɛ díɛł]
de trás	i pasmë	[i pásmə]
denso (fumaça ~a)	i dendur	[i déndur]
desanuviado (adj)	pa re	[pa rɛ]
descuidado (adj)	i pakujdesshëm	[i pakujdésʃəm]
diferente (adj)	i ndryshëm	[i ndrýʃəm]
difícil (decisão)	i vështirë	[i vəʃtírə]
difícil, complexo (adj)	i vështirë	[i vəʃtírə]
direito (lado ~)	djathtë	[djáθtə]
distante (adj)	i largët	[i lárgət]
diverso (adj)	i ndryshëm	[i ndrýʃəm]
doce (açucarado)	i ëmbël	[i ə́mbəl]
doce (água)	i freskët	[i fréskət]
doente (adj)	i sëmurë	[i səmúrə]
duro (material ~)	i fortë	[i fórtə]

| educado (adj) | i sjellshëm | [i sjétʃəm] |
| encantador (agradável) | i mirë | [i mírə] |

enigmático (adj)	misterioz	[mistɛrióz]
enorme (adj)	i madh	[i máð]
escuro (quarto ~)	i errët	[i érət]
especial (adj)	i veçantë	[i vɛtʃántə]
esquerdo (lado ~)	majtë	[májtə]

estrangeiro (adj)	huaj	[húaj]
estreito (adj)	i ngushtë	[i ŋúʃtə]
exato (montante ~)	i saktë	[i sáktə]
excelente (adj)	i shkëlqyer	[i ʃkəlcýɛr]
excessivo (adj)	i tepërt	[i tépərt]

externo (adj)	i jashtëm	[i jáʃtəm]
fácil (adj)	i lehtë	[i léhtə]
faminto (adj)	i uritur	[i urítur]
fechado (adj)	i mbyllur	[i mbýɫur]
feliz (adj)	i lumtur	[i lúmtur]

fértil (terreno ~)	pjellore	[pjɛɫórɛ]
forte (pessoa ~)	i fortë	[i fórtə]
fraco (luz ~a)	i zbehtë	[i zbéhtə]
frágil (adj)	delikat	[dɛlikát]
fresco (pão ~)	i freskët	[i fréskət]

fresco (tempo ~)	i ftohtë	[i ftóhtə]
frio (adj)	i ftohtë	[i ftóhtə]
gordo (alimentos ~s)	i yndyrshëm	[i yndýrʃəm]
gostoso, saboroso (adj)	i shijshëm	[i ʃíjʃəm]

grande (adj)	i madh	[i máð]
gratuito, grátis (adj)	falas	[fálas]
grosso (camada ~a)	i trashë	[i tráʃə]
hostil (adj)	armiqësor	[armicəsór]

251. Modificadores. Adjetivos. Parte 2

igual (adj)	i njëjtë	[i ɲéjtə]
imóvel (adj)	i palëvizshëm	[i paləvízʃəm]
importante (adj)	i rëndësishëm	[i rəndəsíʃəm]
impossível (adj)	i pamundur	[i pamúndur]
incompreensível (adj)	i pakuptueshëm	[i pakuptúɛʃəm]

indigente (muito pobre)	i mjerë	[i mjérə]
indispensável (adj)	i pazëvendësueshëm	[i pazəvɛndəsúɛʃəm]
inexperiente (adj)	i papërvojë	[i papərvójə]
infantil (adj)	i fëmijëve	[i fəmíjəvɛ]

ininterrupto (adj)	i vazhdueshëm	[i vaʒdúɛʃəm]
insignificante (adj)	i parëndësishëm	[i parəndəsíʃəm]
inteiro (completo)	i plotë	[i plótə]
inteligente (adj)	i zgjuar	[i zɟúar]

interno (adj)	i brendshëm	[i bréndʃəm]
jovem (adj)	i ri	[i rí]
largo (caminho ~)	i gjerë	[i ɟérə]
legal (adj)	ligjor	[liɟór]
leve (adj)	i lehtë	[i léhtə]
limitado (adj)	i kufizuar	[i kufizúar]
limpo (adj)	i pastër	[i pástər]
líquido (adj)	i lëngët	[i léŋət]
liso (adj)	i lëmuar	[i ləmúar]
liso (superfície ~a)	i barabartë	[i barabártə]
livre (adj)	i lirë	[i lírə]
longo (ex. cabelo ~)	i gjatë	[i ɟátə]
maduro (ex. fruto ~)	i pjekur	[i pjékur]
magro (adj)	i dobët	[i dóbət]
mais próximo (adj)	më i afërti	[mə i áfərti]
mais recente (adj)	kaluar	[kalúar]
mate (adj)	mat	[mat]
mau (adj)	i keq	[i kéc]
meticuloso (adj)	i hollësishëm	[i hoɫəsíʃəm]
míope (adj)	miop	[mióp]
mole (adj)	i butë	[i bútə]
molhado (adj)	i lagur	[i lágur]
moreno (adj)	zeshkan	[zɛʃkán]
morto (adj)	i vdekur	[i vdékur]
muito magro (adj)	i hollë	[i hóɫə]
não difícil (adj)	jo i vështirë	[jo i vəʃtírə]
não é clara (adj)	i paqartë	[i pacártə]
não muito grande (adj)	jo i madh	[jo i máð]
natal (país ~)	autokton	[autoktón]
necessário (adj)	i nevojshëm	[i nɛvójʃəm]
negativo (resposta ~a)	negativ	[nɛgatív]
nervoso (adj)	nervoz	[nɛrvóz]
normal (adj)	normal	[normál]
novo (adj)	i ri	[i rí]
o mais importante (adj)	më i rëndësishmi	[mə i rəndəsíʃmi]
obrigatório (adj)	i detyrueshëm	[i dɛtyrúɛʃəm]
original (incomum)	origjinal	[oriɟinál]
passado (adj)	i fundit	[i fúndit]
pequeno (adj)	i vogël	[i vógəl]
perigoso (adj)	i rrezikshëm	[i rɛzíkʃəm]
permanente (adj)	i përhershëm	[i pərhérʃəm]
perto (adj)	pranë	[pránə]
pesado (adj)	i rëndë	[i réndə]
pessoal (adj)	personal	[pɛrsonál]
plano (ex. ecrã ~ a)	i sheshtë	[i ʃéʃtə]
pobre (adj)	i varfër	[i várfər]
pontual (adj)	i përpiktë	[i pərpíktə]

possível (adj)	i mundur	[i múndur]
pouco fundo (adj)	i cekët	[i tsékət]
presente (ex. momento ~)	i pranishëm	[i praníʃəm]

prévio (adj)	i mëparshëm	[i məpárʃəm]
primeiro (principal)	kryesor	[kryɛsór]
principal (adj)	kryesor	[kryɛsór]
privado (adj)	privat	[prívat]

provável (adj)	i mundshëm	[i múndʃəm]
próximo (adj)	i afërt	[i áfərt]
público (adj)	publik	[publík]
quente (cálido)	i nxehtë	[i ndzéhtə]

quente (morno)	ngrohtë	[ŋróhtə]
rápido (adj)	i shpejtë	[i ʃpéjtə]
raro (adj)	i rrallë	[i rátə]
remoto, longínquo (adj)	larg	[larg]
reto (linha ~a)	i drejtë	[i dréjtə]

salgado (adj)	kripur	[krípur]
satisfeito (adj)	i kënaqur	[i kənácur]
seco (roupa ~a)	i thatë	[i θátə]
seguinte (adj)	tjetër	[tjétər]
seguro (não perigoso)	i sigurt	[i sígurt]

similar (adj)	i ngjashëm	[i ɲáʃəm]
simples (fácil)	i thjeshtë	[i θjéʃtə]
soberbo, perfeito (adj)	i përsosur	[i pərsósur]
sólido (parede ~a)	i ngjeshur	[i ɲéʃur]
sombrio (adj)	i vrazhdë	[i vráʒdə]

sujo (adj)	i pistë	[i pístə]
superior (adj)	më i larti	[mə i lárti]
suplementar (adj)	shtesë	[ʃtésə]
tranquilo (adj)	i qetë	[i cétə]

transparente (adj)	i tejdukshëm	[i tɛjdúkʃəm]
triste (pessoa)	i mërzitur	[i mərzítur]
triste (um ar ~)	i mërzitur	[i mərzítur]
último (adj)	i fundit	[i fúndit]
úmido (adj)	i lagësht	[i lágəʃt]

único (adj)	unik	[uník]
usado (adj)	i përdorur	[i pərdórur]
vazio (meio ~)	zbrazët	[zbrázət]
velho (adj)	i vjetër	[i vjétər]
vizinho (adj)	fqinj	[fcíɲ]

500 VERBOS PRINCIPAIS

252. Verbos A-B

abraçar (vt)	përqafoj	[pərcafój]
abrir (vt)	hap	[hap]
acalmar (vt)	qetësoj	[cɛtəsój]
acariciar (vt)	përkëdhel	[pərkəðél]

acenar (com a mão)	bëj me dorë	[bəj mɛ dórə]
acender (~ uma fogueira)	ndez	[ndɛz]
achar (vt)	besoj	[bɛsój]
acompanhar (vt)	shoqëroj	[ʃocərój]

aconselhar (vt)	këshilloj	[kəʃiɬój]
acordar, despertar (vt)	zgjoj	[zɟoj]
acrescentar (vt)	shtoj	[ʃtoj]
acusar (vt)	akuzoj	[akuzój]

adestrar (vt)	stërvit	[stərvít]
adivinhar (vt)	hamendësoj	[hamɛndəsój]
admirar (vt)	admiroj	[admirój]
adorar (~ fazer)	më pëlqen	[mə pəlcén]
advertir (vt)	paralajmëroj	[paralajmərój]

afirmar (vt)	pohoj	[pohój]
afogar-se (vr)	mbytem	[mbýtɛm]
afugentar (vt)	largoj	[largój]
agir (vi)	veproj	[vɛprój]

agitar, sacudir (vt)	tund	[tund]
agradecer (vt)	falënderoj	[faləndɛrój]
ajudar (vt)	ndihmoj	[ndihmój]
alcançar (objetivos)	arrij	[aríj]

alimentar (dar comida)	ushqej	[uʃcéj]
almoçar (vi)	ha drekë	[ha drékə]
alugar (~ o barco, etc.)	marr me qira	[mar mɛ cirá]
alugar (~ um apartamento)	marr me qira	[mar mɛ cirá]

amar (pessoa)	dashuroj	[daʃurój]
amarrar (vt)	prangos	[praŋós]
ameaçar (vt)	kërcënoj	[kərtsənój]
amputar (vt)	amputoj	[amputój]

anotar (escrever)	shënoj	[ʃənój]
anotar (escrever)	mbaj shënim	[mbáj ʃəním]
anular, cancelar (vt)	anuloj	[anulój]
apagar (com apagador, etc.)	fshij	[fʃíj]
apagar (um incêndio)	shuaj	[ʃúaj]

apaixonar-se ...	bie në dashuri	[bíɛ nə daʃurí]
aparecer (vi)	shfaq	[ʃfac]
aplaudir (vi)	duartrokas	[duartrokás]

apoiar (vt)	mbështes	[mbəʃtés]
apontar para ...	vë në shënjestër	[və nə ʃəɲéstər]
apresentar	prezantoj	[prɛzantój]
(alguém a alguém)		
apresentar (Gostaria de ~)	prezantoj	[prɛzantój]

apressar (vt)	nxitoj	[ndzitój]
apressar-se (vr)	nxitoj	[ndzitój]
aproximar-se (vr)	afrohem	[afróhɛm]
aquecer (vt)	ngroh	[ŋróh]

arrancar (vt)	gris	[gris]
arranhar (vt)	gërvisht	[gərvíʃt]
arrepender-se (vr)	pendohem	[pɛndóhɛm]
arriscar (vt)	rrezikoj	[rɛzikój]

arrumar, limpar (vt)	rregulloj	[rɛguɫój]
aspirar a ...	synoj ...	[synój ...]
assinar (vt)	nënshkruaj	[nənʃkrúaj]
assistir (vt)	ndihmoj	[ndihmój]
atacar (vt)	sulmoj	[sulmój]

atar (vt)	lidh ...	[lið ...]
atracar (vi)	ankoroj	[ankorój]
aumentar (vi)	shtoj	[ʃtoj]
aumentar (vt)	rritem	[rítɛm]

avançar (vi)	ec përpara	[ɛts pərpára]
avistar (vt)	hedh një sy	[hɛð ɲə sý]
baixar (guindaste, etc.)	ul	[ul]
barbear-se (vr)	rruhem	[rúhɛm]
basear-se (vr)	bazuar	[bazúar]

bastar (vi)	mjafton	[mjaftón]
bater (à porta)	trokas	[trokás]
bater (espancar)	rrah	[rah]
bater-se (vr)	luftoj	[luftój]

beber, tomar (vt)	pi	[pi]
brilhar (vi)	shkëlqej	[ʃkəlcéj]
brincar, jogar (vi, vt)	luaj	[lúaj]
buscar (vt)	kërkoj ...	[kərkój ...]

253. Verbos C-D

caçar (vi)	dal për gjah	[dál pər ɟáh]
calar-se (parar de falar)	ndaloj së foluri	[ndalój sə fóluri]
calcular (vt)	numëroj	[numərój]
carregar (o caminhão, etc.)	ngarkoj	[ŋarkój]
carregar (uma arma)	mbush	[mbúʃ]

231

casar-se (vr)	martohem	[martóhɛm]
causar (vt)	shkaktoj ...	[ʃkaktój ...]
cavar (vt)	gërmoj	[gərmój]
ceder (não resistir)	tërhiqem	[tərhícɛm]
cegar, ofuscar (vt)	zë rrugën	[zə rúgən]
censurar (vt)	qortoj	[cortój]
chamar (~ por socorro)	thërras	[θərás]
chamar (alguém para ...)	thërras	[θərás]
chegar (a algum lugar)	arrij	[aríj]
chegar (vi)	arrij	[aríj]
cheirar (~ uma flor)	nuhas	[nuhás]
cheirar (tem o cheiro)	mban erë	[mbán érə]
chorar (vi)	qaj	[caj]
citar (vt)	citoj	[tsitój]
colher (flores)	këpus	[kəpús]
colocar (vt)	vendos	[vɛndós]
combater (vi, vt)	luftoj	[luftój]
começar (vt)	filloj	[fiɫój]
comer (vt)	ha	[ha]
comparar (vt)	krahasoj	[krahasój]
compensar (vt)	kompensoj	[kompɛnsój]
competir (vi)	konkurroj	[konkurój]
complicar (vt)	komplikoj	[komplikój]
compor (~ música)	kompozoj	[kompozój]
comportar-se (vr)	sillem	[síɫɛm]
comprar (vt)	blej	[blɛj]
comprometer (vt)	komprometoj	[kompromɛtój]
concentrar-se (vr)	përqendrohem	[pərcɛndróhɛm]
concordar (dizer "sim")	bie dakord	[bíɛ dakórd]
condecorar (dar medalha)	dekoroj	[dɛkorój]
confessar-se (vr)	rrëfehem	[rəféhɛm]
confiar (vt)	besoj	[bɛsój]
confundir (equivocar-se)	ngatërroj	[ŋatərój]
conhecer (vt)	njoh	[ɲóh]
conhecer-se (vr)	njihem me	[ɲíhɛm mɛ]
consertar (vt)	rregulloj	[rɛguɫój]
consultar ...	konsultohem	[konsultóhɛm]
contagiar-se com ...	infektohem ...	[infɛktóhɛm ...]
contar (vt)	tregoj	[trɛgój]
contar com ...	mbështetem ...	[mbəʃtétɛm ...]
continuar (vt)	vazhdoj	[vaʒdój]
contratar (vt)	punësoj	[punəsój]
controlar (vt)	kontrolloj	[kontroɫój]
convencer (vt)	bind	[bínd]
convidar (vt)	ftoj	[ftoj]
cooperar (vi)	bashkëpunoj	[baʃkəpunój]

coordenar (vt)	koordinoj	[koordinój]
corar (vi)	skuqem	[skúcɛm]
correr (vi)	vrapoj	[vrapój]
corrigir (~ um erro)	korrigjoj	[koriɟój]
cortar (com um machado)	këpus	[kəpús]
cortar (com uma faca)	pres	[prɛs]
cozinhar (vt)	përgatis	[pərgatís]
crer (pensar)	besoj	[bɛsój]
criar (vt)	krijoj	[krijój]
cultivar (~ plantas)	rris	[ris]
cuspir (vi)	pështyj	[pəʃtýj]
custar (vt)	kushton	[kuʃtón]
dar (vt)	jap	[jap]
dar banho, lavar (vt)	lahem	[láhɛm]
datar (vi)	daton ...	[datón ...]
decidir (vt)	vendos	[vɛndós]
decorar (enfeitar)	zbukuroj	[zbukurój]
dedicar (vt)	dedikoj	[dɛdikój]
defender (vt)	mbroj	[mbrój]
defender-se (vr)	mbrohem	[mbróhɛm]
deixar (~ a mulher)	lë	[lə]
deixar (esquecer)	harroj	[harój]
deixar (permitir)	lejoj	[lɛjój]
deixar cair (vt)	lëshoj	[ləʃój]
denominar (vt)	emërtoj	[ɛmərtój]
denunciar (vt)	denoncoj	[dɛnontsój]
depender de ...	varem nga ...	[várɛm ŋa ...]
derramar (~ líquido)	derdh	[dérð]
derramar-se (vr)	derdh	[dérð]
desaparecer (vi)	zhduk	[ʒduk]
desatar (vt)	zgjidh	[zɟið]
desatracar (vi)	hedh poshtë	[hɛð póʃtə]
descansar (um pouco)	pushoj	[puʃój]
descer (para baixo)	zbres	[zbrɛs]
descobrir (novas terras)	zbuloj	[zbulój]
descolar (avião)	nisem	[nísɛm]
desculpar (vt)	fal	[fal]
desculpar-se (vr)	kërkoj falje	[kərkój fáljɛ]
desejar (vt)	dëshiroj	[dəʃirój]
desempenhar (papel)	luaj	[lúaj]
desligar (vt)	fik	[fik]
desprezar (vt)	përbuz	[pərbúz]
destruir (documentos, etc.)	shkatërroj	[ʃkatərój]
dever (vi)	duhet	[dúhɛt]
devolver (vt)	kthej mbrapsht	[kθɛj mbrápʃt]
direcionar (vt)	drejtoj	[drɛjtój]

dirigir (~ um carro)	ngas makinën	[ŋas makínən]
dirigir (~ uma empresa)	drejtoj	[drɛjtój]
dirigir-se	i drejtohem	[i drɛjtóhɛm]
(a um auditório, etc.)		
discutir (notícias, etc.)	diskutoj	[diskutój]

disparar, atirar (vi)	qëlloj	[cəɫój]
distribuir (folhetos, etc.)	shpërndaj	[ʃpərndáj]
distribuir (vt)	shpërndaj	[ʃpərndáj]
divertir (vt)	argëtoj	[argətój]

divertir-se (vr)	kënaqem	[kənácɛm]
dividir (mat.)	pjesëtoj	[pjɛsətój]
dizer (vt)	them	[θɛm]
dobrar (vt)	dyfishoj	[dyfiʃój]
duvidar (vt)	dyshoj	[dyʃój]

254. Verbos E-J

elaborar (uma lista)	përgatis	[pərgatís]
elevar-se acima de ...	ngrihem mbi	[ŋríhɛm mbi]
eliminar (um obstáculo)	largoj	[largój]
embrulhar (com papel)	mbështjell	[mbəʃtjéɫ]

emergir (submarino)	dal në sipërfaqe	[dál nə sipərfácɛ]
emitir (~ cheiro)	emetoj	[ɛmɛtój]
empreender (vt)	ndërmarr	[ndərmár]
empurrar (vt)	shtyj	[ʃtyj]

encabeçar (vt)	drejtoj	[drɛjtój]
encher (~ a garrafa, etc.)	mbush	[mbúʃ]
encontrar (achar)	gjej	[ɟéj]
enganar (vt)	mashtroj	[maʃtrój]

ensinar (vt)	mësoj	[məsój]
entediar-se (vr)	mërzitem	[mərzítɛm]
entender (vt)	kuptoj	[kuptój]
entrar (na sala, etc.)	hyj	[hyj]

enviar (uma carta)	dërgoj	[dərgój]
equipar (vt)	pajis	[pajís]
errar (enganar-se)	gaboj	[gabój]
escolher (vt)	zgjedh	[zɟɛð]

esconder (vt)	fsheh	[fʃéh]
escrever (vt)	shkruaj	[ʃkrúaj]
escutar (vt)	dëgjoj	[dəɟój]
escutar atrás da porta	dëgjoj fshehurazi	[dəɟój fʃéhurazi]
esmagar (um inseto, etc.)	shtyp	[ʃtyp]

esperar (aguardar)	pres	[prɛs]
esperar (contar com)	pres	[prɛs]
esperar (ter esperança)	shpresoj	[ʃprɛsój]
espreitar (vi)	spiunoj	[spiunój]

esquecer (vt)	harroj	[harój]
estar	shtrihem	[ʃtríhɛm]
estar convencido	bindem	[bíndɛm]
estar deitado	shtrihem	[ʃtríhɛm]
estar perplexo	jam në mëdyshje	[jam nə mədýʃjɛ]
estar preocupado	shqetësohem	[ʃcɛtəsóhɛm]
estar sentado	ulem	[úlɛm]
estremecer (vi)	rrëqethem	[rəcéθɛm]
estudar (vt)	studioj	[studiój]
evitar (~ o perigo)	shmang	[ʃmaŋ]
examinar (~ uma proposta)	ekzaminoj	[ɛkzaminój]
exigir (vt)	kërkoj	[kərkój]
existir (vi)	ekzistoj	[ɛkzistój]
explicar (vt)	shpjegoj	[ʃpjɛgój]
expressar (vt)	shpreh	[ʃprɛh]
expulsar (~ da escola, etc.)	përjashtohem	[pərjaʃtóhɛm]
facilitar (vt)	lehtësoj	[lɛhtəsój]
falar com ...	bisedoj ...	[bisɛdój ...]
faltar (a la escuela, etc.)	humbas	[humbás]
fascinar (vt)	tërheq	[tərhéc]
fatigar (vt)	lodh	[loð]
fazer (vt)	bëj	[bəj]
fazer lembrar	më kujton ...	[mə kujtón ...]
fazer piadas	bëj shaka	[bəj ʃaká]
fazer publicidade	reklamoj	[rɛklamój]
fazer uma tentativa	përpiqem	[pərpícɛm]
fechar (vt)	mbyll	[mbyɫ]
felicitar (vt)	përgëzoj	[pərgəzój]
ficar cansado	lodhem	[lóðɛm]
ficar em silêncio	hesht	[hɛʃt]
ficar pensativo	humbas në mendime	[humbás nə mɛndímɛ]
forçar (vt)	detyroj	[dɛtyrój]
formar (vt)	formoj	[formój]
gabar-se (vr)	mburrem	[mbúrɛm]
garantir (vt)	garantoj	[garantój]
gostar (apreciar)	pëlqej	[pəlcéj]
gritar (vi)	bërtas	[bərtás]
guardar (fotos, etc.)	mbaj	[mbáj]
guardar (no armário, etc.)	largoj	[largój]
guerrear (vt)	në luftë	[nə lúftə]
herdar (vt)	trashëgoj	[traʃəgój]
iluminar (vt)	ndriçoj	[ndritʃój]
imaginar (vt)	imagjinoj	[imaɟinój]
imitar (vt)	imitoj	[imitój]
implorar (vt)	përgjërohem	[pərɟəróhɛm]
importar (vt)	importoj	[importój]

indicar (~ o caminho)	tregoj	[trɛgój]
indignar-se (vr)	zemërohem	[zɛməróhɛm]
infetar, contagiar (vt)	ndot	[ndot]
influenciar (vt)	ndikoj	[ndikój]
informar (~ a policia)	njoftoj	[ɲoftój]

informar (vt)	informoj	[informój]
informar-se (~ sobre)	pyes për	[pýɛs pər]
inscrever (na lista)	përfshij	[pərfʃíj]
inserir (vt)	fus	[fus]

insinuar (vt)	nënkuptoj	[nənkuptój]
insistir (vi)	këmbëngul	[kəmbəɲúl]
inspirar (vt)	frymëzoj	[fryməzój]
instruir (ensinar)	udhëzoj	[uðəzój]

insultar (vt)	fyej	[fýɛj]
interessar (vt)	interesohem	[intɛrɛsóhɛm]
interessar-se (vr)	interesohem ...	[intɛrɛsóhɛm ...]
intervir (vi)	ndërhyj	[ndərhýj]
invejar (vt)	xhelozoj	[dʒɛlozój]

inventar (vt)	shpik	[ʃpik]
ir (a pé)	ec në këmbë	[ɛts nə kémbə]
ir (de carro, etc.)	shkoj	[ʃkoj]
ir nadar	notoj	[notój]

ir para a cama	shtrihem	[ʃtríhɛm]
irritar (vt)	acaroj	[atsarój]
irritar-se (vr)	acarohem	[atsaróhɛm]
isolar (vt)	izoloj	[izolój]

jantar (vi)	ha darkë	[ha dárkə]
jogar, atirar (vt)	hedh	[hɛð]
juntar, unir (vt)	bashkoj	[baʃkój]
juntar-se a ...	i bashkohem	[i baʃkóhɛm]

255. Verbos L-P

lançar (novo projeto, etc.)	nis	[nis]
lavar (vt)	laj	[laj]
lavar a roupa	laj rroba	[laj róba]
lavar-se (vr)	lahem	[láhɛm]

lembrar (vt)	kujtoj	[kujtój]
ler (vt)	lexoj	[lɛdzój]
levantar-se (vr)	ngrihem	[ɲríhɛm]
levar (ex. leva isso daqui)	heq	[hɛc]

libertar (cidade, etc.)	çliroj	[tʃlirój]
ligar (~ o radio, etc.)	ndez	[ndɛz]
limitar (vt)	kufizoj	[kufizój]
limpar (eliminar sujeira)	pastroj	[pastrój]
limpar (tirar o calcário, etc.)	pastroj	[pastrój]

lisonjear (vt)	lajkatoj	[lajkatój]
livrar-se de ...	heq qafe ...	[hɛc cáfɛ ...]
lutar (combater)	luftoj	[luftój]
lutar (esporte)	ndeshem	[ndéʃɛm]

marcar (com lápis, etc.)	shënjoj	[ʃəɲój]
matar (vt)	vras	[vras]
memorizar (vt)	mbaj mend	[mbáj ménd]
mencionar (vt)	përmend	[pərménd]

mentir (vi)	gënjej	[gəɲéj]
merecer (vt)	meritoj	[mɛritój]
mergulhar (vi)	zhytem	[ʒýtɛm]
misturar (vt)	përziej	[pərzíɛj]

morar (vt)	jetoj	[jɛtój]
mostrar (vt)	tregoj	[trɛgój]
mover (vt)	lëviz	[ləvíz]
mudar (modificar)	ndryshoj	[ndryʃój]

multiplicar (mat.)	shumëzoj	[ʃumǝzój]
nadar (vi)	notoj	[notój]
negar (vt)	mohoj	[mohój]
negociar (vi)	negocioj	[nɛgotsiój]

nomear (função)	caktoj	[tsaktój]
obedecer (vt)	bindem	[bíndɛm]
objetar (vt)	kundërshtoj	[kundərʃtój]
observar (vt)	vëzhgoj	[vəʒgój]

ofender (vt)	ofendoj	[ofɛndój]
olhar (vt)	shikoj	[ʃikój]
omitir (vt)	heq	[hɛc]
ordenar (mil.)	urdhëroj	[urðərój]

organizar (evento, etc.)	organizoj	[organizój]
ousar (vt)	guxoj	[gudzój]
ouvir (vt)	dëgjoj	[dəɟój]
pagar (vt)	paguaj	[pagúaj]

parar (para descansar)	ndaloj	[ndalój]
parar, cessar (vt)	ndaloj	[ndalój]
parecer-se (vr)	ngjasoj	[ɲɟasój]
participar (vi)	marr pjesë	[mar pjésə]
partir (~ para o estrangeiro)	largohem	[largóhɛm]

passar (vt)	kaloj	[kalój]
passar a ferro	hekuros	[hɛkurós]
pecar (vi)	mëkatoj	[məkatój]
pedir (comida)	porosis	[porosís]

pedir (um favor, etc.)	pyes	[pýɛs]
pegar (tomar com a mão)	kap	[kap]
pegar (tomar)	marr	[mar]
pendurar (cortinas, etc.)	var	[var]
penetrar (vt)	depërtoj	[dɛpərtój]

pensar (vi, vt)	mendoj	[mɛndój]
pentear-se (vr)	kreh flokët	[kréh flókət]
perceber (ver)	vërej	[vəréj]
perder (o guarda-chuva, etc.)	humb	[húmb]

perdoar (vt)	fal	[fal]
permitir (vt)	lejoj	[lɛjój]
pertencer a ...	përkas ...	[pərkás ...]
perturbar (vt)	shqetësoj	[ʃcɛtəsój]

pesar (ter o peso)	peshoj	[pɛʃój]
pescar (vt)	peshkoj	[pɛʃkój]
planejar (vt)	planifikoj	[planifikój]
poder (~ fazer algo)	mund	[mund]

pôr (posicionar)	vendos	[vɛndós]
possuir (uma casa, etc.)	zotëroj	[zotərój]
predominar (vi, vt)	mbizotëroj	[mbizotərój]
preferir (vt)	preferoj	[prɛfɛrój]

preocupar (vt)	preokupoj	[prɛokupój]
preocupar-se (vr)	shqetësohem	[ʃcɛtəsóhɛm]
preparar (vt)	përgatis	[pərgatís]
preservar (ex. ~ a paz)	ruaj	[rúaj]

prever (vt)	parashikoj	[paraʃikój]
privar (vt)	heq	[hɛc]
proibir (vt)	ndaloj	[ndalój]
projetar, criar (vt)	projektoj	[projɛktój]
prometer (vt)	premtoj	[prɛmtój]

pronunciar (vt)	shqiptoj	[ʃciptój]
propor (vt)	propozoj	[propozój]
proteger (a natureza)	mbroj	[mbrój]
protestar (vi)	protestoj	[protɛstój]

provar (~ a teoria, etc.)	dëshmoj	[dəʃmój]
provocar (vt)	provokoj	[provokój]
punir, castigar (vt)	ndëshkoj	[ndəʃkój]
puxar (vt)	tërheq	[tərhéc]

256. Verbos Q-Z

quebrar (vt)	thyej	[θýɛj]
queimar (vt)	djeg	[djég]
queixar-se (vr)	ankohem	[ankóhɛm]
querer (desejar)	dëshiroj	[dəʃirój]

rachar-se (vr)	plasarit	[plasarít]
ralhar, repreender (vt)	qortoj	[cortój]
realizar (vt)	përmbush	[pərmbúʃ]
recomendar (vt)	rekomandoj	[rɛkomandój]
reconhecer (identificar)	njoh	[ɲóh]
reconhecer (o erro)	pranoj	[pranój]

recordar, lembrar (vt)	kujtohem	[kujtóhɛm]
recuperar-se (vr)	shërohem	[ʃəróhɛm]
recusar (~ alguém)	refuzoj	[rɛfuzój]

reduzir (vt)	ul	[ul]
refazer (vt)	ribëj	[ribéj]
reforçar (vt)	përforcoj	[pərfortsój]
refrear (vt)	ruhem	[rúhɛm]

regar (plantas)	ujis	[ujís]
remover (~ uma mancha)	heq	[hɛc]
reparar (vt)	riparoj	[riparój]
repetir (dizer outra vez)	përsëris	[pərsərís]

reportar (vt)	raportoj	[raportój]
reservar (~ um quarto)	rezervoj	[rɛzɛrvój]
resolver (o conflito)	zgjidh	[zɟið]
resolver (um problema)	zgjidh	[zɟið]

respirar (vi)	marr frymë	[mar frýmə]
responder (vt)	përgjigjem	[pərɟíɟɛm]
rezar, orar (vi)	lutem	[lútɛm]
rir (vi)	qesh	[cɛʃ]
romper-se (corda, etc.)	këpus	[kəpús]

roubar (vt)	vjedh	[vjɛð]
saber (vt)	di	[di]
sair (~ de casa)	dal	[dal]
sair (ser publicado)	del	[dɛl]

salvar (resgatar)	shpëtoj	[ʃpətój]
satisfazer (vt)	kënaq	[kənác]
saudar (vt)	përshëndes	[pərʃəndés]
secar (vt)	thaj	[θaj]
seguir (~ alguém)	ndjek ...	[ndjék ...]

selecionar (vt)	zgjedh	[zɟɛð]
semear (vt)	mbjell	[mbjéɫ]
sentar-se (vr)	ulem	[úlɛm]
sentenciar (vt)	dënoj	[dənój]
sentir (vt)	parandiej	[parandíɛj]

ser diferente	ndryshoj	[ndryʃój]
ser indispensável	kërkohet	[kərkóhɛt]
ser necessário	nevojitet	[nɛvojítɛt]

ser preservado	ruhem	[rúhɛm]
ser, estar	jam	[jam]
servir (restaurant, etc.)	shërbej	[ʃərbéj]
servir (roupa, caber)	më rri mirë	[mə ri mírə]

significar (palavra, etc.)	nënkuptoj	[nənkuptój]
significar (vt)	nënkuptoj	[nənkuptój]
simplificar (vt)	thjeshtoj	[θjɛʃtój]
sofrer (vt)	vuaj	[vúaj]
sonhar (~ com)	ëndërroj	[əndərój]

sonhar (ver sonhos)	**ëndërroj**	[əndərój]
soprar (vi)	**fryn**	[fryn]
sorrir (vi)	**buzëqesh**	[buzəcéʃ]
subestimar (vt)	**nënvlerësoj**	[nənvlɛrəsój]
sublinhar (vt)	**nënvijëzoj**	[nənvijəzój]
sujar-se (vr)	**bëhem pis**	[béhɛm pis]
superestimar (vt)	**mbivlerësoj**	[mbivlɛrəsój]
supor (vt)	**supozoj**	[supozój]
suportar (as dores)	**duroj**	[durój]
surpreender (vt)	**befasoj**	[bɛfasój]
surpreender-se (vr)	**çuditem**	[tʃudítɛm]
suspeitar (vt)	**dyshoj**	[dyʃój]
suspirar (vi)	**psherëtij**	[pʃɛrətíj]
tentar (~ fazer)	**përpiqem**	[pərpícɛm]
ter (vt)	**kam**	[kam]
ter medo	**kam frikë**	[kam fríkə]
terminar (vt)	**përfundoj**	[pərfundój]
tirar (vt)	**heq**	[hɛc]
tirar cópias	**shumëfishoj**	[ʃuməfiʃój]
tirar fotos, fotografar	**bëj foto**	[bəj fóto]
tirar uma conclusão	**nxjerr konkluzion**	[ndzjér konkluzión]
tocar (com as mãos)	**prek**	[prɛk]
tomar café da manhã	**ha mëngjes**	[ha mənɟés]
tomar emprestado	**marr borxh**	[mar bórdʒ]
tornar-se (ex. ~ conhecido)	**bëhem**	[béhɛm]
trabalhar (vi)	**punoj**	[punój]
traduzir (vt)	**përkthej**	[pərkθéj]
transformar (vt)	**shndërrohem**	[ʃndəróhɛm]
tratar (a doença)	**kuroj**	[kurój]
trazer (vt)	**sjell**	[sjɛɬ]
treinar (vt)	**stërvit**	[stərvít]
treinar-se (vr)	**stërvitem**	[stərvítɛm]
tremer (de frio)	**dridhem**	[dríðɛm]
trocar (vt)	**shkëmbej**	[ʃkəmbéj]
trocar, mudar (vt)	**shkëmbej**	[ʃkəmbéj]
usar (uma palavra, etc.)	**përdor**	[pərdór]
utilizar (vt)	**përdor**	[pərdór]
vacinar (vt)	**vaksinoj**	[vaksinój]
vender (vt)	**shes**	[ʃɛs]
verter (encher)	**derdh**	[dérð]
vingar (vt)	**hakmerrem**	[hakmérɛm]
virar (~ para a direita)	**kthej**	[kθɛj]
virar (pedra, etc.)	**kthej**	[kθɛj]
virar as costas	**largohem**	[largóhɛm]
viver (vi)	**jetoj**	[jɛtój]
voar (vi)	**fluturoj**	[fluturój]

voltar (vi)	kthehem	[kθéhɛm]
votar (vi)	votoj	[votój]
zangar (vt)	zemëroj	[zɛmərój]
zangar-se com ...	revoltohem	[rɛvoltóhɛm]
zombar (vt)	tallem	[tátɛm]

www.ingramcontent.com/pod-product-compliance
Lightning Source LLC
Chambersburg PA
CBHW062054080426
42734CB00012B/2643